中共东安县委工作大事记 2015

ZHONGGONG DONGAN XIANWEI GONGZUO DASHIJI

东安县党史与地方志征集编纂办公室　编

图书在版编目（CIP）数据

中共东安县委工作大事记.2015/东安县党史与地方志征集编纂办公室编.-- 北京：方志出版社，2016.11

ISBN 978-7-5144-2234-4

Ⅰ.①中… Ⅱ.①东… Ⅲ.①中国共产党－地方组织－大事记－东安县－2015 Ⅳ.①D235.644

中国版本图书馆CIP数据核字（2016）第299971号

中共东安县委工作大事记2015

编　　者：东安县党史与地方志征集编纂办公室
责任编辑：梅中英

出 版 人：冀祥德
出 版 者：方志出版社
地址　北京市朝阳区潘家园东里9号（国家方志馆4层）
邮编　100021
网址　http://www.fzph.org
发　　行：方志出版社发行中心
电话（010）67110500
经　　销：各地新华书店
印　　刷：湖南省越来越好印务有限公司

开　　本：889×1194　1/32
印　　张：11
字　　数：260千字
版　　次：2016年11月第1版　2016年11月第1次印刷
印　　数：001～400册

ISBN 978-7-5144-2234-4　**定价：**60.00元

编写说明

为贯彻落实习近平总书记关于党史工作的一系列重要论述精神，按照中央和省委关于新时期党史研究应坚持“一突出、两跟进”（进一步突出开创和发展中国特色社会主义时间段历史研究；即时跟进党的十八大以来党中央的决策部署，即时跟进以习近平同志为总书记的党中央的理论发展）的要求，我们参照省委党史研究室的做法，将编写的《中共东安县委工作大事记》（简称《大事记》）结集出版。《大事记》以时间为线索，以县委召开的重要会议、制定的重要文件、作出的重要决策和县委常委（县人大常委会主任、县政协主席）的重要活动为主要内容，及时、客观、真实、简要记录中国共产党在东安的执政历史。

目 录

1月

4日至7日 县委常委、县纪委书记李顺利带队对县驻长办、芦洪市镇和县教育局等单位2014年度落实党风廉政建设责任制情况进行检查考核。每到一处，李顺利详细地听取汇报，与单位班子成员谈心。

李顺利要求，要进一步强化各级党委的主体责任和纪委的监督责任，做到认真履职；要进一步强化党员干部的党性锻炼，严明党的纪律，自觉维护县委权威，确保政令畅通；要进一步强化作风建设，做到抓常、抓细、抓长；要进一步强化制度建设，做到依法行政，提高制度执行力；要进一步强化廉洁自律主动接受监督意识，做到不越底线，不踩红线，不碰高压线。

李顺利强调，全县各级党组织要继续履行好10项责任，单位主要负责人要按照“一岗双责”要求履行好6项责任，单位其他班子成员要认真履行好4项责任，切实做到责任明确，落实有力，构建全县落实党风廉政建设责任制的新常态。

6日上午 市政府正厅级干部荣燕明再次深入芦洪市镇调研神华国华永州电厂配套项目建设。县委书记谢景林，县政府副县长苏建华，县政府正处级干部于剑辉、助理调研员徐荣军，县住建、财政、国土等单位和芦洪市镇相关领导陪同调研。

荣燕明一行实地察看了神华国华永州电厂出厂道路、安置小区和东芦公路A1标段建设现场。荣燕明对配套项目建设进度表示满意。

荣燕明强调，要认真贯彻东安县委 2014 年第十次常委会会议纪要精神，项目指挥部要继续坚持“每月一调度，每月一督查，每月一通报”，县委、县政府每月月初对项目进度进行督查验收。

谢景林要求，相关单位在加紧推进进厂道路建设的同时，要高起点、高标准规划进厂道路两旁的绿化、亮化工作，并抓紧时间实施，争取农历年前完成进厂道路建设和绿化工作。

谢景林强调，县财政要加大资金调度，保障项目建设资金。项目施工方要抢抓晴好天气，加快安置样板房建设进度，完善安置区基础配套设施建设，确保拆迁户如期住新房。

6 日上午 县政协主席陈军率部分市、县政协委员深入龙溪水库、桐子山、杨江河坝实地视察“五小水利”[1] 工程建设。

座谈会上，委员们对东安近几年来水利工作所取得的成绩给予了充分肯定。

委员们希望，在水利工程建设中，县水利部门要强化措施，严格管理，严格工作时限，充分保障工程质量。要坚持工程建设与生态环境保护同步规划，确保人与自然和谐发展。要坚持建管并重，完善管理体制与运行机制。要抢抓机遇，合力推进，营造规模大、质量优、效果好的水利建设氛围。

县政协副主席周刚生、蒋燕平、唐月程参加视察。

8 日下午 市委常委、常务副市长易佳良到东安就《政府工作报告》征求意见和建议。县直有关单位负责人，部分驻东安的

[1] 五小水利：指小水窖、小水池、小泵站、小塘坝、小水渠的总称。

市人大代表、政协委员参加座谈会。

座谈会上，与会人员紧紧围绕《政府工作报告》(征求意见稿)，结合东安实际，畅所欲言、积极建言献策。大家认为《报告》对2014年全市经济社会发展所取得成绩的总结全面客观、实事求是，对2015年各项工作的安排，目标明确，措施具体。同时，与会人员还围绕水利、旅游资源开发、教育、卫生、交通、食品安全、土地流转等工作提出了许多建设性意见和建议。

易佳良听取发言后，充分肯定了与会人员提出的意见和建议。易佳良指出，大家对《政府工作报告》(征求意见稿)提出的意见和建议十分中肯，很有见地，市政府将在报告修改中认真梳理、充分吸纳，努力使《政府工作报告》内容更加完善。

9日上午 东安举办广电文化(新闻出版版权)法律法规培训班。

县委常委、县委宣传部部长欧阳冬子在培训班上要求，全县文化市场执法人员和广电文化工作者要深入学习宣传贯彻党的十八届四中全会精神，努力提高文化市场综合执法水平。

欧阳冬子指出，当前，我国经济社会发展已进入“转型期”，面临发展的“新常态”，经济转型，方式转变，需要通过法治克服信念障碍，破解发展之困；需要通过法治来化解问题、维护稳定；需要通过法治来终止过去那种“改革的法律突破”。因此，要切实把十八届四中全会精神认真学习好、研究好、贯彻好，强化法治理念，将法治精神贯穿依法行政始终，做到于法有据。

欧阳冬子强调，全县文化市场执法人员和广电文化工作者要坚决恪守法治理念，将法律作为根本遵循，维护法律的最高权威，让法律成为有力武器。要切实强化法治思维，改变决策拍脑袋、执行靠命令、监督走形式等惯性思维误区，改变重权力轻权利、重治民轻治官、重管理轻服务等传统思维误区。要善于运用法治方式，通过强化法治方式，来提高依法思考、依法决策、化解矛盾、维护稳定的能力。要着力提升法治素养，寓教于学，内化于心，运乎于行。要学以致用、用以促学，把所学的知识真正运用到实际工作中去，全面贯彻落实广电文化法律法规，努力开创全县广电文化执法工作新局面，为全力打造“五个东安”[1]做出新的更大的贡献。

12日至13日 县人大常委会召开全县“十有”[2]乡镇人大建设流动现场观摩会。县人大常委会主任文高平，副主任宁苏君、胡贤吉、唐新柱、胡慧川、蒋永辉，副处级党组成员邓贵春，各办委主任和17个乡镇人大主席参加现场会，对各乡镇人大“十有”乡镇人大建设情况进行现场参观考察。

座谈会上，文高平充分肯定了各乡镇“十有”乡镇人大建设工作取得的成绩，认为各乡镇“十有”乡镇人大创建工作的资料齐全、内容充实、富有特色，人大代表联系群众工作室建设规范、整齐、清洁，乡镇人大工作发展翻开了新的一页，整体水平迈上了新台阶。

文高平指出，各乡镇人大要进一步深化思想认识，按照张德江委员长提出的“人大工作归根结底要‘顶天立地’”的要求，上联天线，下接地气，紧紧围绕夯基础、上水平、求实效的这一

[1] 五个东安：指绿色东安，小康东安，法治东安，创新东安，幸福东安。

[2] 十有：有思路引领、有实践创新、有民情通道、有支撑载体、有丰富活动、有健全制度、有规范管理、有分类台账、有经费保障、有明显成效。

核心，坚持走法治之路，走“强基”之路，走创新之路，进一步加强组织领导，完善人大工作制度，相互学习借鉴，积极探索交流，提高“种好责任田”的责任意识和能力水平。

文高平强调，“十有”乡镇人大创建涵盖了乡镇人大工作的方方面面，各乡镇人大一定要按照县人大常委会提出的全力夯实基层基础、全面提高整体水平的总体要求，在人大工作具体实践中始终坚持做到“六个一”，即一月一安排、一季一会议、半月一接待、两月一活动、一年一述职、年终一考核，努力做好结合文章，联系各自工作实际，加强工作创新，彰显工作特色，力争把虚的做实，把弱的做强，把好的做优，进一步加强基层民主法治建设，全力推动“五个东安”建设。

12日下午　县政协机关组织全体干部职工集中观看《作风建设永远在路上——落实八项规定精神正风肃纪纪实》电视专题片。县政协主席陈军，副主席周刚生、蒋燕平一同观看。

在观看专题片后，与会人员分别结合自身工作实际进行交流发言。大家纷纷表示，在今后的工作中，要进一步加强学习，强化纪律意识和职业道德素养，严格规范个人言行，坚决抵制违纪违法行为。要严格落实作风建设要求，进一步筑牢思想防线，做八项规定的坚定践行者。

陈军要求，县政协机关全体干部职工要进一步深化对作风建设的认识，树立扎实工作、廉洁奉公的良好形象，做到坚持不懈反对“四风”，坚定不移落实中央八项规定精神。要以专题片曝光的反面典型来警示自己，以案为戒，严格自律，不断增强严守党纪、党规和工作纪律的自觉性，做到任何时候都不越红线、不闯红灯，积极营造风清气正的良好工作环境。

13 日上午 县委副书记、县长陈宇荣带领县财政、国土、住建等相关部门负责人深入舜皇城项目建设指挥部就加快推进舜皇城项目建设现场办公。

陈宇荣听取了舜皇城项目建设相关工作情况汇报，并就项目建设征地拆迁、项目配套设施建设等工作进行了研究和部署。

陈宇荣对舜皇城前期各项工作取得的成绩给予了充分肯定。陈宇荣要求，各级各部门要高度重视，加强领导，明确责任，攻坚克难，加快推进舜皇城项目建设。项目建设指挥部要加强与项目建设方沟通协调力度，加强合同履约管理，督促业主按照合同内容严格履约。住建部门要进一步落实规划管控，对项目建设方案严格把关，切实维护规划严肃性。相关职能部门要相互配合，密切合作，加快进度，做好征地拆迁安置工作；要加大执法力度，依法依规对项目区域内非法违规建设、敲诈勒索等行为进行严厉打击；要加大群众矛盾纠纷调处力度，对群众的合理诉求要尽力解决到位，对群众不合理诉求，要做好政策宣传解释工作，确保项目建设顺利进行。

县政府副县长苏建华，县政协副主席周刚生参加现场办公会。

14 日至 15 日 东安传达省市委经济工作会议精神暨 2015 年县委工作务虚会在县行政中心五楼会议室召开。会议总结 2014 年全县经济社会发展，分析当前形势，科学谋划 2015 年工作。会议由县委书记谢景林主持，县委副书记、县长陈宇荣，县委副书记张波、县人大常委会主任文高平、县政协主席陈军以及郑景学、欧阳冬子、李顺利、盘炳顺、周润润、李晓宁、王学军、段周权等县领导出席会议。各县委常委、县政府副县长分别就各自分管工作进行总结，并汇报 2015 年工作计划。县直各相关部门、舜皇山国家森林公园管理局和白牙市、芦洪市、石期市等乡镇党委书记作工作汇报。

谢景林指出，此次会议内容丰富实在，与会的县级领导和各相关部门主动站在全县经济社会发展的高度，为全力打造“五个东安”，集思广益、群策群力，达到了统一思想、凝聚共识、明确思路、推动发展的预期目的。

谢景林要求，全县各级各部门要传达贯彻省市委经济工作会议精神，统一思想，明确工作目标，强化责任，围绕全力打造山清水秀地干净、环境优美人宜居的绿色东安，全力打造“潇湘生态第一生态城”。要坚持以项目为抓手，培植骨干财源，加强融资平台建设，集中力量建设一批对县域经济快速增长支撑作用明显的大项目、好项目。要加大环境污染整治，加快城市垃圾处理场技术改造，保护东安自然生态环境。要加快县城道路建设，形成“三横五纵一环”县城骨架路网，改善城市交通环境。要突出农业产业化，抓好现代农业示范基地和农产品加工龙头企业建设。要以芦江水库建设为重点，抓好农村水利和安全饮水工程建设，解决农村安全饮水问题。会上，谢景林安排部署了当前工作。

谢景林强调，全县各级各部门要高度重视，认真履职，勇于担当，敢于负责，扎实做好“两节两会”期间综治维稳工作。要加强基层党组织建设，把党建工作与日常工作相融合，切实抓好基层党建工作。要密切配合，主动与省市相关部门沟通对接，扎实做好绩效考核工作。要加大力度，依法严厉打击重点项目非法阻工、非法上访等行为。要抓好春节期间城区美化、亮化、净化、绿化工作，开展群众文化活动，丰富群众文化生活，营造欢乐祥和的节日氛围。

陈宇荣要求，全县各级各部门要准确把握当前发展形势，科学确定2015年经济指标。要合理分工，科学安排，集中力量抓好安全生产、人口计生、信访维稳三项“一票否决”工作。要持之以恒，坚定不移，突出抓好各项争创工作。要加强领导，密切配合，突出抓好绩效考核和为民办事工作。要营造项目建设浓厚氛围，全力推进重点项目建设。要明确责任，积极推动全面深化各项改革任务落实。

陈宇荣强调，国家公职人员要加强学习，夯实理论基础，学习新的知识和本领，适应新的形势变化和工作要求。要勇于担当、善于创新，带着感情和责任抓好工作落实。要强化诚信履职，加强作风建设，提升干部执行力，努力打造诚信东安。

16日上午 县委书记谢景林深入井头圩镇调研小城镇建设和农村环境综合整治工作。

谢景林一行实地察看了井头圩镇井泉大道开发项目和井北公路改造工程项目建设，随后在井头圩镇政府会议室召开座谈会，听取了该镇城镇化建设和农村环境综合整治相关工作情况汇报。

谢景林对井头圩镇加大配套设施建设，打造“馨而雅、亮而洁”新城镇，实施清洁工程，打造“绿而美、净而舒”新农村取得的成绩给予了充分肯定。

谢景林要求，井头圩镇要科学规划，多方筹资，加大井泉大道等硬件设施的建设力度，强力推进乡镇城镇化建设。要加大宣传教育力度，不断提高群众环境卫生意识和文明意识。要采取内部选、向外聘的方式，增加保洁人员，成立街道秩序专管队伍，治理解决垃圾乱倒、车辆乱停、马路市场等问题。

关于农村环境综合整治工作，谢景林要求，井头圩镇党委政府要集中财力办大事，突出抓好镇政府所在地周边村，永东公路、东芦公路沿线村的环境整治，全面清理村庄周边、屋前屋后、道路两旁、田间地头积存的各类垃圾，做到垃圾定时清扫、定点收集、定点处理和日产日清。要加大春节期间马路市场综合整治，营造一个整洁、畅通、有序的节日氛围。

16日　县人民政府发出《关于印发〈东安县最严格水资源管理制度实施办法〉的通知》（东政发〔2015〕2号），明确了全县水资源开发利用控制红线、用水效率红线和水功能区限制纳污红线，要求加强水资源开发利用控制红线管理，严格实行用水总量控制；加强用水效率红线管理，全面推进节水型社会建设；加强水功能区限制纳污红线管理，严格控制入河库排污总量。

19日上午　东安打造中国德文之乡工作总结暨推进会在县行政中心召开。县人大常委会主任、县打造中国德文化之乡领导小组组长文高平，县人大常委会副主任胡慧川，县人民政府副县长涂世国、李瑞霞出席会议，县委常委、县委宣传部长、县打造中国德文化之乡领导小组副组长欧阳冬子主持会议。

会议指出，过去一年，县打造“中国德文化之乡”工作领导小组按照县委、县政府的安排部署，坚持“思想有高度、工作有力度、行动有速度”的要求，周密安排，协调配合，进一步推进了“一个核心、四个基地”规划的深入开展。2014年12月，中国伦理学学会会长、清华大学哲学系主任、人文社会科学学院院长万俊人亲笔书写“中国德文化之乡”，标志着东安打造“中国德文化之乡”工作创建成功，打造了又一个国家级品牌。

文高平充分肯定了创建工作取得的成绩。文高平要求，相关单位要统一思想，深化认识，增强责任感和主动性，发挥能动性和创造性。要进一步健全横向到边、纵向到底的组织领导体系，完善统筹协调、各司其职的工作机制，进一步明确工作职责和工作任务，发挥其应有的主体作用。要凝聚形成强有力的合力，层层深入推进，形成德文化建设的新常态。要大力实施“美德工程”，广泛宣传培育典型，努力营造德文化建设浓厚氛围，让道德建设成为全民的自觉行动，增强群众的参与意识，提高全民的整体道德水平。

20 日 永州市人社局党组副书记、副局长周和平带领市绩效评估考核组到东安就 2014 年度各项工作完成情况进行年终集中考核。县委副书记、县长陈宇荣，县委副书记张波，县委常委、副县长、统战部长李晓宁，县政协原主席杨绪耀等县领导出席座谈会或陪同察看现场。

市绩效考核组通过听汇报、翻阅台账、实地查看等形式，对东安绩效评估、推进新型工业化、新型城镇化、“十百千工程”[1]项目建设、开放型经济、农业农村、六件实事、国企改革、党管武装等 9 项工作进行年终集中考核。

市考核组对东安 2014 年工作取得的成绩给予充分肯定。考核组认为，东安各项工作亮点多、特色突出，成效明显。希望东安在今后工作中，继续按照全市年终集中考核要求，进一步完善绩效考评机制，转变工作作风，提高工作效率。要对各项工作认真开展一次“回头看”，切实为人民群众办实事办好事。

陈宇荣表示，东安将积极配合市考核组做好年终绩效考核工作，并以此次考核为契机，按照市考核组提出的要求和建议，进

[1] 十百千工程：指永州市委、市政府提出的在全市推进 10 大重大工程建设，加快一批重大项目前期工作，考核 100 个重点项目，监管 1000 个实施项目。

一步提高思想认识，强化工作措施，抓好整改落实，促进全县经济社会持续健康发展。

20日 县纪委监察局组织集中学习习近平总书记在十八届中纪委第五次全会上的重要讲话和中纪委全会会议公报。县委常委、县纪委书记李顺利参加学习。

李顺利要求，全县纪检监察干部要带头学习贯彻习总书记在十八届中纪委第五次全会上的重要讲话精神，将思想行动统一到讲话精神上来，用讲话精神武装头脑，指导实践，推动工作；要带头维护中央权威，严守政治纪律和政治规矩，在思想上行动上保持与党中央高度一致；要带头聚焦主业，恪尽职守，确保在政令畅通、权力在阳光下运行、构建作风建设新常态、严肃查办案件和加强自身建设等方面有新作为。

21日 市考核组到东安考评行政体制、社会治理机制、农村产权制度“三项改革”工作。县委副书记张波，县领导周润润、李晓宁、杨绪耀等出席汇报会并陪同察看现场。

会议指出，2014年，东安按照省、市委的安排部署，坚持问题导向，积极推进行政体制、社会治理机制、农村产权制度三项改革，较好地完成了各项工作任务。目前，行政体制改革深入推进，制定发布了县级权力清单、监管清单和负面清单目录，建立、落实了运行监督权制。农村产权制度改革力度加大，成立了农村土地承包经营权确权登记颁证工作领导小组及办公室，集中力量抓好了以农村土地确权颁证为重点的农村产权制度改革。社会治理机制改革成效显著，网格化建立、管理、服务实现标准化、一体化、精细化。

市考核组通过听汇报、翻阅台账、实地察看等形式，对东安“三项改革”工作取得的成绩给予充分肯定。考核组要求，东安要进一步强化改革永远在路上的意识，明确2015年改革的重点，准确把握中央、省委全面深化改革领导小组作出的各项部署，坚持真抓、实干、深改，切实加快推进深化改革的有关工作，确保把各项改革进一步引向深入，让改革的成果更多更公平地惠及广大群众。

22日 县委副书记张波深入鹿马桥镇、黄泥洞林场、端桥铺镇调研计划生育、信访维稳和新农村建设工作。

张波一行通过实地查看、听取汇报等形式，详细了解了各乡镇计划生育、信访维稳和新农村建设工作开展情况。走访中，张波还为计划生育贫困家庭送上了慰问金。

关于计划生育工作，张波要求，各乡镇场要统一思想，形成合力，充分认识计划生育工作的重要性，确保基层计生工作不松懈。要摸清底子，广泛宣传，加强与老百姓的沟通，积极稳妥地推行包干销号制和协议承诺制。要强化时效，进一步落实工作目标，推动全县人口计生村级目标管理责任制工作，为全县人口计生工作上水平打下坚实基础。

关于信访维稳工作，张波强调，“两会一节”即将来临，各乡镇场要进一步增强做好信访维稳工作的紧迫感和责任感，认真做好群众来信办理、来访接待、网上投诉受理工作，努力提高初信初访办理效率和质量，做到初信初访“事事有回音、件件有着落”。要保持头脑清醒，突出源头防范，细致排查、化解矛盾，切实维护全县大局稳定。

关于基层党建和新农村建设，张波指出，在推动新农村建设上，基层干部要有工作的热情，发展的思路，解决问题的办法，加强思想政治建设和能力素质培养。要强力推进村级组织办公活动场所建设，充分发挥其应有的服务功能，不断增强村级党组织的凝聚力和战斗力。

28日上午 县委书记谢景林深入白牙市镇前进社区，调研社区网格化管理工作。

谢景林认真听取了有关部门和白牙市镇主要负责人就前进社区和梨山口社区前段网格化建设工作情况汇报，了解工作中存在的一些具体问题。

谢景林指出，网格化建设是全市推动社会治理改革的关键一环，是强化东安社会治理能力、提升人民群众满意度和幸福感的重要抓手，各级各部门务必高度重视。要结合各乡镇实际情况，科学划分管理区域；县公安、人社、民政、云数据处理中心等相关部门，要整合信息资源，强化信息采集；有关部门要认真研究、解决网格化建设中的人、财、物等问题。

谢景林要求，有关部门和乡镇要整合资源、形成合力，进一步推进全县社会管理能力，提升人民群众的满意度和幸福感。

县委常委、县委政法委书记周润润陪同调研。

29日上午 2014年“维护海洋权益，共建强大国防”主题征文活动颁奖仪式在县人武部举行。县委副书记、县国教委主任张波，县委常委、人武部部长段周权出席颁奖仪式并为受表彰的单位和个人。

张波在讲话中强调，国防教育要“以史为镜”，增强忧患意识、危机意识、使命意识。要“知史识人”，让全社会都敬重英雄，让每个孩子都记住自己的英雄，让每个军人都记住几个能打仗打胜仗的民族英雄，坚决洗刷在英雄身上的脏水，净化我们的国防舆论环境。

张波要求，国教委要进一步贯彻学习习近平总书记“加强国防教育，增强全民国防观念”的重要指示，开展更丰富的教育活动，不断为实现“中国梦”“强军梦”提供“正能量”。

30 日上午 神华国华永州电厂项目建设工作碰头会在芦洪市镇灌坝村召开。市政府正厅级干部荣燕明，神华国华永州电厂总经理刘建海，县委书记谢景林，县政府正处级干部于剑辉，县委助理调研员王石国出席会议，芦洪市镇和相关部门负责人参加会议。

会议听取了神华国华永州电厂 2014 年工作情况汇报，对下阶段工作进行了安排部署。

荣燕明强调，东安各级各部门要高度重视，振奋精神，明确工作目标，改进工作措施，围绕 2015 年神华国华永州电厂工作清单做好工作谋划。要加强领导，严格责任落实，确保项目建设顺利进行。

谢景林要求，项目建设指挥部和各相关职能部门要按照县委、县政府有关神华国华永州电厂建设工作系列会议纪要精神，对 2014 年工作进行回头看，做好总结验收。要调处好矛盾纠纷，在 2015 年 2 月 10 日以前把征地拆迁款全部发放到群众手中。要加强领导，积极作为，依法依规做好相关土地报批和征地拆迁遗留问题。要把握好时间节点，加快进厂道路、新东芦公路和安置区样板房建设进度。财政部门要整合资金，加强调度，按时按进度拨付工程款，保障民工工资和项目建设指挥部工作经费，确保项目建设顺利推进。要加大政策宣传力度，做好群众思想工作，引导群众关心支持项目建设。县政法部门要依法加大对非法阻工等行为的打击力度，做好安全隐患排查工作，为项目建设营造良好的施工环境。

2月

3日上午 中国共产党东安县第十一届委员会第五次全体会议在县行政中心五楼会议室召开。县委书记谢景林受县委常委会委托向全会报告工作。

全会深入学习贯彻党的十八大及十八届三中、四中全会精神和习近平总书记系列重要讲话精神，听取和讨论了谢景林代表县委常委会所作的工作报告。审议并通过了《中共东安县委关于进一步加快神华国华永州电厂建设的决定》(草案)。县委副书记、县长陈宇荣，县委副书记张波，县人大常委会主任文高平，县政协主席陈军出席会议。出席全会的有县委委员30名，县委候补委员3名。不是县委委员、县委候补委员的县级领导，县人大、县政府、县政协党组成员，县纪委委员，乡镇场党委书记、乡镇场长，芦洪市、石期市工业园管委会主任，县直部办委局党政主要负责人，中央、省、市驻县单位负责人列席会议。

全会同意县委常委会2014年工作报告，充分肯定县委常委会2014年工作。全会认为，一年来，县委常委会坚决贯彻中央及省、市委的系列决策部署，主动出击，积极应对新常态，大力推进“五个东安”建设，绿色东安稳中提质，小康东安稳中趋快，法治东安稳中向好，幸福东安稳中有为，创新东安稳中求进，实现了经济社会又好又快发展。全会同意县委常委会2015年工作安排。

全会指出，做好2015年的工作，要以中央、省、市一系列会议精神和县第十一次党代会精神为指针，按照“生态立县、产业强县、科教兴县、和谐安县、实干振县”的总体思路，以科学发展为主题，以调结构转方式为主线，以新型工业化为主导，以新型城镇化为主平台，以改善民生为主旨，突出生态建设重绿化、经济建设重项目、社会建设重民生、文化建设重活动、政治建设重干部，全力推动绿色东安、小康东安、法治东安、创新东安、幸福东安进入新常态。

全会提出，2015 年全县经济社会发展的主要目标任务为：地方生产总值增长 9% 以上，规模工业增加值增长 12% 以上，固定资产投资增长 20% 以上，财政总收入增长 12% 以上，社会消费品零售总额增长 13% 以上，全面小康实现程度提升 6 个百分点以上，城镇登记失业率控制在 4% 以内。要继续坚持稳中求进工作总基调，深刻认识新常态、科学把握新常态、坚实引领新常态。具体抓好五个方面的工作：一是更加注重生态文明，全力推动绿色东安进入新常态；二是更加注重产业升级，全力推动小康东安进入新常态；三是更加注重公平正义，全力推动法治东安进入新常态；四是更加注重改善民生，全力推动幸福东安进入新常态；五是更加注重从严治党，全力推动创新东安进入新常态。

全会认为，加快神华国华永州电厂建设，对保障湖南电力供应和电网安全将起到至关重要的作用，更是东安新型工业化和经济社会发展过程中的一个重要里程碑。全县上下务必将神华国华永州电厂作为全县的“1 号工程”来抓，形成加快推进项目建设的浓厚氛围和强大合力，确保 2017 年实现 1、2 号机组双投，2018 年实现 3、4 号机组双投的目标。

全会号召，全县各级党组织和广大干部群众要进一步把握新常态带来的新要求、新机遇、新挑战、新目标，顺势而为，乘势而上，奋力开创东安经济社会发展新局面，为全力打造“五个东安”、全面建成小康社会做出新的更大贡献！

3日下午 全县优化经济环境和机关效能建设工作“满意不满意单位”民主测评暨2014年度县处级领导干部测评会在东安会堂召开。会议由县委书记谢景林主持。县委副书记、县长陈宇荣，县委副书记张波、县人大常委会主任文高平、县政协主席陈军以及郑景学、欧阳冬子、李顺利、盘炳顺、周润润、李晓宁、王学军、段周权等县领导出席会议。市委组织部干部一室主任邓可旺到会指导。

谢景林、陈宇荣分别作了个人述职述德述廉报告。在职县级领导、县优化经济环境领导小组成员、被测评单位主要负责人、县重点企业和项目业主代表、“两代表一委员”代表、行政效能监督员、党风廉政监督员等对2014年下半年全县优化经济环境和机关效能建设工作“满意不满意单位”进行民主测评。县委、人大、政府、政协领导班子成员和县人民法院院长、县人民检察院检察长，其他在职副处级以上干部，县纪委常委、县直工作部门、人民团体、民主党派主要负责人以及乡镇场党政领导班子主要负责人、有关企事业单位主要负责人等对县四大家班子和县处级领导干部进行年度考核测评。

3日 县委发出《关于进一步加快神华国华永州电厂建设的决定》（东发〔2015〕1号），要求全县上下将神华国华永州电厂作为全县的“1号工程”来抓，通过落实责任，强化保障，到2015年实现1、2号机组双投，2018年实现3、4号机组双投。

4日 东安召开乡镇场党委书记履行基层党建工作责任述职评议会。18位乡镇场党委书记围绕落实基层党建工作责任述成绩、查问题、摆原因、谈打算，面对面接受基层党员群众干部代表评议。

会议采取“一述一评”的方式进行。各乡镇场、舜皇山森林公园管理局党委书记就履行基层党建工作责任情况分别进行述职。基层代表就基层党建工作、村级活动场所清零、大学生村官管理等问题进行现场提问，述职人员针对代表提出的问题予以现场答复。县委书记谢景林对各乡镇场和舜管局基层党建工作进行逐一点评。

谢景林在肯定成绩的同时，实事求是地指出了各乡镇场和舜管局党委书记在基层党建工作中的薄弱环节，并就相关工作提出了整改要求。

省委组织部党员管理处副调研员江业成、市委组织部部务会成员艾建华、市委派驻东安第四督导组常务副组长邓尧忠等领导充分肯定了东安基层党建工作，并对新形势下如何抓好基层党建工作、提高工作水平提出了新的要求。

5日上午 县委书记谢景林主持召开神华国华永州电厂征地拆迁突击活动总结表彰会，表彰通报了神华国华永州电厂项目征地拆迁突击活动先进集体和先进个人。县委副书记、县长陈宇荣出席会议。

谢景林强调，项目建设指挥部和各相关职能部门要对前段征地拆迁工作进行回头看，排查矛盾纠纷和存在的安全隐患，确保征地拆迁款全部发放到群众手中。要加大对安置区优惠政策的宣传力度，做好群众思想工作，引导群众关心支持项目建设。要进一步推进安置区建设，2月10日前完成进场路的绿化、亮化，注重安置区基础配套设施建设和产业发展，把安置区建设成为新农村建设示范点。

陈宇荣要求，广大干部群众要继续发扬团队协作精神，攻坚克难。严格执行征地拆迁安置政策，严厉打击违章建筑、敲诈勒索、强买强卖、强揽工程、非法阻工等不法行为，为项目建设营造良好的施工环境。要改进工作作风，确保目标任务完成。要把握时间节点，集中精力全面做好电厂建设各项工作，力争神华国华火电项目早日建成投产。

县领导盘炳顺、李晓宁、王学军、宁苏君、唐新柱、胡慧川、涂世国、郑航、周刚生、丁国志、蒋燕平以及县国土、财政、住建、林业、交通、城管、交警、农业等相关职能部门主要负责人参加会议。

6日上午 谢景林、张波、文高平、陈军、郑景学、欧阳冬子、李顺利、盘炳顺、周润润带领200余名干部职工到井头圩镇宝丰村开展义务植树活动，种植樟树苗6000余株，为永州创建国家森林城市、打造“绿色东安”再添新绿。

6日上午 县委副书记、县长陈宇荣主持召开县政府全体会议，研究讨论《政府工作报告》《财政预算执行情况报告》《国民经济和社会发展计划执行情况报告》（征求意见稿），听取2015年重点项目建设和清理规范税收等优惠政策情况汇报，安排部署当前重点工作。

会议要求，报告起草组要充分吸纳县政府全体会议提出的修改意见，进一步修改完善《政府工作报告》。要把市委、市政府实施的八大计划、为民办实事等重点工作写入报告，努力使报告全面客观、实事求是，更加符合东安发展实际，体现时代特性。

关于重点项目建设工作，会议指出，相关职能部门要严格按照相关文件要求做好2014年重点项目建设表彰工作。2015年重点项目建设考核内容参照2014年考核方案执行，个别内容予以完善。要结合实际，合理分配工程项目，充分调动县级领导和相关部门狠抓项目建设的积极性。

关于当前重点工作，会议要求相关职能部门要高度重视春节期间安全生产工作，时刻绷紧安全生产这根弦，在全县范围内积极深入开展安全生产工作大排查，严防各类事故发生。要抢抓春节期间外出务工人员返乡有利时机，扎实做好计划生育优质服务工作。要安排专项资金，做好困难群众走访慰问工作。要加强领导，科学调度，强化服务，认真做好春运工作。要强化措施，加强协调，做好农民工工资支付工作。要强化税源管理，抓好财税收入和招商引资工作。要严肃工作纪律，做好春节期间值班值守工作。要严格执行廉洁自律有关规定，坚决落实厉行节约各项要求。

李晓宁、苏建华、唐振宇、郑航、涂世国、李瑞霞、于剑辉、文德、邓亚林、徐荣军、唐伯平、蒋明君、陈红斌等县政府常务会组成人员参加会议，县政协副主席周刚生应邀出席会议，县直相关单位负责人和各乡镇场场长列席会议。

6日下午　县委副书记张波深入白牙市镇走访慰问困难群众，为他们送去县委、县政府的亲切关怀和节日祝福。县委组织部、县民政局、白牙市镇主要负责人陪同走访慰问。

张波一行先后走访慰问了白牙市镇小心田村、苍子岭社区、了井塘村、炉江头村的困难党员、群众。每到一处，张波都与他们亲切交谈，详细了解他们的身体状况和家庭情况，并为他们送上了棉被等慰问品和慰问金。

张波指出，老干部、老军人是党和国家的宝贵财富。今天东安各项事业蓬勃发展得益于老同志打下的坚实基础。希望老同志一如既往地关心和支持县委、县政府的工作，为东安经济社会发展出谋献策。

张波要求，民政部门和白牙市镇的工作人员要落实好党和国家的各项救助政策，多关心困难党员、群众，帮助他们解决实际困难，切实帮助他们渡过难关，让他们共享改革发展成果。

8日上午　市委常委、市纪委书记朱映红到东安检查指导安全生产工作。县委书记谢景林，县委副书记、县长陈宇荣，县委常委、县纪委书记李顺利陪同。

朱映红一行实地查看了井头圩镇党委政府、东安东站、公安局宿舍大楼建筑工地、紫溪市镇烟花爆竹配送中心、凯翔鞋业等地，详细了解了各单位和企业安全生产工作落实情况，对存在的问题提出整改意见和要求。

朱映红要求，东安各级各部门要高度重视安全生产工作，时刻绷紧安全生产这根弦，在全县范围内积极深入开展安全生产工作大排查、大交办、大整改。要认真落实安全生产“一岗双责”责任制，加强对人员密集场所、烟花爆竹和危险化学品、建筑施工等行业的专项检查和整治。要加大对各类生产经营单位员工的安全培训和技术培训，提升从业人员素质和安全防范意识，营造浓厚的安全生产氛围。要进一步加强春节期间的安全监督检查力度，及时排查隐患，对排查出的隐患和问题要按期完成整改落实，严防各类事故发生，确保全县安全生产形势稳定，让群众过一个平安祥和的新春佳节。

9日上午 东安县2015年网络媒体与网民代表座谈会在县行政中心七楼会议室召开。县委书记谢景林出席会议并讲话，会议由县委常委、县委宣传部部长欧阳冬子主持。市委网宣办主任、市政府办副主任陈志华应邀出席会议。县政府副县长、县公安局长郑航以及各相关职能部门主要负责人参加会议。

座谈会上，来自红网、天涯社区、凤凰网、华声在线、永州新闻网等网络媒体代表就如何充分利用网络媒体资源，进一步做好东安网宣工作畅所欲言，提出了好的意见和建议。网民代表围绕群众关心的民生问题现场提问。县公安、教育、交通等相关部门对网友的提问予以现场回复。

陈志华就进一步深化互联网的认识、如何做好舆情应对工作和用好网络媒体提出了很好的意见。

在认真听取与会人员的发言后，谢景林代表县委、县政府向广大网络媒体和网友一直以来对东安经济社会发展的关心、支持表示感谢。

谢景林指出，2014年以来，各网络媒体与网友通过网络渠道宣传推介东安，充分发挥了媒体宣传和监督作用，正确引导社会舆论，积极释放正能量，彰显东安对外良好形象，为东安经济社会发展做出了积极贡献。

谢景林希望，新的一年，各网络媒体和广大网友继续给力东安经济社会发展，提高东安的美誉度。

谢景林要求，全县各级各部门要提高应对突发事件和网络舆情的应对能力和水平，牢固树立互联网思维，要正确引导网络舆论，科学研判网络舆情，为东安经济社会发展营造一个良好的舆论环境。

9日　县委副书记、县长陈宇荣就修改完善即将提请县第十六届人民代表大会第三次会议审议的《政府工作报告》（征求意见稿）听取部分人大代表、政协委员及社会各界人士的意见和建议。

报告起草组就《政府工作报告》（征求意见稿）的形成过程、主要结构、主要内容等情况作了说明。与会人员踊跃发言，各抒己见，大家一致认为，《报告》主题鲜明，实事求是，客观反映了过去一年政府工作所取得的成绩，明确提出了2015年政府工作的指导思想、奋斗目标和工作重点，结合东安实际，体现了政府以人为本、执政为民的理念，对推进东安科学跨越、赶超发展具有重要指导意义。与会人员还分别围绕项目建设、教育、民生保障、社会救助、文明县城创建等方面的内容提出了意见和建议。

陈宇荣感谢各位代表、委员对政府工作的关心、支持和监督，对与会同志的发言给予了充分肯定。

陈宇荣指出，大家的意见和建议很有见地，让人深受启发。报告起草组要将大家提出的意见和建议，吸纳到报告中来，充实完善报告内容，使报告更加简洁、精练，更加符合东安发展实际。

陈宇荣希望，县人大常委会、县政协要一如既往地关心和支持政府工作，充分发挥监督职能，积极建言献策，推动政府工作再上新台阶。

县人大常委会主任文高平，县政协主席陈军，县人大常委会副主任宁苏君、胡贤吉、唐新柱、胡慧川、蒋永辉，县政协副主席周刚生、丁国志、蒋燕平、唐月程、周壬秀出席座谈会。

9日　县城沿江西路综合配套项目中的沿江西路主干道举行竣工通行仪式。

县委副书记、县长陈宇荣出席通行仪式并宣布沿江西路主干道正式通行。县委常委、县纪委书记李顺利致辞。

县人民政府副县长苏建华、项目业主单位负责人出席竣工仪式。

10日上午 东安县第十六届人大常委会第十七次会议在县行政中心四楼会议室召开。

会议听取了紫水河流域特定问题调查情况汇报。县人大常委会委员们认为，2014年县政府及相关部门在紫水河流域保护管理工作中，坚持“堵源头”，依法严厉打击紫水河沿岸生活污水乱排、生活垃圾乱倒、乱砍乱采滥挖、沿河违规乱建、水上非法养殖等行为，有效改善了紫水河生态环境，取得了阶段性成效。会议要求，要以创建紫水河国家湿地公园为契机，加强宣传、加大投入、严格执法，坚持不懈地、常态化地抓好紫水河流域整治保护这一民生工程，改善人居环境。

会议听取了全县规划管理工作情况汇报。会议强调，一方面要注重城乡规划的前瞻性，作好城乡规划的科学编制，发挥规划的龙头作用；另一方面，要以打非治违为重点，加强规划管理执法，遏制违法违规建设行为。

会议初步审查了2015年财政预算编制（草案），听取了县人民检察院关于反贪污贿赂工作情况汇报，审议了县十六届人大三次会议筹备工作方案、常委会工作报告（草案），审议了县十六届人大三次会议日程及各类名单（草案）。

县人大常委会主任文高平，副主任宁苏君、胡贤吉、唐新柱、胡慧川、蒋永辉等出席会议。县委副书记张波，县委常委、副县长、统战部长李晓宁，县政府副县长苏建华以及相关单位主要负责人应邀列席会议。

11 日上午 县委书记谢景林在县老干局主要负责人陪同下，走访慰问部分离退休老干部，为他们送去县委、县政府的亲切关怀和节日祝福。

谢景林一行先后来到刘章珠、贺维强、沈生国、胡学安等老干部家中，祝福他们新年快乐，健康长寿。每到一处，谢景林都详细了解老干部的日常生活、身体状况以及家庭情况，并向他们介绍东安经济社会发展取得的成绩。老干部对 2014 年以到东安经济社会发展取得的成就赞叹不已，对东安未来的发展充满信心。他们对县委、县政府长期以来对他们的关心和厚爱表示感谢，表示将一如既往地关心东安的发展，支持县委、县政府的工作，为东安的发展积极发挥余热。

谢景林指出，今天东安各项事业蓬勃发展得益于老同志打下的坚实基础。希望老干部一如既往地关心和支持县委、县政府的工作，为东安经济社会发展出谋献策。

谢景林要求，县老干局和相关单位要高度重视并切实做好老干部工作，全面落实各项政策和待遇，关心、照顾、安排好老干部的生活，让老同志老有所养，老有所乐。

11 日上午 县委书记谢景林带队走访慰问县人武部和驻东部队官兵，代表全县 63 万人民群众向他们送去节日的问候和新春的祝福。

谢景林高度评价了广大驻东官兵为东安经济社会发展做出的巨大贡献，鼓励全体官兵立足岗位，再接再厉，在加快打造“五个东安”中再立新功。

谢景林指出，县委、县政府将一如既往地支持部队建设，同时希望广大官兵继续积极参与和支持东安的改革开放和现代化建设事业，为地方经济发展和社会稳定做出更大的贡献，共同谱写新时期的军民鱼水情。各部队官兵纷纷表示，今后将继续关注和参与东安的改革开放和经济建设，以实际行动为打造“五个东安”做出应有的贡献。

县委副书记张波，县人大常委会主任文高平，县政府副县长李瑞霞等领导参加慰问。

11日上午 县政协八届委员会常务委员会第十二次会议在县行政中心四楼会议室召开。

会议审议通过了县第八届常务委员会第十二次会议关于召开政协东安县第八届委员会第三次会议的决定。会议审议通过了县政协第八届委员会第三次会议议程（草案）、日程（草案）组织领导及工作机构（草案）等9个事项；审议通过了八届政协常委会工作报告和提案工作情况报告（意见稿）。会议听取和审议了县政协提案委员会2014年述职报告；听取和审议了县政协经科委2014年述职报告；听取和审议了县政协学习文史宣教卫体委2014年述职报告；听取和审议了县政协联谊会2014年述职报告。

陈军要求，各位政协常委要以身作则，认真开展好“五个一”活动，切实发挥好表率作用，积极履行政治协商、民主监督、参政议政职能，提出有前瞻性和可操作性的发言和建议。

陈军强调，县政协要高度重视并全力抓好县政协八届三次会议的筹备活动，确保大会圆满成功。

副主席周刚生、丁国志、蒋燕平、唐月程、周壬秀，秘书长陈弦等出席会议。各乡镇场政协联工委主任、县直工作组长等相关人员列席会议。

11日下午 县委书记谢景林深入县城主要街道调研城市综合整治工作。

谢景林一行先后到东安大道、同心路、新建路、自来水厂等地，就道路卫生脏乱差，物流站点乱堆乱放，交通秩序混乱，自来水厂水质、蓄水池建设以及春节前城市亮化等问题进行检查，并现场研究解决办法。

谢景林指出，2014年以来，以争创全国文明县城为契机，加大城市管理力度，全县城市综合治理工作取得了显著成效，但还存在工作不平衡，单位重视程度不够，脏乱差仍然突出等问题。相关部门要紧紧围绕创建全国文明县城这一目标，着力在全民素质提升、市容市貌整洁、交通秩序规范、公用设施完善上下功夫，确保全县城市治理工作取得新成效、城市形象得到新提升。

谢景林要求，相关部门要加强组织领导，高标准治理脏乱差现象。要突出抓好城市主要街道和背街小巷的环境整治工作，充分调动群众积极性，提高群众保护环境的意识。要加大力度整治交通秩序，规范客运车辆管理，保障车辆、行人出行安全，营造安全、和谐、有序的交通环境。稳步推进水厂蓄水池建设，确保居民春节能喝上放心水。各路段未安装路灯和路灯损坏问题要尽快着手解决，让广大群众过一个幸福、美满、祥和的春节。

县人民政府副县长苏建华，白牙市镇和县城管局主要负责人陪同调研。

11日下午 县委副书记张波带队走访慰问武警三中队、75708部队、武警中队、消防大队，为他们送上节日的问候和新春的祝福。

每到一处，张波都与武警部队官兵一一握手、亲切交谈，详细了解官兵们的生活与工作情况，并代表县委、县政府和全县人民向驻东武警部队官兵表示节日的祝贺，为他们送上慰问金。

张波指出，在过去的一年里，全体驻东安武警部队官兵牢记党和人民的重托，积极训练，在做好国防、部队建设的同时，为东安的社会安定和经济社会发展做出了积极贡献。

张波希望，全体驻东安部队官兵在2015年进一步加强自身建设，继续发扬艰苦奋斗精神，积极参与和支持东安的经济社会发展，用实际行动确保东安平安稳定。

县委常委、县委政法委书记周润润，县政府副县长李瑞霞陪同走访。

11日晚　东安县2015年春节联欢晚会在东安会堂进行最后一轮彩排，多个节目轮番亮相，彩排现场精彩纷呈。县委常委、县委宣传部部长欧阳冬子到场指导，并对彩排演出给予了充分肯定。

欧阳冬子强调，晚会气氛要热烈，营造欢快、祥和、喜庆的节日氛围。演出节目要突出亮点，突出地方特色，贴近群众生活，充分展现东安地域文化色彩和经济社会发展取得的成绩。演员的表演、现场灯光调试、节目衔接、音响效果等方面要进一步完善。春晚筹备小组要精心排练，认真准备，对节目质量要精益求精，力争打造一台高品质的春节联欢晚会，为全县人民送上一场精彩的文化盛宴。

12日下午　东安县纪委十一届七次全会暨全县反腐败工作会议在县行政中心五楼会议室召开。会议的主要任务是学习贯彻习近平总书记重要讲话和中央纪委五次全会，省、市纪委全会精神，回顾总结2014年全县党风廉政建设和反腐败工作，研究部署2015年全县党风廉政建设和反腐败工作。县委书记谢景林出席会议并发表重要讲话。县委副书记、县长陈宇荣主持会议。县委副书记张波宣读《中共东安县委办公室、东安县人民政府办公室关于表彰2014年度党风廉政建设和反腐败工作先进单位的通报》。县委常委、县纪委书记李顺利作工作报告。各单位纪委书记（纪检组长）向县纪委书记递交了《2015年度党风廉政建设纪委（纪检组）监督责任书》，各单位党委书记（党组书记）向县委书记递交了《2015年度党风廉政建设党委（党组）主体责任书》。

会议认为，2014年，在县委的坚强领导下，县人大、县政府、县政协和县法院、县检察院党组，各乡镇场和县直机关各单位党委（党组），认真贯彻中央、省、市纪委和县纪委全会精神，抓好任务部署和工作落实。各级纪检监察机关聚焦主业，坚决维护党纪国法权威，有力惩治腐败，坚决纠正“四风”，强化权力监督，全县党风廉政建设和反腐败工作取得了新成效。维护了党的纪律，大力纠正了“四风”，加大了办案力度，有效预防了腐败，加强了队伍建设。

会议提出，2015年，全县党风廉政建设和反腐败工作的总体要求是：深入贯彻党的十八大，十八届三中、四中全会和中央、省、市纪委全会精神，认真贯彻习近平总书记系列重要讲话精神，坚持全面从严治党、依规治党，全面落实“两个责任”[1]，持续保持反腐败高压态势，加强纪律建设，深入推进作风建设，强化监督执纪问责，深化纪律检查体制改革，以更严的纪律管好党员干

[1] 两个责任：是指中共十八届三中全会提出的落实党风廉政建设责任制，党委负主体责任，纪委负监督责任，制定实施切实可行的责任追究制度。

部，坚定不移推进党风廉政建设和反腐败斗争。提升纪检监察干部的纪律约束力、办案震慑力、纠正“四风”持续力、干部免疫力、落实“两个责任”执行力、反腐倡廉保障力、反腐战斗力，为建设“五个东安”提供有力的纪律保证。

谢景林强调，全县各级党组织和纪检监察组织要正确地认识形势，主动适应从严治党的新常态，坚决整治“四风”、严惩腐败行为、加强制度建设；要严明纪律规矩，从严落实“五个必须”的新要求，坚决维护党中央权威、坚决维护党的团结、严格遵循党的组织程序、坚决服从组织决定、严格管好亲属和身边工作人员；要强化责任担当，坚决履行管党治党的新使命，全面落实“两个责任”、着力加强队伍建设、切实强化履职保障。为全力打造“五个东安”全面建成小康社会做出新的更大贡献。

文高平、欧阳冬子、李晓宁等出席会议。

12日晚 东安2015年春节联欢晚会在东安大会堂璀璨上演。县委书记谢景林，县委副书记、县长陈宇荣，县委副书记张波，县人大常委会主任文高平，县政协主席陈军以及欧阳冬子、李顺利、盘炳顺、周润润、李晓宁等县领导与社会各界群众欢聚一堂，观看演出，共贺新春佳节。

13日 省委书记、省人大常委会主任徐守盛深入芦洪市镇考察神华国华永州电厂项目建设情况，并到东安县瓷业总公司、井头圩镇八字门村看望慰问困难群众，送上新春的美好祝福。省委常委、省人大常委会副主任、省委秘书长韩永文，省人大常委会副主任、省总工会主席刘莲玉一同考察、慰问。县委书记谢景林，县委副书记、县长陈宇荣陪同走访。

14 日 县委书记谢景林主持召开县委常委扩大会议。会议听取县委经济工作会议、县“两会”筹备、市和县绩效考核、2015年财政收支预算（草案）编制、冷东城际快速通道建设、园区建设、神华永州电厂铁路专用征地拆迁等工作情况汇报。

关于县委经济工作会议和县人大政协“两会”筹备工作，会议要求，会议主办单位要切实做好会议各项筹备工作。报告起草组要突出新常态，彰显东安特色，认真撰写好会议报告，确保大会成功召开。

关于市、县绩效考核工作，会议要求，全县各级各部门要切实做好 2014 年绩效考核工作。2015 年要继续围绕“保四争三”目标任务要求，对照市对县绩效考核 22 项工作要求，明确职责，逐项抓好工作落实。

关于冷东城际快速通道建设，会议要求，县财政部门要加强资金调度，保障好冷东城际快速通道建设启动资金、工作经费和规划设计费用。要加大招商引资和政策宣传力度，积极筹措好项目建设资金，确保项目建设如期开工建设。

关于园区建设工作，会议要求，相关职能部门要按照省委、省政府关于实施“135”工程[1]相关文件精神，把白牙市镇工业园 30 万平方米标准化厂房建设作为加快推进新型工业化发展首要工作来抓，认真研究上级有关政策，抓住春节返乡有利时机，加大招商引资力度，加快项目建设进度，确保项目建设 6 月开工建设。

关于神华国华永州电厂铁路专用线征地拆迁工作，会议要求，相关职能部门要做到底子清、任务明，做好安置区规划工作。要

[1]“135”工程：指全省提出的创新创业园区发展战略，从 2015 年开始，用两年时间建设 100 个产业园区、3000 万平方米标准厂房、引进 5000 个创新创业企业。

加强领导，明确县级领导包村，科局包干到户工作责任制，确保神华火电铁路专用线4月底顺利开工建设。

县委副书记、县长陈宇荣，县委副书记张波，县人大常委会主任文高平，县政协主席陈军以及郑景学、欧阳冬子、李顺利、盘炳顺、周润润、李晓宁等县领导出席会议，相关部门负责人列席会议。

15日上午 市委常委、市纪委书记朱映红带领市直相关部门负责人深入东安县，走访慰问劳模代表和部分困难群众，给他们送去党和政府的关怀。县委书记谢景林，县委副书记、县长陈宇荣，县委常委、县纪委书记李顺利陪同走访。

在全国劳模王满元的办公室，朱映红详细询问他的生活情况和企业经营状况，感谢他为全市经济社会发展做出的卓越贡献，向他致以新春的祝福，并希望他能继续发挥“全国劳模”的模范和表率作用，在工作岗位上再立新功，为全市经济社会发展做出新的贡献。

在白牙市镇敬老院，朱映红仔细查看敬老院老人们居住、饮食和休闲环境，叮嘱敬老院负责人，要进一步加强管理，照料好老人们的饮食起居，让他们在敬老院里安享晚年。

在白牙市镇都塘村、茶亭社区和井头圩镇石板铺村困难群众的家中，朱映红为他们送去春节慰问金和过年物资，鼓励他们树立战胜困难的决心和信心，在各级党委和政府的关心支持下，争取早日摆脱贫困，过上幸福生活。

朱映红要求，县委、县政府和县民政部门要将困难群众的冷暖安危放在心上，尽可能地帮助他们解决生产生活中的实际困难，让他们感受到党和政府的关怀与温暖。

走访结束后，朱映红还在井头圩镇石板铺村召开“小康示范村”建设工作部署协调会，听取 2014 年石板铺村“小康示范村”建设工作情况汇报，安排部署 2015 年工作。

16 日 县委书记谢景林主持召开县委常委扩大会议。会议听取了县委办、纪检监察、组织、宣传、社区网格化管理、统战、教育、重点项目等工作情况汇报，审议县委经济工作会议目标任务责任分解表。

会议指出，过去一年，县委各工作部门在县委的正确领导下，按照“四个五”的总体要求，对照年初经济工作会议各项任务，积极作为，取得了很好的成绩，为全力推进“五个东安”建设作出了积极贡献。

会议要求，各相关部门要全面总结 2014 年工作经验，认真查找工作中存在的问题，分析原因，研究制定切实可行的工作措施，确保 2015 年工作再上新台阶。县委办公室要坚持政研出思路、督查抓落实、文秘保运转、接待树形象的工作要求，深入开展“三提升三创建”[1]活动和“零失职、零差错、零容忍”主题活动，全面提高服务水平。纪检监察工作要以中央、省、市相关精神为指导，坚持标本兼治、综合治理、惩防并举、注重预防的方针，认真落实党风廉政建设责任制，建立健全惩治和预防腐败体系，努力开创全县反腐倡廉建设新局面。组织工作要全面落实好干部标准，围绕机构改革和干部人事制度改革，选优配强各级领导班子；要从严从紧抓好领导班子、干部队伍、人才队伍、基

[1] “三提升三创建”：指提升服务质量，提升工作效率，提升队伍素质；创建学习型、创新型、服务型机关。

层党组织建设等工作，为“五个东安”建设提供组织保障。宣传思想工作要按照县委的安排部署，突出抓好理论武装、舆论宣传、文明创建、文化强县和自身建设工作，主动适应新常态，传播正能量，营造全县经济社会发展的良好舆论氛围。社区网格化建设工作要按照全市城乡社区（村）网格化建设动员大会的要求，积极主动,大力宣传,统筹安排。着重抓好基础工作,明确责任分工,理清工作职责，搭建信息平台，抓好乡村网格试点工作。统战工作要深入组织实施“同心工程”,扎实推进党外代表人士队伍建设，继续抓好民族宗教、乡镇和海外统战工作，不断提高统战工作科学化水平，全方位服务东安经济社会发展。教育工作要坚持教育优先发展战略，加大教育投入，推进教育均衡发展，不断满足人民群众对优质教育的需求。努力改善办学条件，继续推进教育改革、积极打造教育品牌，大力建设教师队伍。不断满足人民群众对优质教育的需求，为全面打造“五个东安”提供强大的人才保障和智力支撑。

关于重点项目建设工作，会议听取了2014年重点项目年终考核工作汇报，研究了《东安县2015年重点财源建设项目考核办法》。会议强调，2015年全县重点项目建设的目标任务已经明确，关键在于抓落实。要严格考核，相关部门要按照年初制定的目标管理措施，对工作积极、进步较快、完成任务较好、有示范带动作用的乡镇和单位给予奖励；对工作进度缓慢、推进不力的相关单位主要领导和责任人，要强化问责、严肃处理。

会议还审议通过了县委经济工作会议目标任务责任分解表，研究了2015年领导分工和联系乡镇调整等工作。

县委副书记、县长陈宇荣，县委副书记张波，县人大常委会主任文高平，县政协主席陈军以及郑景学、欧阳冬子、李顺利、盘炳顺、周润润、李晓宁等县委常委会组成人员参加会议，相关部办委局主要负责人列席会议。

16 日　县委办公室、县政府办公室发出《关于落实 2015 年县委经济工作会议精神的意见》(东办发〔2015〕1 号)，将县委经济工作会议目标任务分解落实到各牵头领导和责任单位，要求各责任单位和牵头领导认真抓好落实，确保县委经济工作会议提出的各项目标任务圆满完成。

25 日　县委经济工作会议在东安会堂召开。

会议的主要任务是贯彻落实中央、省、市委经济工作会议精神，总结 2014 年经济工作，安排部署 2015 年经济工作。县委书记谢景林作重要讲话，会议由县委副书记、县长陈宇荣主持。县委副书记张波宣读表彰决定。

会议认为，2014 年，东安县委团结带领全县党员干部群众，认真贯彻落实中央和省、市委的系列决策部署，主动出击，积极应对新常态，大力推进“五个东安”建设，实现了经济社会又好又快发展，呈现出绿色东安稳中提质，小康东安稳中趋快，法治东安稳中向好，幸福东安稳中有为，创新东安稳中求进等态势。

会议指出，2015 年是全面深化改革的关键之年，是全面推进依法治国的开局之年，也是全面完成“十二五”规划的收官之年。抓好 2015 年的工作，要以中央、省、市一系列会议精神和县第十一次党代会精神为指针，按照“生态立县、产业强县、科教兴县、和谐安县、实干振县”的总体思路，以科学发展为主题，以调结构转方式为主线，以新型工业化为主导，以新型城镇化为主平台，以改善民生为主旨，突出生态建设重绿化、经济建设重项目、社会建设重民生、文化建设重活动、政治建设重干部，全力推动绿色东安、小康东安、法治东安、创新东安、幸福东安进入新常态。

谢景林强调，做好2015年的经济工作，要继续坚持稳中求进工作总基调，全面贯彻落实市委、市政府“四个三”[1]“六件实事”[2]等工作部署，深刻认识新常态、科学把握新常态、奋力引领新常态。一要更加注重生态文明，全力推动绿色东安进入新常态。围绕全力打造山清水秀地干净、环境优美人宜居的绿色东安，把绿色东安建设融入经济建设、政治建设、文化建设、社会建设全过程，努力建设绿色生态家园。二要更加注重产业升级，全力推动小康东安进入新常态。围绕全力打造经济发展又好又快、人民生活有滋有味的小康东安，突出项目建设的支撑作用，推动产业转型升级，全面建成小康社会实现程度提高6个百分点以上。三要更加注重公平正义，全力推动法治东安进入新常态。围绕全力打造社会公平正义和谐、人民安居乐业守法的法治东安，不断提高法治意识，改进社会治理方式，努力开创法治东安新局面。四要更加注重改善民生，全力推动幸福东安进入新常态。围绕全力打造人民生活更加舒心、更加安心、更加放心，对未来更加充满信心的幸福东安，坚持把改善民生作为第一目标，不断提高人民群众的幸福指数。五要更加注重从严治党，全力推动创新东安

[1]“四个三”：三大突破：新型工业化，中心城市建设，基础设施建设；三项改革：行政管理体制，农村产权制度，社会致力体制；三项优先：生态，教育，就业；三项统筹：城市与农村，当年与长远，经济与社会。

[2]“六件实事”：①棚户区改造；②加强城市小区管理；③农村环境污染治理；④抓好放心食用油和米粉；⑤“五小水利”工程建设；⑥确保社会安全。

进入新常态。围绕全力打造思想解放与时俱进、作风务实充满活力的创新东安，坚持党要管党、从严治党，不断增强各级党组织的创造力、凝聚力和战斗力，为全力打造“五个东安”提供坚强保障。

陈宇荣在总结讲话中指出，全县各级各部门要深入传达贯彻落实县委经济工作会议精神，对报告提出的目标任务要进行层层分解，抓好工作落实。要突出工作特色，强化工作措施，推进各项工作再上新台阶。

陈宇荣要求，2015 年工作要抓当前，开好局，起好步。全县各级各部门要抓好神华国华永州火电、芦江水库、冷东城际快速等重点项目建设。要加强工业经济运行调度，抓好工业生产，帮助企业解决用工难问题。要结合东安实际，抓好跑项争资工作，确保更多项目资金进入东安。要严防耕地抛荒，搞好春耕、备耕工作和在建水利工程扫尾工作，进一步抓好农业农村工作。要抓好财政增收，确保完成一季度“开门红”。要抓好计划生育、安全生产等“一票否决”工作，确保各项工作良好开局，交出新常态下经济工作的优异答卷。

会议对 2014 年度全县各行各业涌现出来的先进单位和先进个人进行表彰，各乡镇场主要领导和县直单位主要负责人向县委、县政府递交了 2015 年度计划生育、社会管理综合治理、安全生产责任状。

县人大常委会主任文高平、县政协主席陈军，县领导郑景学、欧阳冬子、李顺利、盘炳顺、周润润、李晓宁等出席会议。县人武部部长、政委，县人大、县政府、县政协党组成员，东安经济开发区、舜皇山国家森公园管理局主要负责人，县纪委常委、各乡镇场党委书记、乡镇场长，村（居委会）党支部书记，大学生村官，县直各部办委局党政主要负责人，正科级事业单位党组织负责人，芦洪市工业小区、石期市工业小区管委会主任，县委督察员，骨干企业负责人，副科级事业单位负责人代表，特邀76129部队、三七四处、湘钢东安石矿、东安监狱、柳铁东安火车站的主要负责人和部分离退休干部代表参加会议。

25日　在县委经济工作会议期间举办农村党支部书记培训班。培训班由县委副书记张波主持。各乡镇场党政负责人，村支部书记，社区党委书记、主任，大学生村官参加了培训。相关单位负责人就农村基层干部廉政教育、党建知识、农村经济发展、农村有关政策、安全生产知识等方面开展了专题讲座。

张波强调，全县农村党支部书记要解放思想，更新观念，不断提高自身素质。要增强发展农村经济，提高带领群众致富的意识，加快农村小康社会建设步伐，为县域经济发展奠定坚实的基础。要深入群众，拉近与群众的距离，体察民情，把改善民生的实事办好办实，让群众得实惠。要进一步改进作风，以更加踏实的工作态度带领广大农民群众，团结一心，艰苦奋斗，加快社会主义新农村建设步伐，创造幸福美好的小康生活。

25日下午　县委经济工作会议结束后，就如何迅速贯彻落实会议精神，县委办系统展开热烈讨论。县委常委、县委办主任郑景学出席会议并讲话。

郑景学要求，县委办系统全体干部职工要认真学习领会会议精神实质，准确认识和全面把握新常态下东安经济社会发展面临的机遇和挑战。要正确理解和把握“新常态”的内涵和意义，做到思想上与时俱进，观念上不断更新，努力提升适应新常态的思维能力和工作水平。要理清工作思路，结合本单位工作要求科学谋划2015年各项工作，发挥好参谋助手、信息服务、督促检查、统筹协调等职能。要发挥好表率作用，带头学习好县委经济工作会议精神，以会议精神指导2015年的各项工作。

25日下午和26日上午 县委经济工作会议召开后，县委常委、县委宣传部部长欧阳冬子深入县宣传系统各单位、联系的端桥铺镇参加讨论。

欧阳冬子要求，要适应新常态，认清新趋势，把握新要求，抓住新机遇，树立新观念，主动新作为，狠抓各项工作的落实。

欧阳冬子强调，新的一年，宏伟的蓝图已经绘就，冲锋的号角已经吹响，关键在于抓落实。全县宣传系统各单位、端桥铺镇要围绕新常态抓落实，围绕新发展抓落实，围绕新使命抓落实，围绕新底线抓落实,围绕新作风抓落实。要鼓足奋发向上的干劲，激发争创一流的勇气，迸发开拓进取的激情。始终保持昂扬向上的斗志，把差距当潜力，变优势为动力，以壮士断腕的决心和勇气，创先争优，推动2015年东安经济社会发展再上新的台阶。

3月

1日上午 中国人民政治协商会议东安县第八届委员会第三次会议在东安会堂隆重开幕。来自全县各族各界、各条战线的县政协委员齐聚一堂，积极履行政治协商、民主监督、参政议政职能，为新常态下的“五个东安”建设献计出力。

出席开幕大会并在主席台前排就座的有：县委书记谢景林，县委副书记、县长陈宇荣，县政协主席陈军，县政协副主席周刚生、丁国志、蒋燕平、唐月程、周壬秀，县政协秘书长陈弦。出席开幕大会并在主席台就座的有：张波、文高平、郑景学、欧阳冬子、李顺利、盘炳顺、周润润、李晓宁等县领导以及县人大常委会副主任、县人民政府副县长，县委、人大、政府、政协正副处级干部，县人武部政委、部长，县委、县人民政府正、副调研员，县人民法院院长，县人民检察院检察长，县公安局政委，县政协七届委员会常务委员，东安经济开发区管委会、舜皇山国家森林公园管理局主要负责人，享受副县级待遇的其他领导和湘钢东安石矿、三七四处、76129部队、东安监狱、东安火车站等单位的领导及历届县政协领导。应邀列席开幕大会的有驻东省、市政协委员，县直部办委局、人民团体主要负责人，乡镇场党委书记，省、市驻东安单位主要负责人。本次会议应到委员199人，因事因病请假17人，实到182人，符合《政协章程》规定的有效人数。

开幕大会由县政协副主席蒋燕平主持。上午8时30分，大会在雄壮的国歌声中开幕。受政协东安县第八届委员会的委托，陈军向大会作工作报告。报告从四个方面全面总结了政协八届二次会议以来取得的主要成绩：一是服务全县大局，为推动科学发展建言献策；二是把握民生脉搏，为推动民生改善献计出力；三是坚持团结民主，为构建社会和谐贡献力量；四是加强自身建设，为推进政协“三化”[1]建设积极作为。陈军在报告中指出，2015年是全面深化改革的攻坚之年和全面推进依法治国的开局之年，也是“十二五”收官之年和“十三五”谋划之年。县政协2015年工作总的指导思想是：以中央，省、市、县委一系列会议精神为指针，认真贯彻中共十八大和十八届三中、四中全会精神以及习近平总书记在人民政协成立65周年庆祝大会上的讲话精神，秉承“忠实履职，奉献东安”的工作理念，围绕新常态下县委、县政府的工作大局，按照年全会、季常委会、月协商会的工作要求，认真履行“三大职能”，为推进“五个东安”建设做出积极贡献。陈军要求，在新的一年，县政协和全体委员要围绕中心，服务大局，积极主动地开展政治协商。要关注民生，求真务实，灵活深入地进行民主监督。要发挥优势，集思广益，科学务实地搞好参政议政。要凝聚力量，服务社会，富有特色地弘扬主题。要强化素质，转变作风，充满活力地加强自身建设，携手同心，扎实工作，为推动“五个东安”进入新常态，谱写“中国梦”精彩东安篇章而共同奋斗！

县委书记谢景林在开幕大会上发表重要讲话。谢景林指出，一年来，县政协和广大政协委员坚持围绕中心服务大局，主动谋事、认真干事、努力成事，始终与县委、县政府保持高度一致，

[1] 政协“三化”：指程序化、规范化、制度化。

同舟共济，荣辱与共，围绕全面深化改革凝集共识、汇聚力量、建言献策，在最广泛的统一战线上汇聚发展正能量，切实发挥了自身优势，履行了政治协商、民主监督、参政议政职能，在推动“五个东安”建设中彰显了团结协作、肝胆相照、荣辱与共的政治品质，得到了社会各界的广泛认可。谢景林强调，县政协和广大政协委员必须把思想和行动高度统一到中央和省、市委决策部署上来，把新常态作为谋划部署工作的新前提，充分发挥人才荟萃、智力密集、渠道畅通、联系广泛的优势，紧紧围绕“四个五”的总体要求和县委经济工作会议的安排部署，为全力打造“五个东安”、全面建成小康社会贡献智慧和力量。谢景林指出，政协工作是党的工作的重要组成部分。县委将一如既往地高度重视政协工作，把政治协商、民主监督、参政议政活动纳入决策和实施的全部过程，全力支持政协组织依法按章履行职能。要认真研究解决政协工作的实际困难和问题，确保人民政协政治有地位、建言有机会、出力有舞台、工作有作为。各级各部门要加强与政协组织的联系、沟通，为政协委员履职创造更好条件、提供更好保障。要积极做好对政协工作的舆论宣传工作，推动全社会深入了解、真诚关心、大力支持政协工作。

大会还听取了政协八届二次会议委员提案办理和委员大会发言领导批示落实情况的说明以及县政协副主席周刚生所作的县政协八届委员会常务委员会关于八届二次会议以来提案工作情况的报告。县政协秘书长陈弦宣读表彰决定，表彰了县政协八届二次会议以来政协先进集体、优秀政协委员、优秀调研报告、优秀提案、提案办理先进单位和提案办理先进工作者。唐世义、唐玲、毛芳芳、龙莉莉、眭扬眉、李凡等6位委员作大会发言。

2日上午 东安县第十六届人民代表大会第三次会议在东安会堂隆重开幕。200多名代表将围绕加快“五个东安”建设的要求，为实现科学跨越、富民强县的目标议大事、献良策。

上午8时30分，大会在雄壮的国歌声中开幕。本次大会应到代表243名，因病因事请假9名，实到代表234名，符合法定人数。大会由执行主席文高平主持，宁苏君、胡贤吉、唐新柱、胡慧川、蒋永辉出席。谢景林、陈宇荣、张波、陈军、郑景学、欧阳冬子、李顺利、盘炳顺、周润润、李晓宁，县政协原主席，县政协副主席、县委副调研员、县正处级干部，县人武部和76129部队领导，县人大常委会原领导、县政协原副主席，县人民法院院长、县人民检察院检察长，东安经济开发区管委会、舜皇山国家森林公园管理局主要负责人和湘钢东安石矿、三七四处、东安监狱、东安火车站等单位的主要负责人以及永州市国土资源局副调研员、离休干部代表等县党政军领导和老同志在大会主席台就座。在主席台就座的还有大会主席团其他成员。

县人民政府县长陈宇荣作政府工作报告。报告回顾总结了2014年的工作，对2015年的工作进行了安排部署。陈宇荣在报告中指出，过去一年，在县委的正确领导下，在县人大、县政协的监督支持下，全县上下紧紧围绕“五个东安”建设，积极应对新常态，努力实现新发展，较好地完成了年初确定的各项目标任务。报告提出，2015年是全面深化改革的攻坚之年，是全面推进依法治国的开局之年，也是“十二五”收官和“十三五”谋划之年。2015年政府工作总的指导思想是：以中央、省、市一系列会议精神和县第十一次党代会精神为指针，按照“生态立县、产业强县、科教兴县、和谐安县、实干振县”的总体思路，以科学发展为主题，以调结构转方式为主线，以新型工业化为主导，以新型城镇化为主平台，以改善民生为主旨，突出生态建设重绿化、经济建设重项目、社会建设重民生、文化建设重活动、政治建设重干部，全力推动绿色东安、小康东安、法治东安、创新东安、幸福东安进入新常态。主要目标任务是：地方生产总值增长9%以上，规模工业增加值增长12%以上，固定资产投资增长20%以上，财政总收入增长12%以上，社会消费品零售总额增长13%以上，全面小康实现程度提升6个百分点以上，城镇登记失业率控制在4%以内，全面完成省市下达的节能减排等约束性指标。陈宇荣在报告中说，做好2015年政府工作，必须要牢牢把握“稳中求进、改革创新”总基调，全面贯彻落实市委、市政府“四个三”“六件实事”等工作部署精神，始终坚持“五个东安”目标不动摇，努力在大发展、大改革、大民生、大稳定上求突破，着力做好以下五个方面工作。一是以小康建设为主战略，谋求转型发展新跨越。二是以项目建设为主战场，夯实加快发展新后劲。三是以城镇建设为主抓手，打造统筹发展新形象。四是以改革开放为主方向，增强创新发展新活力。五是以民生福祉为主目标，再添和谐发展新业绩。陈宇荣说，做好2015年的各项工作，任务艰巨，责任重大。政府及每位工作人员都要牢记宗旨、恪尽职守，全面加强自身建设，努力打造人民满意政府。陈宇荣最后充满激情地说，事业催人奋进，责任重于泰山。让我们在县委的坚强领导下，一心一意、一鼓作气、一以贯之、一抓到底，为全力打造“五个东安”、全面建成小康社会而努力奋斗！

会议还听取了《关于东安县2014年国民经济和社会发展计划执行情况与2015年计划草案的报告》《关于东安县2014年财政预算执行情况和2015年财政预算草案的报告》。

县人民政府领导、县委工作部门及群众团体负责人、不是代表的县人大常委会机关有关人员、县人民政府党组成员和工作部门主要负责人、县八届政协委员，县人民法院、县人民检察院班子成员，县直以及中央、省、市驻县单位主要负责人应邀列席大会。

2 日下午 县委书记谢景林参加石期市镇、大江口乡代表团分组讨论，与代表们共同讨论审议《政府工作报告》。

讨论中，代表们踊跃发言，认为《政府工作报告》总结去年的成绩客观务实，部署 2015 年的工作切实可行，目标任务催人奋进，是一个聚民智、集民心的报告。大家围绕湘江水源保护、小城镇建设、“五个一”工程、农村公路路牌标识等工作提出自己的意见和建议。

谢景林在认真听取各位代表的发言后指出，石期市镇、大江口乡党委政府要加快推进小康社会建设，利用东安便利的交通，以发展蔬菜种植和乡村旅游促进农民增收，确保 2019 年全面建成小康社会。要抓好农村精神文明建设，进一步做好农村生活垃圾收集处理工作，着力改善村容村貌和村风、民风建设。要增强抓好基层党建工作的责任和意识，加强基层干部思想政治建设和能力素质培养，让基层工作公开化，不断增强村级党组织的凝聚力和战斗力。

谢景林希望各位代表立足本职岗位，充分发挥表彰作用，积极宣传会议精神，紧紧围绕县委、县政府的重大决策部署开展工作。

县人大常委会副主任胡慧川参加。

2 日下午 县委副书记、县长陈宇荣先后参加县十六届人大三次会议和县政协八届三次会议的分组讨论，与代表和委员们共同讨论审议《政府工作报告》，为推进全县经济社会跨越式发展凝智聚力。

讨论中，与会人员一致认为，《政府工作报告》思路清晰，目标明确，重点突出，措施有力。总结成绩实事求是，直面存在的问题和困难，分析形势深入透彻，部署工作思路明晰、重点突出、措施可行，是一个求真务实、鼓劲提气的报告。代表和委员们围绕农村电网改造、土地流转、新农村建设、涉农资金、小区物业管理等方面内容提出了许多建设性意见和建议。

对代表和委员们的发言，陈宇荣仔细聆听，并不时就关心的问题与大家进行交流。陈宇荣感谢各位代表和委员们的真知灼见，对大家从加快东安经济社会发展的角度、从改善民生民本的角度、从促进社会和谐稳定的角度提出的意见和建议表示肯定。

陈宇荣要求，工作人员要将代表和委员们的意见和建议记录分类整理好，并转交相关部门抓好整改、作好答复，制定措施加以解决和落实，并希望人大代表和政协委员为今后东安的发展积极建言献策，鼓劲助力，为打造“五个东安”做出新的贡献。

3日上午　东安县十六届人大三次会议举行第二次全体会议。本次大会应到代表243人，因病因事请假7人，实到236人，符合法定人数。出席并在主席台就座的领导有：谢景林、陈宇荣、张波、陈军、郑景学、欧阳冬子、李顺利、盘炳顺、周润润、李晓宁、王学军。在主席台就座的还有大会主席团其他成员。第二次全体会议由大会主席团常务主席、大会执行主席宁苏君主持。

文高平向大会作县人大常委会工作报告。文高平在报告中说，2014年，在县委的坚强领导下，县人大常委会深入贯彻落实党的十八大与十八届三中、四中全会和习近平总书记系列重要讲话精神，按照“议大事、强监督、重民生、转作风、求实效”的工作思路，始终坚持“四心一加强”[1]，力行“四句话”[2]，切实履行“行三权、两加强、一指导”[3]工作职责，紧紧围绕全县工作大局，认真履行宪法和法律赋予的各项职责，圆满完成了县十六届人大二次会议确定的各项任务。文高平在报告中指出，2015年是全面完成“十二五”规划的收官之年，是全面深化改革的攻坚之年，也是全面推进依法治国的开局之年。做好2015年的工作意义深远，责任重大。新的一年，县人大常委会工作总的指导思想是：高举中国特色社会主义伟大旗帜，坚持以邓小平理论、“三个代表”重要思想、科学发展观为指导，认真贯彻中央、省、市、县一系列会议精神，紧紧围绕县委“四个五”的总体要求，按照“议大事、强监督、重民生、转作风、求实效”的工作思路，始终坚持“四心一加强”，力行“四句话”，切实履行“行三权、两加强、一指导”工作职责，严格依法行使职权，大力推进民主法治，强化工作改革创新，努力开创地方人大工作新局面，有力促进“五个东安”建设进入新常态。根据这一指导思想，县人大常委会的工作任务是：一是坚持走法治之路，进一步围绕“行三权”推进依法治县；二是坚持走创新之路，进一步围绕“两加强”推动代表工作和自身建设上新台阶；三是坚持走“强基”之路，进一步围绕“一指导”提升乡镇人大工作整体水平。

---

[1] 四心一加强：即始终围绕核心，坚持党的领导；始终服务中心，坚持科学发展；始终把握重心，坚持民主法治；始终贴近民心，坚持保障和改善民生；始终加强自身，坚持不断提高履职水平。

[2] 四句话：即听党的话、让人民说话、为人民说话、说人民的话。

[3] 行三权、两加强、一指导：即行使重大事项决定权、干部任免权和监督权，加强代表工作，加强自身建设，指导乡镇人大提升整体工作水平

县人民法院院长谢开军、县人民检察院检察长刘繁荣分别在会上作《东安县人民法院工作报告》和《东安县人民检察院工作报告》。

3日下午 在圆满完成各项议程后，中国人民政治协商会议东安县第八届委员会第三次会议在东安会堂胜利闭幕。

出席闭幕大会并在主席台前排就座的有：县委书记谢景林，县委副书记、县长陈宇荣，县政协主席陈军、县政协副主席周刚生、丁国志、蒋燕平、唐月程、周壬秀，县政协秘书长陈弦。出席闭幕大会并在主席台就座的有：文高平、郑景学、欧阳冬子、李顺利、盘炳顺等县领导以及县人大常委会副主任、县人民政府副县长，县正处级干部，县人武部领导，县委、县人民政府副调研员，县人民法院院长，县人民检察院检察长，县公安局政委，县政协七届委员会常务委员、原县政协领导，东安经济开发区管委会、舜皇山国家森林公园管理局主要负责人，享受副县级待遇的其他领导以及湘钢东安石矿、三七四处、76129部队、东安监狱、东安火车站等单位领导。应邀列席闭幕大会的有县直部办委局、人民团体主要负责人，乡镇场党委书记，中央、省、市驻县单位主要负责人。本次会议应到委员199人，因事因病请假25人，实到174人，符合《政协章程》规定的有效人数。闭幕大会由大会执行主席陈军、周刚生、丁国志、蒋燕平、唐月程、周壬秀、陈弦主持。

会议期间，委员们认真听取并讨论了县委书记谢景林的重要讲话，听取并审议了县政协主席陈军代表政协东安县第八届常委会所作的工作报告和县政协副主席周刚生所作的关于提案工作报告；列席了县十六届人大三次会议，听取并协商了县委副书记、县长陈宇荣所作的《政府工作报告》和其他重要工作报告。大会通过政协东安县第八届委员会第三次会议政治决议（草案）；通过政协东安县第八届委员会第三次会议关于常务委员会工作报告的决议（草案）；通过政协东安县第八届委员会第三次会议关于政协八届二次会议以来提案工作情况报告的决议（草案）；通过政协东安县第八届委员会第三次会议提案审查委员会关于政协八届三次会议提案审查情况的报告（草案）。

陈军在总结讲话中说，几天来，全县广大政协委员们聚集一堂，以高度的政治责任感、强烈的参政意识和昂扬的精神面貌，认真履行政治协商、民主监督、参政议政的职能。围绕全县改革发展的全局性、战略性、前瞻性问题，县委、县政府的中心工作和人民群众普遍关注的热点、难点问题立富民之言，建强县之策，献发展之计，谋和谐之道，充分展现了广大政协委员为加快东安经济社会跨越发展而共同奋斗的动人风采。陈军强调，2015年是深入贯彻落实中共十八届四中全会精神，全面落实依法治国的开局之年，也是“十二五”规划的收官之年，更是谋划“十三五”规划的关键之年，新形势、新要求对政协工作赋予了新任务、新内容。全县各级政协组织和全体政协委员、特聘委员要一如既往地秉承“忠实履职、奉献东安”的工作理念，高举旗帜、突出主题、紧扣中心、把握重点，深入贯彻落实中共十八大和十八届三中、四中全会以及县委经济工作会议精神。新常态开启新征程，新要求展示新作为，让我们在中共东安县委的坚强领导下，进一步解放思想、坚定信心、团结拼搏、扎实工作、开拓创新，围绕县委、县政府的中心工作，按照常委会工作报告的部署，认真履行政治协商、民主监督、参政议政的职能，关心大事、协调难事、办好实事，为加快“五个东安”建设而共同奋斗。

3日下午 县委书记谢景林参加县十六届人大三次会议第六代表团分组讨论，与来自芦洪市镇、新圩江镇的县人大代表共同讨论审议《政府工作报告》。

代表们围绕全县经济社会发展和县政府工作报告畅所欲言，气氛热烈。大家纷纷表示，《政府工作报告》客观总结了过去一年东安经济社会发展取得的成绩，科学部署了2015年的工作任务，目标明确，重点突出，客观务实，催人奋进。大家还围绕人畜饮水工程建设、农村社会治安维护、农田水利、合格学校建设等方面的工作，提出了自己的意见和建议。

谢景林一边认真听取代表们发言，一边详细记录，并与大家进行广泛交流。谢景林强调，芦洪市镇、新圩江镇处于神华国华永州火电项目和芦江水库项目的核心位置，要利用已有优势，充分发展蔬菜种植、养殖和乡村旅游，带动农家乐和东安鸡产业发展。要规划好农村房屋建设，集中清理农村垃圾，着力改善村容村貌，加强农村精神文明建设。要加强社会治安防控体系建设，严厉打击各种违法犯罪活动，维护社会公平正义。

谢景林希望各位代表认真研读政府工作报告，宣传好、落实好会议精神，发挥人大代表的榜样模范作用，及时提出更多更好的意见和建议，为推进"五个东安"建设贡献自己的力量。

4日上午 东安县第十六届人民代表大会第三次会议在圆满完成各项议程后在东安会堂胜利闭幕。

大会通过了关于政府工作报告等六个决议。

本次大会应到代表243人，因病因事请假10人，实到233人，符合法定人数。

出席闭幕大会并在主席台前排就座的有：大会主席团常务主

席谢景林、张波、文高平、宁苏君、胡贤吉、唐新柱、胡慧川、蒋永辉。在主席台就座的领导有：陈军、郑景学、欧阳冬子、李顺利、盘炳顺、周润润、李晓宁等县领导以及离退休老同志。在主席台就座的还有大会主席团其他成员。应邀列席大会的有：县人民政府领导、县委工作部门及群众团体负责人、不是代表的县人大常委会机关有关人员、县人民政府党组成员和工作部门主要负责人，县人民法院、县人民检察院班子成员，县直以及中央、省、市驻县单位主要负责人。闭幕大会由大会主席团常务主席、大会执行主席、县人大常委会副主任胡贤吉主持。

4 日下午 县委书记谢景林主持召开神华国华永州电厂铁路专用线征地拆迁动员会，全面启动神华国华永州电厂铁路专用线征地拆迁工作。

会议指出，神华国华永州电厂项目建设是一件功在当代利在千秋、造福子孙后代的实事、好事。各级各部门要进一步统一思想，再动员，再鼓劲，深入宣传发动，明确目标任务，把握时间节点，采取强力措施，确保 3 月底之前完成铁路专用线征地任务，4 月底之前完成铁路专用线拆迁任务。

会议强调，工作人员要严明工作纪律，落实工作责任，强化安全保障，按照规定的时间进村入户开展工作，每天向指挥部上报工作进度。要严格工作程序，把握政策标准，积极化解矛盾，确保公平公正。要加强领导，加强资金调度，做好后勤保障，搞好征拆安置，落实相关政策，强化督查督办，确保群众利益不受损害。

郑景学、欧阳冬子、李顺利、盘炳顺、周润润、李晓宁等县领导以及县国土、财政、住建、林业、交通、城管、农业等相关职能部门主要负责人参加会议。

6日上午 东安庆祝三八国际妇女节105周年暨表彰大会在县行政中心五楼会议室召开。会议听取了全县妇女工作报告，表彰妇女先进集体和先进个人。县委常委、县委组织部部长盘炳顺出席会议并讲话，县人大常委会副主任胡慧川，县政协副主席蒋燕平出席会议，会议由县政府副县长李瑞霞主持。

会议指出，近年来，全县各级妇联组织认真贯彻落实县委、县政府的决策部署，围绕中心，服务大局，协助党和政府做好群众工作，组织动员广大妇女参与“五个东安”建设，为全县经济社会持续健康发展发挥了积极的作用。

会议要求，全县广大妇女要敢于担当、主动作为，争当干事创业的标杆、弘扬新风的模范、努力学习的榜样，在推动稳中求进发展中展风采、建功业。各级妇联组织要与时俱进，开拓进取，做到凝心聚力，坚持维权保障，强化自身建设，在服务发展大局中提水平、见实效。各级各部门要加强领导，大力支持，在推动妇女事业发展上优环境、强保障，以昂扬奋进的状态、锐意创新的精神、求真务实的作风，团结带领全县广大妇女奋力开创东安经济社会发展新局面。

6日下午 县委副书记、县长陈宇荣主持召开创建国家森林城市工作调度会。

会议指出，根据市委、市政府关于2015年成功创建国家森林城市的决策和《永州市创建国家森林城市攻坚会战方案》（永办〔2014〕46号）要求，全县各级各部门要高度重视，加强领导，对照《国家森林城市评价指标》5大创建内容40项具体指标，按照“属地管理、条块结合、以块为主”的原则，全力打好创建国家森林城市攻坚战。

会议要求，全县各级各部门进一步提高认识，明确目标，密切配合，通力合作，按照时间节点，根据市委、市政府创建国家森林城市相关要求和标准，逐项抓好工作落实。县公路、交通、林业、城卫绿化等相关职能部门要因地制宜，按照“突出重点、提高质量、补植补造、全面推进”要求，抓好冷东公路、国道207、S217、东安大道、舜皇大道等主要通道绿化建设，着力打造一批各具特色的绿化精品、亮点工程。宣传部门要加大宣传力度，在东安电视台、东安新闻网、红网手机报等媒体开辟专题专栏，积极报道东安“创国森”做法和先进典型；要在县内主要通道、标志性建筑物和重要场所，设立大型户外广告宣传牌，努力营造浓厚创建氛围，确保“创国森”家喻户晓，深入人心。县委大督查办和“两办”督查室要强化督查督办，严格考核，确保各项目标任务如期完成。

县委常委、县委宣传部部长欧阳冬子，县委常委、副县长、统战部长李晓宁以及县直各相关部门和乡镇场参加会议。

6日 湖南省生态环境质量考核专家组到东安，通过看现场、听汇报，对东安的国家重点生态功能区建设和生态环境质量保护工作进行现场考核。县人民政府副县长苏建华出席汇报会。县政府办、财政局、环保局、林业局等相关部门负责人参加汇报会。

专家组认为，东安县领导及相关部门对工作高度重视，措施有力，通过加大环境建设投入和加强基础设施建设，生态环境和监测能力得到改善和提高。

专家组希望，东安要加强规划引导，进一步明确工作重点，强化生态环境的建设和保护；要加强资金的使用和管理，确保资金用在实处，取得实效；要加强环保执法，减少环境问题投诉，为环境安全保驾护航；要加强生态环境质量考核的技术工作，确保全面完成考核任务。

县领导表示，专家组在肯定东安工作成效的同时，提出了更高的要求，对今后确立生态环境质量保护工作的总体思路、工作目标具有极强的指导意义。全县上下要统一思想，提高对生态功能区建设的认识；要狠抓整改，解决生态功能区建设存在的不足；要加强合作，全面完成生态功能区建设工作任务，使东安的生态功能区建设和生态环境质量保护工作迈上一个新的台阶。

9日上午 县委副书记、县长陈宇荣主持召开县政府第二十六次常务会议。

会议听取了县《政府工作报告》目标任务分解，人大代表议案建议、政协委员提案交办，安全生产和司法等相关工作情况汇报，明确了2015年县政府领导分工。

关于县《政府工作报告》目标任务分解，会议强调，全县各级各部门要把落实县政府年度主要工作目标任务摆在突出位置，列入重要议事日程，主要领导亲自抓，分管领导具体抓。要将主要工作目标任务全面纳入绩效评估考核范围，继续实行“一月一调度、一季一通报、半年一小结、年终结总账”的工作机制，狠抓督查问责，确保各项目标任务顺利完成。

关于人大代表议案建议、政协委员提案交办工作，会议要求，各承办单位要高度重视，加强领导，不断探索办理工作的新思路、新方法，进一步完善办理制度，明确办理责任，提高办理质量；要密切沟通，坚持开门办理，增强办理工作的透明度，不断提高代表和委员的满意度。

关于安全生产工作，会议要求，全县各级各部门要传达学习贯彻省委、省政府安全生产专题研究班精神，深刻认识安全生产工作的重要性和必要性。要以新《中华人民共和国安全生产法》为宣传重点，采取多种形式，深入各县直单位、企业、乡镇、村组，广泛开展安全普法教育，创造良好的执法环境。要加强液化气站等场所的安全监管和执法检查，消除各类安全隐患。要加强领导，严格落实“党政同责、一岗双责”，将市里交办和县里排查出的安全隐患整治到位，确保安全生产工作实现开门红。

会议还研究了司法行政工作的经费保障和人员力量等问题。

李晓宁、王学军、苏建华、唐振宇、郑航、涂世国、李瑞霞等县领导参加会议，县政协副主席周刚生，相关单位负责人列席会议。

9日下午 县委书记谢景林在县委办、县农办、县水利局等单位主要负责人的陪同下，深入鹿马桥镇调研全面小康示范乡镇和小康示范村建设。

谢景林一行实地查看了鹿马桥镇马头湾村的安全饮水工程和大庙桥建设项目，随后在鹿马桥镇政府召开座谈会，详细了解鹿马桥镇小康示范镇建设及管理情况。

谢景林指出，鹿马桥镇要以建设全面小康示范镇为契机，结合镇村实际，加大农村综合治理和农村环境整治力度，完善农村基础设施，加快镇村产业发展，加强农村基层组织建设和民主建设，使村容村貌、村民生活条件得到有效改善，让村民们真正过上环境优美、村风文明、服务配套、经济发展、生活宽裕、村容整洁、管理民主的小康生活。

谢景林强调，小康示范镇和示范村建设，要制定好总体规划，搞好宣传发动，带动产业发展，抓好典型示范，实施精准扶贫。

要按照“制定一个好的规划，走出一条各具特色富民好路子，建设一批整洁秀美的好村庄”的要求，将村庄、民居、学校、道路、产业发展、人畜饮水、绿化美化及其他公共设施建设结合起来，充分调动群众的积极性，做到建管结合，确保2019年全县同步进入全面小康社会。

县委常委、县委办主任郑景学陪同调研。

10日上午　市委副书记、市长向曙光深入芦洪市镇调研神华国华永州电厂项目建设。

向曙光一行先后查看了神华国华永州火电项目进厂道路、“五通一平”施工现场，听取了项目建设情况汇报。

向曙光指出，神华国华永州火电项目开工以来，总体建设进度比较满意，这一重大项目的顺利建设对于加快全市经济社会发展具有重要意义。

向曙光强调，电厂配套建设7.6千米铁路运煤专线将开工建设，东安各级各部门要进一步统一思想，明确目标任务，把握时间节点，攻坚克难，全力以赴完成电厂铁路专用线征地拆迁等工作。要加大宣传力度，加强部门协调，积极妥善处理好项目建设中的各类矛盾纠纷。要加强领导，搞好征拆安置，强化督查督办，务必在规定的时间内完成铁路专用线征地拆迁任务，确保项目建设顺利推进。

市委常委、市委秘书长颜海林，副市长唐能武，市政府正厅级干部荣燕明，县委书记谢景林，县委副书记、县长陈宇荣，县政府正处级干部文德等领导陪同调研。

10日上午　县委副书记、县长陈宇荣深入冷东公路、S217

沿线，就创建国家森林城市攻坚会战暨“裸露山地”绿化造林工作召开现场调度会。

陈宇荣一行先后参观了 S217、冷东公路沿线的端桥铺镇杨梓洞村、芦洪市镇赵家井村、井头圩镇宝丰村和塘尾村春季造林现场，详细了解东安开展“裸露山地”绿化造林攻坚及 S217 线林带建设情况。

陈宇荣充分肯定了前段时间东安创森工作所取得的成绩，指出了当前存在的问题和不足。陈宇荣指出，创森工作任务艰巨、时间紧迫，当前还存在氛围不浓、进度不快、整体效果不理想等问题。全县各级各部门要进一步加强领导，明确目标，抢抓当前植树造林的有利时机，抢抓时间全力冲刺。

陈宇荣强调，各级各部门要对照迎检要求，突击打好植树造林攻坚战，抓好“裸露山地”绿化造林工作；要加强舆论宣传，特别要强化新闻媒体、户外广告和社会活动宣传，进一步营造全民参与氛围，提高全社会认知度、参与度、知晓度；要加强督查，将责任落实到每个山块，全面及时通报。要进一步强化管理，巩固成果，提高苗木的成活率和保存率。县林业部门要当好参谋，搞好服务，严格把关，确保种一片、活一片、绿一片。

县委常委、副县长、统战部长李晓宁，县政府副县长苏建华，县林业局、县公路局、端桥铺镇、芦洪市镇等单位主要负责人参加调度会。

11 日上午　县委书记谢景林主持召开县委常委扩大会议。会议听取了政府机构改革、2015 年绩效考核等工作情况汇报。

关于政府机构改革工作，会议要求，全县各级各部门要进一步提高认识，贯彻落实中央、省、市相关文件精神，按照全面深化改革要求和精简统一效能原则，结合东安实际，统筹兼顾，突出重点，积极推进全县政府职能转变和机构改革。要严肃工作纪律，加大对机构编制违纪违法行为查处力度，对相关责任人员要按照有关党纪政纪规定严肃处理，维护机构编制管理的严肃性和权威性。要加强组织领导，做好涉及职能转变和机构改革部门思想政治工作，确保全县政府职能转变和机构改革工作顺利进行。

关于2015年绩效考核工作，会议要求，全县各级各部门要统一思想，高度重视，认真分析总结2014年绩效考核工作，科学制定2015年绩效考核方案。要突出工作重点，抓好薄弱环节，对照2014年市对县考核的22项工作，做好相应的基础性工作。要加强与上级相关部门沟通衔接，及时掌握信息，强化工作措施，确保市对县绩效考核工作跃上新台阶。会议还研究了其他事项。

县委副书记、县长陈宇荣，县委副书记张波，县人大常委会主任文高平，县政协主席陈军以及郑景学、欧阳冬子、李顺利、盘炳顺、周润润、李晓宁、王学军等县领导出席会议，相关部门负责人列席会议。

12日上午　县委副书记、县长陈宇荣，县委常委、副县长、统战部长李晓宁，县委常委、副县长王学军，副县长苏建华、郑航、李瑞霞等县领导带领县政府办、县妇联、县总工会的干部职工来到白牙市镇弹夹村山头开展春节义务植树活动。

12日下午　县委副书记、县长陈宇荣深入白牙市工业园调研重点工业项目。

陈宇荣一行实地查看了凯翔鞋业、南方纺织、云生竹业、天晟模具、香港盈凯包装、威利电子、东港锑品等重点工业项目建设情况，详细了解了各项目在生产运营过程中遇到的困难和问题。

陈宇荣指出，重点工业项目建设是全县经济工作的总抓手，全县各级各部门要始终记在心上、抓在手上，落实在行动上。项目业主要积极主动地加快项目建设进度，倒排工期，加班加点，确保建设项目早日建成投产。

陈宇荣强调，已建成的项目要组织好生产，有条件的要择机扩大再生产，促进项目建设做大做强。停产停工的项目要找准问题，抓好机械投入、环保技改，突破瓶颈，使项目复工生产。各职能部门要强化服务意识，优化发展环境，支持项目建设，推动企业不断发展壮大、尽快发挥效益。

县政府副县长唐振宇陪同调研。

12 日下午 东安县 2015 年文化科技卫生法律政策“五下乡”活动协调会在县行政中心六楼会议室召开。县委常委、县委宣传部部长欧阳冬子出席会议并讲话。

会议指出，为传达贯彻党的十八届三中、四中全会精神，丰富活跃城乡广大群众的精神文化生活，进一步提高广大农民群众文明素质，加快推进新型城镇化建设，构建和谐富裕文明幸福新东安，3 月 16 日开始在全县范围内开展文化、科技、卫生、法律、政策“五下乡”活动，县文化、农业、水利、农机等相关责任单位将在各乡镇开展巡回演出、咨询、义诊等活动。

会议要求，全县各级各部门要提高认识，统一思想，充分认识活动的重要意义，切实把“五下乡”工作摆上重要日程，纳入年度工作安排，明确目标，制定具体措施，落实好责任。要精心组织，周密安排，确保人员到位、活动内容到位、活动质量到位，做到让群众满意。要切实转变工作作风，让群众真正感受到党和政府对农村的重视，对农民的关心和关怀。要突出工作重点，务求实效，要精选内容，增强活动的针对性。要紧密配合，协调联动，增强工作主动性和创造性，积极开展好“五下乡”活动。要加大宣传力度，东安电视台、东安新闻网要把“五下乡”报道作为新闻宣传重要任务，做好深入细致的采访报道工作，总结推广先进典型和先进经验，营造浓厚的舆论氛围。

县政府副县长李瑞霞参加会议。

13日　县委书记谢景林轻车简从，深入紫溪市镇张家亭村、花桥村调研土地流转工作。

谢景林指出，紫溪市镇土地流转工作富有成效，经验值得总结。

谢景林要求，各相关部门要认真总结、提炼，将土地流转引向新路、形成气候，把这篇文章做好、做活、做大，进一步促进农民增收致富，推进农村经济发展，提升农业产业水平。

谢景林强调，下一步，全县各级各部门要进一步加强土地流转相关政策宣传力度，加快推进全县土地确权工作，全面完成农村土地承包经营权确权登记颁证工作任务。要进一步创新土地流转模式，推动土地股份合作、整村转租倒包等流转模式，用经营城市建设用地的理念经营农村土地，用招商引资的手段推介土地流转项目，指导农民依法有序流转土地。

县经管局、紫溪市镇主要负责人陪同调研。

13日　县委副书记、县长陈宇荣深入芦洪市镇杨柳、芦江、纪家、天子岭等村调研神华国华永州电厂征地拆迁工作。

每到一处，陈宇荣都与拆迁户亲切交谈，感谢他们对县委、县政府工作的支持，向驻村工作人员详细了解项目征地拆迁进展和拆迁安置等情况，并当场协调解决工作中碰到的一些困难和问题。

陈宇荣指出，征地拆迁工作事关群众切身利益，也是项目建设的难点问题，全体工作人员要一鼓作气，找准突破口，加快拆迁工作进度。

陈宇荣要求，广大干部群众要继续发扬团队协作精神，攻坚克难。驻村干部要严明工作纪律，落实工作责任，强化安全保障，每天上报拆迁工作进度。要严格执行征地拆迁安置政策，严厉打击违章建筑、敲诈勒索、强买强卖、强揽工程、非法阻工等不法行为。

县委常委、县委组织部部长盘炳顺，县人大常委会副主任胡慧川，县人民政府副县长苏建华，县国土资源局等相关部门负责人陪同调研。

13日至20日 县纪委先后两次组织相关单位召开深化“四风”问题整改落实工作会议，就进一步深化56项“四风”问题整治工作进行了安排部署。县委常委、县纪委书记李顺利出席会议并讲话。

李顺利要求，全县要以“五最”要求进一步深化“四风”问题整改落实：一要以最严肃的态度深刻认识“四风”问题整改落实的重要性，切实站在讲政治的高度把抓“四风”问题整改落实工作组织好、安排好、落实好。二要以最务实的作风来贯彻落实好中央八项规定等有关作风建设规定，进一步深入开展好“四风”问题专项整治工作“回头看”，对2014年“四风”问题整改落实情况进行查漏补缺。三要以最得力的措施来深化“四风”问题整改落实工作，对基本整改完成的项目，要制定巩固提高的具体措施，建立相关制度，由集中抓一段时间转变为长期抓、经常抓，切实防止反弹；对尚未整改完成的项目，要提出深化整改的具体措施，进一步明确完成时限，加大力度推进整改；对牵涉多个部门、群众反映强烈的突出问题，要深化联动整改。四要以最坚强的领导来确保整治工作深入推进，各级党委（党组）要切实担负起主体责任，各级纪委（纪检组）要切实担负起监督责任，相关责任领导要切实担负起具体领导责任。五要以最严明的纪律来保障整改工作顺利进行，要加强督查，严格责任追究，坚持“谁牵头谁负责”“谁出问题谁负责”，对违反各项作风规定的行为进行严格追责。

16日 县委书记谢景林深入县教育局、公安局和白牙市镇调研，了解全县教育、公安和白牙市镇工作开展情况、队伍建设及面临困难等，对当前及今后一个时期的工作提出要求。

在县教育局，谢景林听取了全县教育工作情况汇报。谢景林要求，广大教育工作者要提高思想认识，努力改善办学条件，加快东安四小建设，力争东安四小2015年秋季招生，全面缓解县城小学班额过大问题。要继续推进教育改革，积极打造东安关爱留守学生的教育品牌，树立师德模范品牌，打造东安一中、澄江中学重点中学品牌。谢景林强调，要加大教育投入，高标准配置教育资源，推进教育均衡发展，不断满足人民群众对优质教育的需求。

在县公安局，谢景林参观了110报警处置和视频监控指挥中心，随后召开座谈会，听取县公安工作情况汇报。谢景林强调，县公安局要以维护社会大局稳定、促进社会公平正义、保障人民安居乐业为重点，在巡逻防控、破案追赃和特殊人群管控、社会矫正等方面，不断强化措施，坚持街面常见警，提高管控效能，不断提升公众安全感和满意度。要进一步加强公安队伍建设和管理，不断提高办案质量和水平，全力打造一支高素质政法队伍，为推动全县经济社会持续健康发展创造平安稳定的社会环境。

在白牙市镇，看到该镇新建的便民服务中心科学合理的硬件设施和规范有序的服务场景，谢景林很满意。谢景林要求，便民服务中心作为基层重要的为民服务窗口，一定要牢固树立真心为民的理念，当好人民群众满意的服务员。谢景林强调，白牙市镇要高度重视项目建设工作，进一步落实责任，搞好协调服务，确保项目建设全面、快速推进。要切实维护社会稳定，抓好社会治安综合治理，及时着力解决老百姓反映的问题。要进一步抓好党建工作，切实转变干部作风，打造一支团结务实、密切配合、勇于担当、敢于负责的干部队伍。

16日上午　东安县2015年“五下乡”活动启动仪式在井头圩镇隆重举行。县委常委、县委宣传部部长欧阳冬子宣布2015年“五下乡”活动正式启动。县政府副县长李瑞霞致辞。

县文化、科技、卫生、农业、水利、农机等20个单位，组成科普小分队，给农民群众送去了文化、科技、卫生、法律、政策大餐，吸引了上千名群众热情参与，工作人员通过讲解咨询、发放宣传资料、义诊等形式为群众开展现场服务，帮助群众提高法制观念、科普教育、卫生保健、农技农资等知识，倡导科学、文明、健康的生活方式，进一步丰富了群众的精神文化生活。

17日上午 县委副书记、县长陈宇荣带领县国土、住建等相关部门负责人深入沙洲湿地公园、陡岭山公园等地调研新型城镇化建设。

陈宇荣一行实地察看了沙洲湿地公园、陡岭山公园、永东公路绕城线、狮岩路等建设项目，详细了解项目建设在推进过程中遇到的困难和问题。

陈宇荣要求，相关职能部门要严格执行县城总体规划，注重顺山、顺水、顺势，努力建设“城成园、路成网、水成系、树成林”的生态宜居县城。要以沙洲湿地公园、人民公园、苍子岭公园为中心，加快陡岭山、金鸡岭和石林公园建设进度，大力实施城市绿荫行动“六大工程”，将整个县城融入大自然之中。要加快狮岩路、永东公路绕城线等道路建设，形成县城“三横五纵一环”骨架路网。要重点抓好县城周边水域的开发保护，抓好龙溪河治理工作，尽快启动紫水国家湿地公园试点建设，精心打造融“山水洲城”于一体的城市生态景观。要以创建国家森林城市工作为抓手，在全县掀起绿化和“创森”高潮，抓好城市周边、道路两边和江河两岸绿化造林工作，让森林走进城市，让城市拥抱森林。

县政府副县长苏建华陪同调研。

18日 县委副书记张波深入芦洪市镇调研神华国华永州电厂建设。

张波一行先后查看了神华国华永州火电项目进厂道路、“五通一平”施工现场，并深入芦江村了解神华国华永州电厂铁路专用线征地拆迁工作进展情况。

张波指出，前段时间为全力推进神华国华永州电厂铁路专用线征地拆迁工作，各工作队做了大量的工作，取得了显著成效。

张波要求，各工作队要进一步明确工作任务，把握时间节点，攻坚克难，全力以赴完成电厂铁路专用线征地拆迁等工作。要加大宣传力度，加强部门协调，积极妥善处理好项目建设中的各类矛盾纠纷。要搞好征拆安置，强化督查督办，确保项目建设顺利推进。

县委常委、县委组织部部长盘炳顺，县人民政府副县长苏建华参加调研。

18日下午 县委书记谢景林主持召开县委常委扩大会议，听取党的群众路线教育实践活动整改落实工作情况汇报。

会议指出，省委教育实践活动领导小组办公室近期将对永州深化教育实践活动整改落实工作进行专项检查。全县各级各部门要统一思想，高度重视，贯彻落实中央、省、市相关文件精神，进一步增强责任感和紧迫感，对56项“四风”专项整治工作进行“回头看”，查漏补缺，建立完善整改工作台账，巩固和拓展教育实践活动成果，推动形成作风建设新常态。

会议强调，全县各级各部门要加强领导，严格落实整改责任制，以更高的标准、更严的纪律、更实的措施，集中时间和精力把各项工作做细做实，推动深化整改落到实处、见到实效。要对开展整改落实“回头看”情况进行再梳理，对“回头看”工作流于形式、走过场的要限期整改落实到位。要加大对尚未整改到位的专项整治工作落实力度，建立完善整改工作台账，实行销号管理，扎实深入推进专项整治。要加强舆论引导，营造抓作风树新风、持续深化整改的良好舆论氛围。要加大督查力度，及时掌握整改进展情况，确保整改工作任务落到实处。

县委副书记、县长陈宇荣，县委副书记张波，县人大常委会主任文高平，县政协主席陈军以及郑景学、欧阳冬子、李顺利、盘炳顺、王学军等县领导出席会议，相关单位负责人列席会议。

19日上午 市人大常委会主任高建华率相关部门负责人到东安专题调研外出务工人员返乡创新创业工作。县委书记谢景林，县人大常委会主任文高平，县人大常委会副主任胡慧川，县人民政府副县长唐振宇、李瑞霞以及部分返乡创业代表参加“推动永州百万外出务工人员返乡创业”课题调研座谈会。

返乡创业就业代表积极发言，建议政府拓宽农村外出务工人员返乡创业贷款资金渠道、加大政策扶持，加强创业就业技术指导和培训。

在认真听取与会代表意见和建议后，高建华指出，市委、市政府将出台支持返乡人员创新创业相关政策。东安是人才输出大县，返乡创业人员多，县委、县政府对返乡创新创业工作高度重视，出台了一系列加大对返乡人员创新创业的政策扶持，对市委、市政府在这方面的决策有很好的启发和借鉴作用。

高建华要求，各级各部门要进一步转变观念，拓宽思路，引导返乡创业就业人员解放思想。要优化发展环境，依托互联网，为返乡农民工创业就业搭建平台，提供服务。要在技术培训、政策扶持、产业培植、能人带动等方面下力，打造亮点，突出特色，做好示范。

20日上午 县委副书记、县长陈宇荣深入县公安局、教育局和白牙市镇调研，了解全县教育、公安和便民服务工作情况。

在县公安局，陈宇荣听取了县公安局相关工作情况汇报，对县公安局近年来取得的工作成绩给予了充分肯定。陈宇荣要求，县公安局要进一步加强公安自身队伍建设，坚持铁腕治警，切实提升公安队伍的凝聚力、公信力。要以创建省级平安县为抓手，依法严厉打击各种违法犯罪活动，维护社会和谐稳定。

在县教育局，陈宇荣要求广大教育工作者要提高认识，解放思想，不断深化教育综合改革，全面提高教育教学质量。要大力推进各类教育均衡发展，大力支持薄弱学校建设，切实缩小城乡、校际间教育差距。要加大教师队伍建设，注重校园文化建设，全力打造东安一中、天成实验学校等教育品牌。

在白牙市镇便民服务中心，陈宇荣指出，便民服务中心作为基层重要的为民服务窗口，要牢固树立群众至上、服务至上的理念，当好人民群众满意的服务员，及时高效解决群众反映的困难和问题。要进一步建立健全便民服务中心运行管理和监督考核机制，不断提升便民服务中心规范化运行水平。

县委常委、县委办主任郑景学，县政府副县长、公安局长郑航，副县长涂世国陪同调研。

23 日上午 县委书记谢景林主持召开神华国华永州电厂铁路专用线征地拆迁工作调度会，听取前阶段神华国华永州电厂铁路专用线征地拆迁工作情况汇报，安排部署下阶段工作。

会议指出，自神华国华永州电厂铁路专用线征地拆迁工作动员会召开以来，项目建设指挥部和各工作组按照县委、县政府统一安排部署，实行县级领导包村、科局领导包户责任制，加班加点做工作、抢进度，有序推进神华国华永州电厂铁路专用线征地拆迁工作，取得了明显成效。

会议要求，全县各级各部门要进一步统一思想，集中时间、精力和力量，把握时间节点，加大工作力度，抓好征地拆迁、清表、迁坟等扫尾工作，确保 3 月底前完成各项工作任务。项目建设指挥部和各工作组要加大矛盾纠纷排查调处力度，依法依规严厉打击抢种、抢建行为。要加强与神华国华永州电厂沟通协调，对铁路专用沿线存在顺水顺路等问题，要以村为单位制定好切实可行的解决方案。要加大对神华国华永州电厂征地拆迁安置政策以及电厂清洁高效、安全环保先进理念的正面宣传力度，正确引导群众对电厂项目的认识，为项目建设营造良好的舆论氛围。项目建设指挥部要加强领导，加强队伍自身建设，严格考勤，确保项目建设各项工作任务如期完成。

县委副书记、县长陈宇荣，郑景学、欧阳冬子、李顺利、盘炳顺、周润润等县领导和县直各相关单位负责人、芦洪市镇党委政府相关负责人参加会议。

24日上午 全县进一步深化党的群众路线教育实践活动整改落实工作推进会在县行政中心五楼会议室召开。县委书记谢景林，县委常委、县纪委书记李顺利，县委常委、县委组织部部长盘炳顺出席会议并讲话，县委副书记张波主持。

会议对前阶段党的群众路线教育实践活动整改落实工作进行"回头看"，对下阶段工作进行安排部署。

会议充分肯定了前阶段党的群众路线教育实践活动整改落实工作取得的成绩。会议指出，自全县党的群众路线教育实践活动总结大会召开以后，东安根据中央、省、市相关工作要求，持续狠抓后续整改落实工作，进一步巩固和深化党的群众路线教育实践活动成果，全县深化党的群众路线教育实践活动整改落实工作进展顺利，取得明显成效。

会议要求，全县各级各部门要牢固树立政治意识和自觉意识，认真按照中央、省、市相关工作要求，切实加强整改落实情况盘点检查，对56项“四风”问题整改落实“回头看”情况进行查漏补缺。要进一步梳理群众反映强烈的突出问题，制定联动整改工作方案，认真抓好组织实施。对已整改完成的项目，建立长效机制，巩固整改成果，防止“四风”问题反弹；对尚未整改完成的项目，要制定深化整改措施，明确整改时限，加大力度推进整改，务必把专项整治任务落到实处。要加强领导，严格落实深化整改责任制，持续抓好深化党的群众路线教育实践活动整改落实各项工作。

郑景学、欧阳冬子、周润润、李晓宁等县领导出席会议，县直各相关单位、各乡镇场主要负责人参加会议。

24日下午 省人防办副主任贺坚一行到东安调研人防工作。市人防办主任蒋明清，县委副书记、县长陈宇荣，县人民政府副县长苏建华参加调研座谈会。

苏建华作关于东安县人防工作情况汇报。苏建华指出，近年来，在省人防办大力关心支持下，东安按照构建“战时能力强、平时作为大”的现代人民防空体系的要求，坚持“长期准备、重点建设、平战结合”的方针，认真贯彻执行《湖南省人民防空工程建设与维护管理规定》和《湖南省物价局、湖南省财政厅关于核定人防系统行政事业性收费标准的通知》文件精神，狠抓人防执法和财务管理工作，取得了明显成效。

贺坚指出，东安人防工作虽然起步晚，但县委、县政府高度重视人防工作，始终把人防工作作为一项长期的战略任务，列入县政府工作的重要议事日程，全县的人防设施逐步改善，人防易地建设费足额收取，人防行政执法工作有序开展，人防财务管理严格，人防工作稳步推进。

贺坚表示，省人防办要将东安人防工作的成功经验和方法措施进行认真研究和归纳，在全省各县区进行推广，推动全省人防工作再上新台阶。

24日至25日 永州市人大内务司法工作座谈会在县行政中心四楼会议室召开。市人大常委会副主任杨海河，东安县委副书记张波，东安县人大常委会主任文高平出席会议。

张波致欢迎词并介绍东安经济社会发展情况。市人大常委会委员、内司委主任委员谭红一传达了湖南省人大内务司法工作座谈会精神，通报了2014年市人大内务司法工作情况及2015年工作重点。各县区与会人员围绕如何开展好新常态下的内务司法工作进行了交流探讨。

会议指出，新常态带来新挑战，强化责任担当是做好人大内务司法工作的前提；新常态面临新任务，力求新作为是做好人大内务司法工作的目标；新常态提出新要求，练好基本功是做好人大内务司法工作的基础。

会议强调，2015年是全面深化改革的关键之年，是全面推进依法治国的开局之年。全市人大内务司法工作机构要全面贯彻党的十八届三中、四中全会精神，紧紧围绕全面建成小康社会、全面深化改革、全面依法治国、全面从严治党的战略布局，科学认识新常态，主动适应新常态，奋力引领新常态，充分发挥职能作用，认真履行职责、强化监督、优化服务，促进司法公正和社会平安和谐，为加快品质活力永州建设做出积极贡献。

25日上午 县委副书记张波带领县住建局、县委办等相关单位负责人深入县污水处理厂、东安东站、沿江西路风光带、井头圩镇等地调研新型城镇化建设。

张波要求，相关职能部门要进一步提高认识，创新理念，坚持规划先行，科学规划城市布局，加快推进新型城镇化建设。要注重突出地域特色，加强自然生态资源保护，加快沙洲湿地公园、紫水新城沿江风光带等项目建设，全面提升城镇化品质。要加大投入，不断完善道路、供水、排污及管网等基础设施建设，不断提升城镇宜居水平和环境承载力，构建城乡经济社会发展一体化格局，推动城乡共同发展。要抓好农村清洁工程，加强农村环境污染治理，建设美丽清洁乡村，通过城镇化建设，使山更绿、水更清、环境更优美、生活更舒适。

县委常委、县委办主任郑景学参加调研。

26日上午 市委常委、市委秘书长颜海林到东安调研小城镇建设。

颜海林一行先后深入井头圩镇和白牙市镇，实地察看小城镇建设和管理工作，随后在县行政中心七楼会议室召开座谈会，听取东安小城镇建设相关工作情况汇报。近年来，东安县委、县政府全面贯彻落实市委“四个三”和打造品质活力永州工作部署，坚持示范带动、综合施策、标本兼治，全力推进品质活力乡镇建设，全县城乡面貌焕然一新，人居环境日益改善。东安先后被评为国家可再生能源建筑应用示范县、全省小城镇建设管理工作先进单位，县城被评为省级文明县城、省级卫生县城，紫水国家级湿地公园成功列入国家试点。

颜海林充分肯定了东安小城镇建设工作取得的成绩。颜海林要求，东安县委、县政府要按照市委、市政府打造品质活力永州工作部署，站在构建“潇湘城市群”高度上，科学规划城市布局，推动城乡一体化发展。要因地制宜，分类施策，以提质为主，全面提升城镇建设品质。要深化城镇管理体制改革，进一步加大简政放权和干部下沉力度，全面提高新型城镇化管理水平。要强化问题导向，树立改革思维，运用创新办法，切实解决小城镇建设过程中存在的困难和问题，着力提高城市综合承载能力和辐射带动能力，加快推进东安新型城镇化建设。

县委书记谢景林，县委副书记、县长陈宇荣，县委副书记张波，县委常委、县委办主任郑景学，县政府副县长苏建华陪同调研或参加座谈。

26日上午　全县宣传思想工作会议在县行政中心五楼会议室召开。会议深入学习贯彻习近平总书记系列重要讲话和全国、全省、全市宣传部长会议精神，回顾总结2014年工作，分析形势，安排部署2015年全县宣传思想工作。县委常委、县委宣传部部长欧阳冬子出席会议并作重要讲话。

会议表彰了2014届县文明单位、文明社区、文明行业、文明村庄、文明街道、五好文明家庭、文明市民和2014年度全县宣传思想工作先进单位、先进个人和全县优秀新闻工作者、优秀通讯员。

会议认为，过去一年，全县宣传思想文化战线深入贯彻落实中央、省委、市委和县委要求，自觉履行“围绕中心、服务大局”的基本职责，找准着力点，推出新抓手，坚持抓根本把导向，抓改革促发展，抓重点创亮点，抓队伍强基础，主动谋事、尽心干事，做了大量卓有成效和特色鲜明的工作，取得了内聚合力、外树形象的良好成效，各项工作呈现出持续加强改进、不断向好向上的良好态势。

欧阳冬子强调，全县宣传思想文化战线要主动适应新常态，科学研判宣传思想工作新形势新要求。要主动创新求进，准确把握宣传思想工作重点。要强化理论武装，推进全民大学习。要强化舆论引导，推进形象大展示。要强化价值引领，促进新风大弘扬。要强化文化产业，助推文艺大繁荣。

欧阳冬子要求，全县宣传思想文化战线要主动担责履职，推动各项工作落地见效。要坚持忠诚，守好阵地。要精准发力，夯实基层。要强化执行，建强队伍，进一步把心思放在“守土”上，把精力用在履职中，积极投身新常态下“五个东安”建设的生动实践。

26日上午 全县组织工作会议在县行政中心五楼会议室召开。县委常委、县委组织部部长盘炳顺出席会议并作重要讲话。

会议认为，2014年，全县组织部门在县委的坚强领导下，坚持改革创新、务实前行，在抓活动转作风、建队伍聚人才、抓基层打基础等方面取得了新的成效，为推进“五个东安”建设提供了坚强的组织保证。

盘炳顺强调，组织部门要牢牢把住理想信念这个根本前提，培育党员干部忠诚、担当、公仆意识。要全面落实好干部标准这个核心任务，突出重执行向导，严把选人用人关口，重视年轻干部培养。要始终坚持从严从紧这个一贯要求,加大治庸治懒力度。要加强和改进基层党员队伍建设，整顿软弱涣散基层党组织，切实抓好党建工作。要强化党管人才这个基本原则，打造人才集聚平台优势，盘活用好人才资源，充分发挥各类在职人员的作用。

盘炳顺要求，组工干部要遵规守纪，努力将纪律观念、规矩意识内化成行动自觉，营造良好的政治生态环境。要有创先争优的进取精神，以进取精神提升执行效果。要善作善成，以科学方法优化执行路径，把组织资源转化为发展资源，把组织活力转化为发展活力。要时时处处保持严谨细致的工作态度，在严谨细致中体现组工干部的政治本色，在认真细致中推动工作落实。要加大宣传，以扩大覆盖面焕发执行活力。

27日上午 县委书记谢景林，县委副书记、县长陈宇荣带领县住建、国土等相关部门负责人深入白牙市工业园就“135”工程标准化厂房、冷东一级公路、东芦公路等重点项目建设现场办公。

关于“135”工程标准化厂房建设工作，会议要求，相关职能部门要高度重视，提高认识，下定决心，全力抓好标准化厂房建设。要密切配合，实行“一把手”负责制，开辟办事绿色通道，加快项目建设进度。要围绕园区产业特性、行业特点、企业特征，科学规划标准厂房建设总体布局、规模以及相关配套基础设施，突出标准化厂房建设的实用性。要加大投入，加强人员调度，把握时间节点，尽快完成征地拆迁和金源北路等基础设施建设，确保5月1日标准化厂房正式开工建设。

关于冷东一级快速公路和东芦公路建设，会议要求，相关职能部门要统一思想，加大工作力度，尽快完成冷东一级快速公路土地报批、征地拆迁等工作。要加强领导，积极支持配合，加大资金和人员调度，努力破解项目建设过程中遇到的困难和问题，加快推进冷东一级快速公路、东芦公路建设进度，确保项目建设早日建成通车。

县委常委、县委办主任郑景学，县政府副县长唐振宇、李瑞霞，县政协副主席蒋燕平参加现场办公。

27 日下午 县委副书记、县长陈宇荣主持召开县政府第二十七次常务会议，听取农业农村、新型城镇化建设、国土资源管理、公安、财政、民政和县级公立医院综合改革等相关工作情况汇报。

关于农业农村工作，会议强调，要整合涉农资金、管理用好资金，办好涉农实事；要加快推进农村土地确权颁证工作，促进农村土地流转；要加快推进竹产业园建设，切实抓好粮食生产、农产品生产监管、农村水利建设、植树造林、各项强农惠农政策的落实，确保农村社会稳定。

关于新型城镇化建设，会议要求，要突出抓规划引领，抓项目建设、城乡一体化和各种争创活动，指导乡镇开展好“五个一”工程竞赛活动，推进小城镇建设。

关于国土资源管理工作，会议要求，要突出抓好重点项目建设用地的征地拆迁工作，加大对违章建房和违规用地的整治力度；要抓好矿产资源开采整治，确保不反弹；要扎实做好土地出让工作，确保公开、公平、公正。

关于财政工作，会议要求，要狠抓财源项目建设，突出培财重点、改进财政投入、健全扶持政策、做大融资平台、积极向上跑项争资；要健全财税征管机制，强化财政监督管理，确保财政资金合法、有效使用。

关于公安工作，会议强调，要狠抓侦破打击行动，确保打击更有力、防范更有效；狠抓基础防范之根本，全面提升驾驭治安局势能力。要坚持铁腕治警，不断提升队伍凝聚力和战斗力；要坚持严格规范执法，努力实现“四零一降”的目标。

关于民政工作，会议要求，要按政策落实城乡困难群众基本生活保障，做好 2014 年度退役士兵安置工作，完善养老服务设施建设，做好老龄工作。

会议还就推进县级公立医院综合改革工作进行了安排部署。

李晓宁、苏建华、唐振宇、郑航、涂世国、李瑞霞等县领导参加会议，县政协副主席周刚生和相关单位负责人列席会议。

30日上午 县委书记谢景林主持召开县处级领导干部会议，传达贯彻全市教育实践活动整改落实工作推进会精神，安排部署下阶段工作。

会议要求，全县各级各部门要深刻领会全市党的群众路线教育实践活动整改落实工作推进会精神，按照中央、省、市相关工作要求，聚焦“四风”突出问题，抓重点、攻难点，集中力量打好整改落实攻坚战。要加强整改落实情况盘点检查，对56项“四风”问题整改落实情况进行“回头看”，将查摆出来的问题与各自分管工作和整改方案相结合，持续用劲深化整改落实。要建立完善整改工作台账，按照“问题未改、及时延号，问题已改、及时销号，问题反弹，继续复号”要求，实行立改立销，不改不销，逐项抓好整改落实，严防“四风”问题反弹。要突出上下联动，强化责任落实，积极配合省委巡视组开展相关工作。要坚持把握正确舆论导向，维护社会大局和谐稳定。

会议还对当前重点工作进行了安排部署。会议要求全县各级各部门要高度重视民生工作，加强各项惠农政策落实，抓好低保、环保等涉及群众切身利益的民生工作。要加大工作力度，加快神华国华永州电厂铁路专用线、红狮水泥等重点项目建设进度。要做好协税护税工作，确保一季度财税收入开门红。要抢抓季节，抓好烤烟、春耕生产等工作。

县委副书记、县长陈宇荣，县委副书记张波，县政协主席陈军，郑景学、欧阳冬子、盘炳顺、周润润、李晓宁等在家的县处级领导干部参加会议。

30日下午 省林业厅副巡视员吴剑波到东安调研创建国家森林城市工作。

吴剑波一行深入东安紫水国家湿地公园、官田路风光带、井头圩镇白竹村古樟树群、新科农业生态园等地，详细了解东安森林资源保护、经济林木花卉等发展利用情况。

吴剑波对东安创建国家森林城市工作给予了充分肯定，认为东安县委、县政府高度重视，高位推动，为创建国家森林城市营造了浓厚的氛围。希望东安进一步提升认识，进一步完善生态功能和宣传教育，建立健全机制，按照规划全力推进创国森工作。

吴剑波要求，东安要进一步统一思想，广泛动员，提高创建国家森林城市的全民参与度。既要注重建设，又要注重管护，要把绿色东安建设融入经济建设、政治建设、文化建设、社会建设，全力打造山清水秀地干净、环境优美人宜居的绿色东安。

市委常委、副市长蒋善生，市林业局局长艾艳君，东安县委书记谢景林，县委副书记、县长陈宇荣，县委常委、副县长、统战部长李晓宁等陪同调研。

31日上午 全县党委办公室工作会议在县行政中心五楼会议室召开。会议回顾总结2014年党委办公室工作，安排部署2015年工作，表彰了先进单位和个人。县委常委、县委办主任郑景学出席会议并讲话。

会议指出，2014年全县各级办公室深入贯彻落实党的十八大和十八届三中、四中全会精神，紧紧围绕县委“四个五”总体要求，大力开展“三提升三创建”和“零失职、零差错、零容忍”主题活动，努力建设“学习型、服务型、效能型”机关，“三服务”水平不断提升，各项工作取得了较好的成绩。

会议要求，全县各级各部门办公室要认清形势、与时俱进，切实增强做好办公室工作的责任感和使命感，为贯彻落实中央和省、市、县委决策部署提供保障。要坚定岗位自信，提高自身素养，紧紧围绕党委中心工作，切实当好“坚强前哨”，建好“巩固后院”，成为“核心智库”。要增强执行力，适应新常态，展现新作为，把“抓落实”作为当前工作的“主旋律”和“生命线”，在推动工作落实上当标杆，作表率。要坚持政研出思路、督查抓落实、文秘保运转、接待树形象，高标准、严要求认真做好办公室各项工作，力求实现“零差错、零失误、零缺陷”。

4月

2日上午 县委常委、县委宣传部部长欧阳冬子在县城管局、县交警大队、县环卫绿化局和白牙市镇相关负责人陪同下，深入县城各主要街道和白牙市镇各社区调研指导全国文明县城创建工作。

欧阳冬子指出，2014年，东安通过开展严厉、精细、到位的城市管理和更高水准的文明县城创建，经过全县上下的努力，创建和管理均取得有目共睹的成效，县城发生了一系列令人欣喜的变化，交出了一份令人满意的成绩单：东安县荣获“全市精神文明建设先进县”称号，在全省城市文明程度指数测评中位居前列。但也要看到，在很多方面我们的工作与群众的期盼还有差距，在一些机关干部和城区居民中“差不多”“过得去”的懈怠思想仍然存在。推进全国文明县城创建工作，归根结底是要满足广大人民群众的需求，绝不是政绩工程、形象工程，不能有一丝一毫的自满、懈怠和松劲。

欧阳冬子强调，要树立大视野，以更加先进的理念抓创建、抓管理。把人本化发展、常态化创建、精细化运作的理念树得更牢，围绕建设“五个东安”，把各项工作落小、落细、落实，让全体市民能够感受和体验到东安的舒适、美好、幸福。欧阳冬子强调，要注重实效性，以更加到位的举措抓创建、抓管理。一要突出核心价值引领，在精神文明建设上再下真功。强化理想信念的教育、道德品质的提升和文明习惯的养成，把核心价值观宣传好、普及好、践行好。二要坚持依法依规办事，在推进严格管理上再下真功。重点围绕市容秩序、渣土扬尘、户外广告、餐厨垃圾等抓整治；始终坚持依法管、执法严，确保执法的刚性和严肃性；要把经常性督查成果运用到考核之中，用好“指挥棒”。三要围绕打造美丽东安，在优化城市环境上再下真功。要进一步抓提标提档，抓拆违控违，抓绿化亮化，确保城市环境更加清新、清洁、清爽。

欧阳冬子要求，全国文明县城创建只有进行时，没有完成时。要构建新常态，以更加强大的合力抓创建、抓管理。要从细小事情抓起，确保全国文明县城创建工作落小、落细、落实，建立机制，强化落实常态管理。要进一步发动社会参与，凝聚合力，形成大创建的大格局。

3日上午 县委县政府工作会议在东安会堂召开。会议回顾总结了2014年度全县重点财源项目建设、财税、优化经济环境、机关效能建设、安全生产、推进新型工业化、招商引资等工作，安排部署了2015年相关工作。县委书记谢景林出席会议并作重要讲话，县委副书记、县长陈宇荣主持。县委常委、副县长、统战部长李晓宁作农村工作报告；副县长苏建华、唐振宇、李瑞霞、涂世国分别作小城镇建设、新型工业化、招商引资、人口和计划生育工作报告。

谢景林要求，各级各部门要认真贯彻中央和省、市、县委一系列会议精神，采取扎实有效措施，主动适应农村经济发展新常态，进一步抓好农村土地确权颁证扫尾工作，促进农村土地流转。要以加快推进全面建成小康社会为目标，扎实做好农业农村基础工作，抓好芦江水库和农村安全饮水工程建设。要以创建国家森林城市为抓手，增强森林防火意识，加强古树名木保护和管理。要创新思维，将农业产业化和互联网相融合，大力引导和发展一批与东安产业结构相适应的农产品加工龙头企业，通过互联网平台，推动农业产业化发展。要加大工作力度，抓好争资、引资、融资工作，全力推进“135”工程、神华国华永州电厂、红狮水泥等重点项目建设。要加快狮岩路、冷东公路绕城线等道路建设，加快县城“三横五纵一环”骨架路网建设，改善城区交通环境。要加快东安四小、体育中心、陡立山公园等社会民生工程建设，不断提升群众幸福指数。

谢景林强调，各级各部门要巩固和深化党的群众路线教育实践活动成果，对56项“四风”问题整改落实情况进行“回头看”，逐项抓好整改落实，严防“四风”问题反弹。要进一步改进工作作风，提振精神，以良好的工作面貌抓好各项工作落实。陈宇荣要求，各级各部门要传达贯彻好大会精神，结合各自工作实际，认真谋划好各项工作，采取切实有效的措施，推动各项工作上台阶上水平。要高度重视，明确责任，做好清明期间森林防火工作。要加大创建国家森林城市宣传力度，营造浓厚的社会氛围。要明确工作重点，认真做好一季度工作总结，确保各项经济指标实现“开门红”。

县委副书记张波，县委常委、县委办主任郑景学，县政协原主席杨绪耀，县政府副县长郑航出席会议。

9日上午 省国库管理局局长、非税收入征收管理局局长陈其辉带领省调研组到东安调研非税收入征收管理工作。县委副书记、县长陈宇荣和冷水滩、祁阳等县区非税收入征收管理局相关负责人参加座谈会。

省调研组一行听取了东安、冷水滩、祁阳非税收入征收管理工作情况汇报，详细了解各县区非税收入征收管理工作存在的困难和问题，就进一步加强和规范非税收入征收管理工作进行交流座谈，并提出了意见和建议。

会议指出，近年来，东安积极贯彻上级有关规范非税收入管理政策，积极推进非税收入规范管理，不断拓宽非税收入征缴领域，全县非税收入管理工作取得了较好成绩，为实现全县财政收入稳定增长、财政管理规范发挥了重要职能作用。

省调研组对东安非税收入征收管理工作取得的成绩给予了充分肯定。调研组要求，东安要积极创新非税收入征管模式，充分发挥网络化征管技术优势，扩大财政直接征收范围，降低政府非税收入征收成本。要规范非税收入预算编审，提高预算编审准确性。要严把非税收入缓减免审批关口，有效堵塞征管漏洞。要完善绩效考核，有效防治非税收入执收工作不作为、乱作为现象。省、市、县三级非税收入管理部门要坚持上下联动，形成合力，推动东安非税收入工作再上新台阶。

9日上午 全县国税系统2015年党风廉政建设工作会议在县国税局六楼会议室召开。会议深入学习贯彻国税系统党风廉政建设工作会议精神，总结2014年全县国税系统党风廉政建设工作，部署2015年工作任务。县委常委、县纪委书记李顺利出席会议并讲话。

李顺利指出，县国税部门以服务地方发展为已任，以“带好队，收好税，服好务”为职责，狠抓党风廉政建设工作，在全县党风廉政建设责任制考评中成绩突出，连续五年在省管单位“全县党风廉政建设先进单位”中排名前三。

李顺利要求，全县国税系统要继续加强党风廉政建设，在六个方面带好头，切实将全县国税系统党风廉政建设工作提升到一个更高的水平。一是在学习宣传、贯彻落实好党的十八届四中全会和中纪委四次、五次全会精神上带好头；二是在守纪律、讲规矩，服务大局、畅通政令上带好头；三是在大力纠正“四风”和开展56项专项整治，加强作风建设上带好头；四是在保持高压态势，查处违纪违法案件上带好头；五是在落实党风廉政建设党委主体责任和纪委监督责任上带好头；六是在优化经济发展环境和机关效能建设上带好头。

10日　县人民政府发出《关于印发〈东安县加强电力设施保护暂行规定〉的通知》(东政发〔2015〕3号)，就县内电力设施保护作出了相关规定。

13日至14日　衡阳县人大常委会党组副书记、副主任陈先礼带领衡阳县26个乡镇场人大主席为成员的调研组到东安调研“十有”乡镇人大创建工作。县人大常委会主任文高平、副主任宁苏君陪同调研。

调研组一行深入井头圩镇和紫溪市镇，实地察看镇、选区人大代表联系群众工作室建设情况，了解乡镇人大工作情况，询问代表联系群众的方式方法，并听取了东安“十有”乡镇人大创建工作的情况介绍。

近年来，县人大常委会将加强对乡镇人大工作的指导作为县人大常委会搭建“两级平台”、创新“三大机制”、注重“四个规范”重要内容，创造性地开展了以“有思路引领、有实践创新、有民情通道、有支撑载体、有丰富活动、有健全制度、有规范管理、有分类台账、有经费保障、有明显成效”为主要内容的“十有”

乡镇人大创建工作，进一步夯实了乡镇人大基层基础，密切了人大代表与群众的联系，推动了群众关注的突出问题的解决，提升了乡镇人大整体工作水平，推进了基层民主法治建设。

调研组对东安“十有”乡镇人大创建工作给予了高度评价，认为东安“十有”乡镇人大创建工作使乡镇人大有了工作阵地，为各地人大进一步抓好基层人大工作提供了宝贵经验。他们表示，将学习和借鉴东安县“十有”乡镇人大创建工作的好经验、好做法，结合衡阳县人大工作实际，进一步夯实乡镇人大基层基础，提升人大整体工作水平。

14日上午 2015年度县委反腐败协调小组第一次会议召开，通报2014年纪检监察机关查办案件工作情况，明确2015年反腐倡廉工作的主要任务。县委常委、县纪委书记、县反腐败协调小组组长李顺利出席会议并讲话。

李顺利指出，县委反腐败协调小组是协助县委组织协调反腐败工作的重要议事机构，是纪委协助党委协调反腐败工作的重要平台，其职能作用发挥如何，直接关系到全县反腐败工作大局和实际成效。

李顺利要求，各成员单位要增强做好反腐败协调工作的责任感和使命感，对反腐败工作常抓不懈。要严格贯彻落实党要管党、从严治党的要求，着眼于反腐败工作全局，凝聚共识，强化责任，把反腐败协调工作作为党委主体责任的重要内容来抓。要坚持有案必查，违纪违法必究，始终保持反腐败高压态势。要加强组织领导，推进反腐败体制创新，加强对纪委监察工作的支持抓好纪检监察干部的队伍建设，确保党风廉政建设责任制得到全面贯彻落实。

14日下午 县委书记谢景林主持召开县委常委扩大会议专题分析研究全县一季度经济形势。县委副书记、县长陈宇荣，县委副书记张波，县人大常委会主任文高平，县政协主席陈军以及郑景学、欧阳冬子、陈丽、李顺利、李晓宁、王名扬、王学军、苏建华等县领导参加会议。

会议指出，全县一季度经济发展呈现出稳中求进、有喜有忧、喜大于忧、态势良好等特点，各级各部门要认真分析形势、统一思想、形成共识，牢固树立创先争优目标，自我加压，奋起直追，确保上半年顺利实现“双过半”，圆满完成全年各项经济指标任务。

谢景林要求，全县各级各部门要按照市、县委决策部署，细化目标任务，强化工作措施，加强组织协调，抓重点、破难题、补短板，全力抓好各项工作落实。要结合东安实际，加大招商引资力度，全力推进“135”工程建设。要切实抓好争资、引资、融资工作，全力推进神华国华永州电厂、芦江水库、红狮水泥、东芦公路、冷东一级公路、东安四小、东安一中、沙洲湿地公园、陡立山公园等重点项目建设。要进一步抓好农村土地流转确权颁证扫尾工作，加快农村土地流转步伐。要以加快推进全面建成小康社会为目标，扎实做好农业农村基础工作，加大农村环境卫生整治，抓好农村安全饮水工程建设。要充分发挥东安特色资源优势，利用网络和电子商务平台，大力发展农业产业化，树立品牌效应。要抓好省、市、县确定的为民办实事和各项争创工作。要抓好县垃圾处理中心投产、小区物业管理、河道采砂、国有企业改革、国土、环保、安全生产等工作，确保上半年实现“双过半”目标，为完成全年目标任务奠定坚实基础。

谢景林强调，各级各部门要进一步改进工作作风，加强自身建设，对56项“四风”问题整改落实情况进行“回头看”，逐项抓好整改落实，严防“四风”问题反弹，巩固和深化党的群众路线教育实践活动成果。要严格考核考评，严肃工作纪律，进一步提升干部执行力，促进各项工作落到实处，确保全县全年各项目标任务圆满完成。

陈宇荣要求，全县各级各部门要统一思想，明确责任，按照县委、县政府年初确定的各项目标任务，密切配合，狠抓落实，确保实现全年各项目标任务。要加强学习，努力提升自身能力和素质。要加强财政资金调度，集中财力保障重点项目建设。要加强调度，帮助工业企业解决实际困难和问题，强力推进神华国华永州电厂、“135”工程、芦江水库等重点项目建设。要深入推进创先争优工作，以创先争优推动县域经济持续健康发展。要抓好计划生育、安全生产、信访维稳等“一票否决”工作，确保各项工作良好开局。

15日上午 市政协主席唐定，市委常委、市纪委书记朱映红，市人大常委会副主任袁满娥到东安督导党的群众路线教育实践活动整改落实工作，听取东安县党的群众路线教育实践活动整改落实工作情况汇报。县委书记谢景林，县委副书记、县长陈宇荣，县委副书记张波、县人大常委会主任文高平、县政协主席陈军以及郑景学、欧阳冬子、李顺利、王名扬等县领导出席汇报会。

张波、李顺利分别汇报了深化教育实践活动整改落实和“四风”问题专项整治工作情况。

唐定指出，东安县委对教育实践活动高度重视，领导有力，措施实在，效果明显，值得充分肯定。

唐定强调，东安要进一步深化思想认识，高度重视群众路线教育实践活动整改工作，不拘细节，将作风建设形成常态化。要采取强有力的措施，建立举报平台，强化查处力度，确保每项工作让群众参与、受群众监督、请群众评判。要坚持领导带头，上级带下级，一级抓一级，把教育实践活动整改的各项工作层层落实到位，推动东安发展不断取得新进步。

朱映红要求，东安各级各部门要进一步落实党委主体责任和纪委监督责任，加强对领导班子、领导干部特别是“一把手”的监督。要对56项“四风”问题专项整治工作制定详细的方案、工作台账和整改台账，确保专项整治工作落实到位。要严格按照中央、省、市委的要求，始终坚持高标准、严要求，使守纪律、讲规矩成为习惯。

16日上午 市委常委、常务副市长易佳良深入芦洪市镇调研神华国华永州电厂项目建设，实地察看了神华国华永州电厂项目建设情况，听取了相关工作情况汇报，详细了解项目建设在推进过程中存在的困难和问题。

易佳良对前段神华国华永州电厂项目建设取得的成绩给予了充分肯定。易佳良要求，东安县委、县政府要高度重视，加强领导，明确责任，全力推进神华国华永州电厂项目建设。要加大矛盾纠纷调处力度，认真做好群众解释工作。要加快神华国华永州电厂用地手续办理工作。要加强资金调度和筹措力度，确保项目建设顺利推进。要做好征地拆迁扫尾工作，严厉打击乱搭、乱建和非法阻工行为，为项目建设营造良好的施工环境。要抢抓晴好天气，加快项目建设进度，确保项目建设如期推进。

市政府正厅级干部荣燕明，县委书记谢景林，县委副书记、县长陈宇荣，县委常委、常务副县长候选人陈丽，县政府正处级干部文德陪同调研。

16日上午 市政协副主席唐运军率市政协“森林城市”调研组到东安调研创建国家森林城市工作。

调研组一行深入东安新科农业生态园、井头圩镇白竹村古樟树群、火车东站、紫水国家湿地公园等地，详细了解东安森林资源保护、经济林木花卉等发展利用情况。随后召开座谈会，调研组对东安创建国家森林城市工作给予了充分肯定，希望东安进一步提升认识，完善生态功能建设，建立健全机制，全力推进创国森工作。

唐运军要求，东安要进一步统一思想，广泛动员，提高创建国家森林城市的全民参与度。既要注重建设，又要注重管护，要把绿色东安建设融入经济建设、政治建设、文化建设、社会建设，全力打造山清水秀地干净、环境优美人宜居的绿色东安。

县政协主席陈军陪同调研。

16日下午 红狮水泥征地拆迁工作调度会在芦洪市镇召开。会议听取了前阶段红狮水泥征地拆迁工作情况汇报，安排部署了下阶段工作。县委书记谢景林出席会议并讲话，县委常委、常务副县长候选人陈丽主持。

会议要求，项目建设指挥部和相关职能部门要统一思想，高度重视，强化责任，加强调度，一鼓作气抓好红狮水泥征地拆迁工作。要统一征地拆迁补偿标准，做好政策宣传解释和群众思想工作，引导群众关心支持项目建设。各工作组要统一行动，强化工作措施，按照县级领导包组，科局级干部包户原则，加大工作力度，倒排工期，确保4月底前完成征地拆迁工作。县财政部门要加大资金调度，及时拨付征地拆迁补偿款。要严格考核，齐心协力抓好项目建设。项目业主要加大资金投入力度，加快项目建设进度，确保项目建设如期投产。

郑景学、欧阳冬子、李顺利、王名扬、胡贤吉、唐新柱、蒋永辉、唐振宇、周刚生、唐月程等县领导参加会议。

16 日至 17 日 桑植县人大常委会主任黄卫红一行到东安参观考察“十有”乡镇人大创建工作。县人大常委会主任文高平陪同。

桑植县人大参观考察组先后深入井头圩、紫溪市等镇，通过实地察看镇、选区人大代表联系群众工作室建设，听取“十有”乡镇人大创建工作的情况介绍，全面了解东安乡镇人大工作情况。在座谈会上，文高平简要介绍了东安县情概况及县人大常委会情况，详细讲解东安县人大常委会突出“一指导”、搭好“两级平台”、创新“三大机制”、注重“四个规范”[1]的“十有”乡镇人大创建工作的主要做法和初步成效。参观考察组对东安“十有”乡镇人大创建工作给予了高度评价。他们表示，回去后将认真学习和借鉴东安“十有”乡镇人大创建工作的好经验、好做法，结合本地人大工作实际，进一步提升乡镇人大整体工作水平。

17 日上午 市委常委、市纪委书记朱映红带领市安监、水利、教育等相关部门负责人深入东安德能湘江公司、大江口龙角坪码头、川岩学校、松江水库检查指导安全生产、校车安全和防汛工作。

在湘江德能湘江公司，朱映红察看了新机组安装现场，详细了解德能湘江公司当前蓄水发电和各种制度落实情况。朱映红强调，当前是汛期，德能湘江公司要科学蓄水，做到发电灌溉两不

[1] 即加强对乡镇人大工作的指导，搭好乡镇、选区两级人大代表联系群众的平台载体，创新联系群众、督促指导和考核评价三大机制，规范工作制度、人员管理、工作流程和经费管理。

误。要强化24小时值班制度，落实安全生产责任制，定期开展安全生产大排查，把安全隐患消除在萌芽状态。

在大江口乡龙角坪码头，朱映红对渡船载客情况、渡船安全检查、渡船救生设施配备等情况一一过问。朱映红叮嘱码头管理人员，要落实好各项制度和规定，坚持做到人货不混装，不超重超载，要经常检查安全设施，确保渡口安全。

在川岩学校，朱映红听取了学校和校车公司关于校车安全工作汇报。朱映红强调，校车安全关系千家万户，学校和校车公司要时刻绷紧安全行车这根弦，做到病车不上路、超员车不上路、没有系安全带不上路，确保校车安全。

朱映红一行还查看了松江水库的值班备勤、应急预案和蓄水情况。朱映红要求，各级各部门要充分认识2015年防汛工作的形势，进一步统一思想，增强责任，明确任务。要扎实做好防汛抗旱的准备工作，要以预防为主、提早安排部署，逐区域、逐设施进行隐患排查，早发现，早处理，确保万无一失。

当天下午，朱映红还深入井头圩镇石板铺村听取了石板铺村群众路线教育实践活动整改落实情况和小康示范村建设情况工作汇报。

谢景林、张波、李顺利、李晓宁、王名扬、唐振宇等县领导陪同检查。

17日 县政协组织部分市、县政协委员视察东安林业工作。县政协主席陈军，县政协副主席周刚生、丁国志、蒋燕平、唐月程、周壬秀，县政协原主席杨绪耀参加视察或座谈。

视察组一行先后察看了井头圩镇白竹村古樟树群、新科农业生态园、冷东公路沿线绿色通道林带建设及裸露荒山造林、舜皇峰竹木有限公司等地，随后在县林业局会议室召开座谈会，听取了县林业局关于林业经济发展情况的汇报，并围绕东安林业发展生态建设和创建国家森林城市工作提出意见和建议。

陈军要求，相关职能部门要加大林业保护的宣传力度，禁止乱砍滥伐，加强防火意识，全力打造绿色东安。要坚持生态与产业并重的理念推进林业，形成以生态促产业，以产业促就业，以就业促增收的良性循环。要重视民生农业，关注群众植树效益问题，调动群众植树造林的积极性。要进一步统一思想，广泛动员，提高创建国家森林城市的全民参与度，全力推进创国森工作。

17 日下午 《湖南乡镇简志·东安卷》编修工作动员会在县行政中心四楼会议室召开。市史志办副主任高波，县委常委、县委办主任郑景学，县委常委、常务副县长候选人陈丽出席会议并讲话。

会议指出，地方志是传承和彰显中华文明的重要载体，也是中华民族优秀文化瑰宝。做好地方志编修工作对弘扬东安先进文化，展示东安形象具有十分重要的意义。

会议要求，全县各级各部门要明确任务，强化职责，按照省、市相关工作要求，结合东安实际，高标准、高质量、严要求，按时完成《湖南乡镇简志·东安卷》编修工作。要加强领导，健全工作机构，加大资金投入，保障修志经费，确保乡镇简志编修工作顺利开展。

21 日上午 东安创建百岁健康县暨老科协工作会议在县计生委召开。会议回顾总结 2014 年工作，安排部署 2015 年工作，表彰了 2014 年度先进集体和优秀工作者。县委副书记张波出席会议并讲话，县委常委、县委组织部部长王名扬宣读表彰决定，县政府副县长涂世国作工作报告。

会议要求，各级各部门要高度重视，加强领导，把“创百”工作作为改善民生的重要抓手，全力推进“创百”工作。要加大宣传工作力度，充分调动广大群众自觉参与“创百”工作的积极性。要办点示范，及时挖掘和总结“创百”工作中的好典型、好经验，以点带面，深入推进“创百”工作深入开展。要把创建“百岁健康村”与新农村建设、创建全国文明县城等各项争创活动相结合，认真抓好“百岁健康村”建设。

会议强调，各相关职能部门要加强自身建设，完善机制，推进老科协工作再上新台阶。要密切配合，关心支持老科协工作，多为老科协做好事、办实事、解难事，做到有事必到、有求必应、有问必答、有答必果。

21日上午 县政协党组召开党的群众路线教育实践活动整改落实情况通报会，通报县政协党组及班子成员整改落实情况。县政协主席陈军出席并讲话。

陈军指出，县政协党的群众路线教育实践活动整改落实工作已取得了阶段性成效，但与中央、省、市、县委的要求，与人民群众的期盼相比，还有一定的差距。

陈军要求，在下阶段工作中，县政协要按照习近平总书记系列重要讲话精神和省市县委的要求，坚定群众路线教育实践活动只有进行时、没有完成时的思想，以“三严三实”的工作要求，时刻铭记“心中有党、心中有民、心中有责、心中有戒，”进一步转变县政协干部工作作风，进一步统一思想、提高认识、积极作为，继续在整改落实和成果转化上下功夫，充分发挥政协独特、独到、独有优势，助力全县经济社会又好又快发展。

县政协副主席周刚生、蒋燕平、唐月程、周壬秀，县政协秘书长陈弦和县政协党组成员以及机关全体工作人员参加会议。

21 日　县委书记谢景林带领相关部门负责人深入东安一中扩改建项目和东安四小项目建设工地调研。县委常委、县委办主任郑景学陪同。

在东安一中，谢景林一行实地察看了扩改建工程施工现场，听取了项目建设进展情况汇报。谢景林指出，东安一中扩改建项目建设将会极大地改善东安一中的办学条件，提升东安一中的教育品牌，满足东安人民对优质教育资源的需求。谢景林强调，东安一中扩改建项目指挥部和施工单位要抢抓有利天气，把握时间节点，倒排工期，加大人力、机械投入，抓好工程管理，在确保质量和安全的前提下加快推进工程建设，争取按时或提前完成施工建设任务。

在东安四小项目建设工地，谢景林要求，各相关部门要高度重视，主动服务，为工程建设营造良好的施工环境；要加大工作力度，妥善解决项目建设中遇到的困难和问题；要进一步强化安全教育和管理，加大工程施工、监理等环节的监督，确保工程质量。谢景林强调，县教育局要提前做好东安四小招生的准备工作，确保 2015 年秋季全面招生，从根本上解决城区小学容量小、布局欠合理、适龄儿童入学难和班额过大等问题。

23 日上午　株洲市人大调研组一行深入井头圩镇和紫溪市镇调研“十有”乡镇人大创建工作。县人大常委会主任文高平，县人大常委会副主任胡慧川陪同调研或参加座谈。

调研组一行实地察看镇、村人大代表联系群众工作室建设，详细了解东安乡镇人大工作开展情况。随后，在县行政中心四楼会议室召开座谈会，听取了县人大常委会关于“十有”乡镇人大创建工作的情况介绍。座谈会上，调研组对“十有”乡镇人大创建工作给予高度评价。他们表示，回去后将认真学习和借鉴好东安县“十有”乡镇人大创建工作的好做法、好经验，提高人大工作的责任意识、创新意识、机制意识，进一步夯实株洲乡镇人大基层基础。

23 日上午 全县旅游工作座谈会在县行政中心四楼会议室召开。县人大常委会主任文高平，县政府副县长李瑞霞参加座谈会。

座谈会就《东安县“美丽村庄”乡村旅游示范点建设工作实施方案》《东安县“美丽村庄”乡村旅游示范点建设结对帮扶工作方案》《东安县“美丽村庄”乡村旅游景区（点）建设暂行办法》向各乡镇场和相关部门征求意见。与会代表积极发言，对东安旅游提出自己的意见和建议。

会议指出，“美丽村庄”乡村旅游示范点建设要坚持科学规划、以民为本、保护为先、生态优先、整合力量、整体推进为基本原则。要积极推进“宜居、宜业、宜游”工程，到 2016 年底完成上界头、黄金洞、烟竹、赵家井等 20 个东安县“美丽村庄”乡村旅游示范点建设。做到以点带面、稳步推进，为推动全县城乡和谐发展，共建美丽东安增添活力。

23 日上午 县政协主席陈军带领部分市、县政协委员深入芦洪市镇视察红狮水泥、神华国华永州电厂项目建设。县政协原主席杨绪耀，县政协副主席周刚生，县正处级干部文德，县政府助理调研员邓亚林陪同。

在红狮水泥项目建设工地，陈军要求，项目建设指挥部和相关职能部门要明确目标，强化责任，着力解决好项目建设征地拆迁等问题，确保项目建设顺利推进。项目业主要加大资金投入，加快推进项目建设，确保项目建设如期投产。

在神华国华永州电厂，陈军一行实地察看了神华国华永州电厂进厂道路、安置区样板房、“五通一平”施工现场，听取了项目建设情况汇报。陈军要求，项目建设指挥部要明确责任，把握好时间节点，集中时间和精力，全力推进神华国华永州电厂项目建设。要积极作为，加大矛盾调处力度，妥善处理好项目建设在推进过程中存在的问题。要加大对神华国华永州电厂清洁高效、安全环保先进理念的正面宣传力度，正确引导干部群众对电厂项目的认识，为项目建设营造良好的舆论氛围。

25 日上午 县委常委、常务副县长候选人陈丽在芦洪市镇政府会议室主持召开红狮水泥征地拆迁工作推进会。会议听取了前阶段红狮水泥征地拆迁工作情况汇报，安排部署了下阶段工作。

会议充分肯定了前阶段征地拆迁工作取得的成绩。会议要求，各相关部门和芦洪市镇要加大政策宣传力度，做实做细群众思想工作，打消部分群众观望思想，进一步集中精力、一鼓作气完成红狮水泥征地拆迁工作。会议强调，各工作组要进一步深入村组，跟拆迁户面对面交流，宣讲政策。对于 4 月底前完成拆迁的农户，要给足和兑现相关奖励政策。县公安部门要开展专项整治活动，坚决打击地霸、村霸和强占土地等违法犯罪行为。要把安置与拆迁工作相结合，坚持安置先行，确保群众利益不受到损害。要加强领导，严肃纪律，协同作战，严格问责，确保圆满完成任务。

郑景学、李顺利、李晓宁、王名扬、苏建华、杨绪耀等县领导参加会议。

25日上午 东安县第三届山地车自行车挑战赛在川岩乡举行，来自全市各县区的100多名自行车爱好者参加比赛、体验骑行的快乐。县委常委、县委宣传部部长欧阳冬子宣布比赛开始，县政府副县长涂世国致辞，县政府副县长李瑞霞主持开幕式。

25日至27日 中南大学国学研究中心主任、教授、博士生导师刘立夫，湖南科技学院党委书记、教授、博士、省级“思想与道德文化”基地首席专家陈弘等专家到东安调研。县委书记谢景林，县人大常委会主任文高平，县人大常委会副主任胡慧川陪同调研或参加座谈。

调研组一行通过听汇报、观古迹、座谈等形式，先后参观考察了紫水国家湿地公园县城段十里德文化长廊、博爱广场、吴公塔、沉香寺、汉营古迹、广利桥、舜皇山国家森林公园、舜皇岩、上界头村、唐生智故居等地，详细了解了东安县德文化历史渊源和文化底蕴。

调研组认为，东安历史文化底蕴深厚，东安县委、县政府在打造中国德文化之乡工作上高度重视，注重德文化软硬件建设，彰显了具有东安地域特色的德文化魅力。希望东安统一认识，充分挖掘“德文化”历史底蕴，努力打造以“舜德”为主的“官德文化”和具有东安特色的“民德文化”。要进一步加强德文化宣传教育和建设，将德文化与东安经济社会发展相融合，把德文化建设理念覆盖到东安各行各业，深入到千家万户，真正做到家喻户晓，人人皆知。

谢景林表示，东安将认真吸纳专家组的意见和建议，进一步做好德文化相关工作。各相关职能部门要进一步明确责任，密切配合，严格按照专家组要求，深入挖掘德文化内涵，认真筹备德文化研讨会，开展好德文化系列主题活动，努力打造中国德文化之乡升级版。

26日上午 县委副书记、县长陈宇荣深入紫水社区、龙溪社区和茶亭社区新址就社区基础设施建设现场办公。

每到一个社区，陈宇荣都认真察看社区的办公设施、警务室、宣传栏等基础设施建设，听取社区负责人关于社区建设、社区管理等方面的情况汇报，并就科学规划、合理利用社区空间，协调处理好拟建建社区与周边环境、建筑、土地所有权等问题进行讨论。

陈宇荣指出，社区是党和政府联系群众的桥梁和纽带，在构建和谐社会中发挥着十分重要的作用，社区工作与老百姓生活息息相关，事关老百姓的切身利益。

陈宇荣要求，民政部门要不断推进和落实社区建设的各项措施，不断提高社区的整体建设和管理水平。相关部门要严格遵守社区建设的规划要求，社区的规划选址要与城区规划相统筹，尽量方便社区周边群众。要整合各部门的资源与资金，坚持统一规划，高标准建设，努力推进社区建设和管理，促进社会和谐发展。

县政府副县长李瑞霞，县国土、公安、民政、财政、人社等相关部门负责人陪同调研。

27日下午 县委副书记张波深入大江口、石期市等乡镇调研人口和计划生育工作。

张波一行实地查看了大江口乡、石期市镇人口和计生工作开展情况，随后召开座谈会详细了解了乡镇人口和计划生育工作情况。

张波指出，当前的计划生育工作面临重新洗牌，全县计生工作存在节育措施不到位、电话准确率不高等问题，不少群众还存在断章取义、歪曲计划生育政策的思想，给计划生育工作带来不少压力。

张波要求，相关部门要坚持问题导向，做到“三个到位”。要统一思想、认识到位，深刻认识计生工作是“一票否决”的工作，坚持工作力度不放松；要找准问题，整改到位，围绕存在的问题，对症下药，主动做好信息员培训和乡镇计生工作的统筹安排，对照问题，抓整改、抓落实；要奖惩兑现、领导到位，对计生工作集体、个人，要明确责任，做好绩效考核，做到计生工作一天一问、一周一督查、一月一考核。要加强宣传，让广大群众知晓计生工作措施仍然不变、力度不减，同时对当前工作来次回头看，领会方案抓重点、查漏补缺抓整改、强化措施抓奖惩，确保全县计生工作达到预期目标。

县计生委相关负责人陪同调研。

28 日下午　桂林市秀峰区委副书记、区长蒋育亮率秀峰区党政代表团到东安考察新型工业化、园区建设、城市建设等工作。县委副书记、县长陈宇荣，县委副书记张波，县委常委、县委宣传部部长欧阳冬子，县委常委、县委组织部部长、统战部长王名扬，县人民政府副县长唐振宇、李瑞霞陪同考察或参加座谈。

代表团一行先后到光伏产业园、创辉电子、毅荃服饰、新吴公塔、新广利桥等地进行了实地考察，详细了解了东安经济社会发展的先进经验和做法。代表团对东安日新月异的城市建设，蓬勃发展的工业经济给予了高度评价。他们一致认为，近几年，东安大手笔规划、高水平建设，发展快、变化大，县域经济社会发展取得了巨大成就，跨越发展、富民强县的新思路、新目标和新举措，值得学习借鉴。代表团希望双方能进一步加强交流与合作，共同促进两地经济社会持续健康发展。

29日上午 市委副书记、市长向曙光深入芦洪市镇调研神华国华永州电厂建设。

向曙光一行实地查看了神华国华永州电厂进厂道路、厂房建设工地和电厂配套设施建设工地。随后召开座谈会，详细了解电厂建设进展情况，协调解决电厂建设中存在的困难和问题。

向曙光指出，神华国华永州电厂是全省重大项目，是永州有史以来投资最大的项目，省委、省政府和市委、市政府高度关注项目建设进展情况。

对于下一步工作，向曙光要求，电厂施工方要加快工程进度，确保9月1日前电厂一期工程主厂房开工建设，确保全年完成18亿元总投资。市县两级相关部门要强化舆论引导，加强资金调度，积极营造电厂建设优良的施工环境。各部门要共同努力，精准发力，协调配合，共同推进神华国华永州电厂内道路、职工宿舍、食堂和铁路专用线建设，确保项目建设顺利推进。

市政府正厅级干部荣燕明，县委书记谢景林，县委副书记、县长陈宇荣，县委常委、常务副县长候选人陈丽陪同调研。

29日上午 东安县第五届庆“五一”全民健身长跑赛暨“倡

导低碳生活，创建文明县城”环城跑在县和谐文化广场隆重举行，来自全县各条战线的共34个代表队1135名干部职工参加比赛。

县委副书记张波宣布比赛开始，县政协主席陈军，县委常委、县委组织部部长、统战部长王名扬，县委常委、县委政法委书记苏建华等县领导出席比赛开幕式。

29日上午 全县纪检监察工作会议召开。县委常委、县纪委书记李顺利出席会议并讲话。

李顺利要求，全县各级纪检监察机关要明确目标，奋力拼搏，努力完成全县纪检监察工作。要把学习宣传、贯彻落实好《习近平总书记关于党风廉政建设和反腐败斗争论述摘编》和党的十八届四中全会以及中纪委四次、五次全会精神作为当前的主要政治任务。要加强纪律建设，把守纪律讲规矩服大局摆在更加重要的位置。要在加强作风建设、持之以恒纠正“四风”、深化56项专项整治上有新作为。要时刻保持高压态势，遏制腐败势头蔓延。要认真落实党委（党组）主体责任和纪委（纪检组）监督责任，强化责任追究，确保党风廉政建设和反腐败斗争取得新成效。

29日下午 县委书记谢景林主持召开红狮水泥项目建设征地拆迁工作推进会，详细了解征地拆迁工作进展和拆迁安置等情况，协调解决征地拆迁工作中存在的困难和问题。

会议充分肯定了各工作组在前阶段征地拆迁工作中取得的成绩。会议要求，各工作组要进一步统一思想，坚定信心，根据所在村组的实际情况，多措并举，一鼓作气完成红狮水泥项目征地拆迁扫尾工作。要加强领导，严明纪律，加大政策宣传力度，多方面、多角度做实做细群众思想工作。会议强调，各工作组要进一步落实组长负责制，严格工作程序，把握政策标准，积极化解矛盾，确保公平公正。县公安部门要加强打击力度，坚决打击地霸、村霸和强占土地等违法犯罪行为，保护群众合法利益。县财政部门要加强资金调度，确保拆迁款及时发放到群众手中，做到谁拆迁谁得益、早拆迁早得利，提高政府公信力，形成征地拆迁工作正能量，确保 4 月 30 日圆满完成征地拆迁工作任务。

县委副书记、县长陈宇荣和郑景学、欧阳冬子、陈丽、李顺利、李晓宁、王名扬、苏建华等县领导参加会议。

29 日下午 全县 2015 年金融工作暨银企合作融资洽谈会在县行政中心五楼会议室召开。县农业发展银行、工商银行等 7 家金融单位分别与东安新科生态农业有限公司、湖南南方纺织有限责任公司等 48 家企业代表现场签约，总金额达 8.331 亿元。县委副书记、县长陈宇荣，县委常委、常务副县长候选人陈丽出席会议并讲话，县委常委、副县长王学军主持会议。

会议指出，2014 年，全县各级金融机构全面贯彻落实中央、省、市关于金融工作的各项方针政策，按照“五个东安”建设的要求，努力改善金融服务，为东安经济社会持续健康发展做出了积极贡献。金融业自身持续呈现出总量增大、结构优化、效益增长、风险下降的良好发展态势，实现了经济金融双赢。

会议要求，各级各部门要深化思想认识，把加强银企合作作为加快东安经济建设的重要任务来完成，强化调度，增强服务意识，积极搭建银企合作平台。金融部门要树立全局观念和服务意识，根据国家产业政策，结合东安实际，加大对县内基础设施、重点项目、民生工程等方面骨干企业信贷投放力度，争取实现全年金融机构新增贷款5亿元目标任务。各企业要强化内部管理，诚实守信，守法经营，塑造良好的企业形象，以良好的信誉赢得银行的支持。

30日上午 县委书记谢景林主持召开县委常委会，听取纪检监察、政法、组织等工作情况汇报，通报了县委常委教育实践活动整改落实情况，讨论审议《2015年度县委常委会“五个东安”建设重大课题调研工作方案》。

关于纪检监察工作，会议要求，全县各级纪检监察机关要以中央、省、市相关会议精神为指导，坚持标本兼治、综合治理、惩防并举、注重预防的方针，围绕“干部清正、政府清廉、政治清明”的总体目标，认真落实党风廉政建设责任制，建立健全惩治和预防腐败体系，畅政令、纠“四风”、优环境、惠民利、重预防、严执纪、敢担当，努力开创全县党风廉政建设和反腐败工作新局面。

关于政法工作，会议指出，2014年全县综治民调工作在全省排名9位，圆满完成县委、县政府确定的民调工作目标。全县各级各部门要进一步落实东安社会管理综合治理各项措施，维护社会大局稳定，不断提高人民群众的安全感和满意度，大力提升综治民调工作的能力和水平，努力创建省级平安县。

关于组织工作，会议要求，要举办好农村党支部书记培训班，进一步提高农村党支部书记的政策理论水平、业务素质和工作能力；要加强谋划，进一步宣传、推介东安基层党建工作，推进村级党组织办公活动场所建设，充分发挥其应有的服务功能，不断增强村级党组织的凝聚力和战斗力。要强化自身建设，打造过硬组工队伍，为加快“五个东安”建设提供坚强的组织保障。

会议还就当前一些工作进行了安排部署。

县委副书记、县长陈宇荣，县委副书记张波，县政协主席陈军，郑景学、欧阳冬子、李顺利、王名扬、苏建华、王学军等县领导参加会议。

5月

4日下午 县委副书记、县长陈宇荣主持召开闲置土地清理处置工作推进会，听取相关工作情况汇报，安排部署下阶段工作。县政府助理调研员邓亚林以及相关部门负责人参加会议。

会议指出，为切实提高土地节约集约利用水平，东安县按照省、市相关工作要求，强化工作措施，采取一宗闲置土地、一名县级责任领导、一个责任单位包干负责的办法，将清理出来的闲置土地全部落实到相关责任领导和责任单位，强力推进批而未供和闲置土地清理处置工作。

会议要求，各级各部门要高度重视，进一步增强责任感和紧迫感，密切配合，形成合力，依法依规推进批而未供和闲置土地清理处置工作。县国土资源、住建等部门要强化责任，坚持依法行政，严格审查，确保土地清理处置工作不走过场。县公安、检察、法院等相关职能部门要加大依法打击力度，形成震慑力，确保处置工作顺利进行。要加大相关法律法规政策宣传解释力度，争取项目业主理解和支持。要严格考核，奖惩兑现，将批而未供和闲置土地处置工作纳入年度绩效考核。要进一步建立长效机制，认真研究制定相关规章制度，从制度上进一步规范土地管理、使用、审批等，做到源头防范，促进土地资源高效利用。

5日上午 全县水稻育插秧机械化技术推广工作现场会在紫溪市镇召开。市农机局副局长蒋华权，县委副书记张波，县委常委、副县长李晓宁参加。

与会人员参观了紫溪市镇花桥村集中育秧点机械化育秧大棚和五里排村水稻种植机械化栽插演示现场。随后，在紫溪市镇政府召开了由各乡镇场农机站站长、种粮大户等人员参加的座谈会。

张波要求，各相关部门要加大宣传和推广力度，通过宣传、演示、培训等方式，让老百姓真正认识到育插秧机械化的优越性。要搞好示范点建设，发挥辐射和带动作用，达到以点带面、整体推进的效果。要进一步培育好大户和农机专业合作社，鼓励和扶持种田大户、农机大户、农机合作社等带头示范推广水稻育插秧机械化技术，实实在在做给农民看、带着农民干，推动水稻育插秧机械化服务向专业化、市场化、产业化发展。要做好指导服务工作，让水稻育插秧机械化技术深入百姓，使广大农民得到实惠，推动全县农业现代化进程。

5日　东安县2015年中青年干部培训班开学典礼在县委党校举行。县委常委、县委组织部部长、统战部长王名扬出席并讲话。

王名扬强调，中青年干部一要加强党性锻炼，努力做到忠于党、忠于人民、忠于事业，自觉地为党和人民努力工作、奋发进取；二要保持良好心态，做到正确对待组织、正确对待他人、正确对待自己；三要加强内功修炼，增强学习能力、增强创新能力、增强免疫能力，把个人的追求融入党和人民的事业之中，融入东安的科学发展之中；四要树立良好形象，着重培养勇于担当、敢干负责的精神，扑下身子、真抓实干的精神，谦虚谨慎、低调做人的精神，以昂扬的斗志、务实的态度，为“五个东安”建设贡献力量。

王名扬要求，参加培训的学员要珍惜学习机会，严格遵守学习纪律，提高学习自觉性。通过学习，进一步提振精神、提升信心、提高素质，为东安经济社会发展做出贡献。

7日上午 县委副书记、县长陈宇荣主持召开县政府第二十八次常务会议，听取水利、审计、消防、冷东公路、国有林场改革和财政有关管理制度等相关工作情况汇报，通报县政府党组教育实践活动整改落实情况。

关于水利工作，会议指出，相关职能部门要贯彻落实省、市水利工作相关会议精神，做好全县防汛抗旱工作。要突出重点，结合东安实际，对全县106座小(2)型水库进行排查摸底，做好除险加固工作。要按照县委、县政府决策部署，做好水库污染防治、河道采砂、紫水河和保护管理工作。要积极向上跑项争资，加大水利建设资金投入力度，抓好芦江水库、农村安全饮水等民生水利项目建设。

关于冷东一级公路建设，会议要求，相关职能部门要高度重视，加强领导，加快推进冷东一级公路工程项目建设融资进度，确保项目建设顺利进行。财政部门要加强资金调度，保障项目建设指挥部相关工作经费。

关于国有林场改革工作，会议强调，各级各部门要按照中央、省、市对国有林场改革相关工作要求，成立工作领导小组，明确责任，制定切实可行的改革方案，认真履职，抓好工作落实。要学习借鉴其他县区好的经验和做法，结合东安实际，积极推动国有林场改革，确保全县社会大局和谐稳定。

会议还对审计、消防、财政有关管理制度等工作进行了研究部署。

陈丽、李晓宁、郑航、唐振宇、涂世国、文德、蒋明君、陈利平等县政府常务会组成人员参加会议，相关单位负责人列席会议。

7日上午 县人大常委会主任文高平带领部分市县人大代表视察紫水国家湿地公园建设工作，深入探讨紫水国家湿地公园建设与县城建设融合发展，贯彻落实县十六届人大三次会议“一号”议案。

文高平一行先后深入博爱广场、沿江西路、奥运广场、小区广场、入城广场、崇德广场，实地察看紫水国家湿地公园沿线在建城建项目。随后，在县住建局八楼会议室召开座谈会，听取紫水国家湿地公园建设与县城建设融合发展情况汇报。

会议指出，按照《关于推进紫水国家湿地公园与县城建设深度融合发展议案》的要求，相关部门围绕推进紫水国家湿地公园与县城建设深度融合发展这一主题开展了调查研究，聘请加拿大奥雅景观规划设计事务所、上海经纬公司等国内外知名公司完成了县城、紫溪、大江口、井头圩等乡镇总体规划修编和紫水河风光带设计，大力推进“表”建设，并寓德文化之“里”于“表”。

对于下一步工作，文高平要求，各级各部门要高度重视，强化领导，整合环保、水利、建设等相关行业资金，制定工作计划，确保融合工作高效推进。要进一步拓宽视野，树立“沿城”“园城”“林城”“德城”“文城”融合发展的理念，精益求精，深化规划设计。要强化部门责任，敢于担当，积极作为，及时解决融合发中出现的问题。

县政府副县长李瑞霞陪同视察。

7日上午 县委常委、县委宣传部部长、县创建全国文明县城指挥部常务副指挥长欧阳冬子带领创文办工作人员督查全国文明县城创建工作，并看望慰问坚守岗位的文明劝导员，向他们表示感谢，致以问候。

欧阳冬子强调，今后要进一步严格责任，狠抓落实。既要保持文明县城创建的常态化，着眼从工作的规范、工作的常态、工作的常效来构建机制、保持成果，不断延伸、提升创建水平。要把文明县城创建作为为民服务的一件实事、当前工作的一件大事来切实抓好，经得起历史的检验，使全县人民不断提高认同度，切实增强幸福感，更加积极地认可创建、支持创建、参与创建。

8日上午 东安县委学习中心组在县行政中心五楼会议室举行第一次集中学习，邀请省委讲师团主任、教授郑昌华作“引领中华民族伟大复兴的战略布局——学习领会习近平总书记‘四个全面’的重要思想”专题辅导讲座，县委常委、县纪委书记李顺利传达学习了习近平总书记和王岐山书记在第十八届中央纪律检查委员会第五次全体会议上的重要讲话精神。县委书记谢景林主持会议。县人大常委会主任文高平、县政协主席陈军和郑景学、欧阳冬子、李晓宁、王名扬、苏建华等县委学习中心组成员，县直各单位、各乡镇场党政主要负责人300余人聆听报告。

谢景林要求，全县各级各部门要深入学习习近平总书记关于“四个全面”战略布局的重要思想，深刻领会其精神实质和科学内涵。要把“四个全面”战略布局与当前各项工作相结合，主动适应经济发展新常态，做到学以致用、学而践行，努力开创各项工作新局面。

11日上午 县委副书记、县长陈宇荣深入白牙市工业园就全市重点项目暨“135”工程建设流动现场会筹备工作进行调研。

陈宇荣一行实地察看了香港盈凯包装制品有限公司、上海云生竹业、东安天晟汽车模具有限公司等项目建设情况。随后召开座谈会，对项目建设现场推进会相关筹备工作进行安排部署。

陈宇荣要求，各级各部门要高度重视，密切配合，各司其职，以全市重点项目暨“135”工程建设流动现场会为契机，充分展示东安经济社会发展良好形象。要周密部署，细化方案，围绕东安经济社会发展，特别是在新型工业化、园区建设、“135”工程建设取得的成绩做好宣传、展示和现场解说工作。各项目业主要抓时间、抢进度，加快推进项目建设，大力营造东安项目建设良好氛围。各相关职能部门要明确职责，细化任务，保持城区、园区卫生干净整洁，保障道路畅通安全、井然有序，认真做好全市重点项目建设现场推进会各项筹备工作。

县委常委、县委办主任郑景学，县政府副县长唐振宇陪同调研。

11日上午 东安县十六届人大常委会第十九次会议召开。

县人大常委会主任文高平，副主任宁苏君、胡贤吉、唐新柱、蒋永辉等出席会议，县委副书记、县长陈宇荣，县委副书记张波，县委常委、常务副县长陈丽候选人应邀出席会议。县人大常委会副主任胡慧川主持会议。

会议听取了“两院”及县林业、农业、卫生、人口计生委、人社等县政府工作部门主要负责人2014年目标承诺兑现情况汇报并进行评议，相关单位递交了2015年目标承诺书；审议通过了县人大常委会2015年工作审议、专项审议、议案督办工作方案（草案）和县人大常委会建立专家人才库工作方案（草案）。会议接受了刘红安、苏建华辞去东安县人民政府副县长职务、谢开军辞去东安县人民法院院长职务、施小兵辞去县住房和城乡规划建设局局长职务的议案，表决任命陈丽同志为县人民政府副县长，祝群同志为县人民法院副院长、代理院长，施小兵同志为县监察局局长，吴蓉同志为县人民检察院副检察长。新任命的同志面对国徽进行了现场宣誓，并领取职务任命书。

11日下午 县十六届人大三次会议人大代表建议和政协八届三次会议政协委员提案交办会在县行政中心三楼会议室召开。会议回顾总结2014年全县政府系统办埋代表建议、政协委员提案工作情况，安排部署2015年办理工作。县委常委、常务副县长陈丽，县人大常委会副主任胡慧川，县政协副主席周刚生出席会议并讲话。

会议指出，2014年，县政府系统采取有效措施，创新方式方法，规范办理程序，认真办理县人大代表建议和县政协委员提案，圆满完成了县十六届人大二次会议代表建议和县政协八届二次会议委员提案办理工作。2015年“两会”期间，县政府系统收到县人大代表议案1件，建议154件，市政协委员提案2件，县政协委员大会发言6件。

会议要求，各承办责任单位要高度重视，强化措施，落实责任，确保5月底前完成内部交办工作，10月底前全面完成办理任务。

会议强调，各承办责任单位要端正态度，把办理工作纳入重要议事日程。要着力规范办理程序，积极创新办理方式，建立健全分级负责制，细化分解承办任务，做到定人、定责、定标准、定进度、定时限，努力增强办理实效。县政府办公室与县人大联工委、县政协提案委要加强对建议提案办理过程的联合督查、跟踪督查，全力促进办理工作的落实。

12 日上午 印尼归国华侨、县委宣传部离休干部钟挺华与石期市镇小学 400 多名师生参加雷锋雕像揭幕仪式。

县委常委、县委宣传部部长欧阳冬子出席揭幕仪式。

12 日下午 县委副书记张波带领县委办、林业等相关部门负责人深入冷东公路沿线，调研创建国家森林城市工作。

张波一行实地察看了井头圩镇白竹村、宝丰村、八字门村和新科农业生态园、上海云生竹业、湖南舜皇峰竹木有限公司等地，详细了解县内开展“裸露山地”绿化造林、绿色通道、秀美村庄建设情况。

张波要求，各级各部门要充分认识“创森”工作的重要性，形成共识，明确目标、细化任务、加强配合，努力形成齐抓共管的工作合力。要突出工作重点，强化措施，加大投入力度，加强管理和日常养护，提高树木的存活率，进一步巩固和提升绿化成果。要加大宣传力度，使“创森”活动深入人心、家喻户晓，切实提高群众的知晓率、支持率、满意率和参与率。要加强领导，按照市、县“创森”工作相关工作要求，对照《国家森林城市评价指标》开展“回头看”，查漏补缺，确保全面完成目标任务。

13 日上午 市政协副主席何明玲带领市政协相关工作人员到东安调研禁毒工作。

市调研组对东安禁毒工作取得的成绩给予了充分肯定。调研组要求，东安各级各部门要统一思想，高度重视，充分认识毒品犯罪的严重危害性。要严厉打击惩处制毒、贩毒、吸毒等违法犯罪行为，形成震慑犯罪分子的高压态势。要加强基层组织和社区建设，夯实基层基础，全面落实吸毒人员帮扶救助和社会保障措施。要加大宣传教育力度，全面推动禁毒宣传教育工作进学校、进社区、进单位、进家庭，努力提高群众禁毒意识和抵制毒品能力。

县政协主席陈军，县政府副县长、公安局长郑航，县政协副主席蒋燕平陪同调研。

13日上午 井头圩中心小学举行雷锋雕像落成揭幕暨雷锋基金会成立仪式。县委常委、县委宣传部部长欧阳冬子出席并揭幕。

13日下午 全县人力资源和社会保障工作会议在县行政中心五楼会议室召开。县委常委、常务副县长陈丽出席会议并讲话，县人大常委会副主胡慧川宣读《关于表彰2014年度全县城乡居民社会养老保险工作先进单位的决定》和《关于表彰2014年度创业之星的决定》，县政协副主席周刚生通报了2014年度全县城乡居民社会养老保险参保缴费工作情况，各乡镇场长向县人民政府递交了2015年度就业和社会保障工作目标管理责任状。县人民政府副县长李瑞霞主持会议。

会议指出，2014年，全县人社系统紧扣“民生为本、人才优先”为主线，以“创先争优、服务发展”为抓手，创新工作机制，狠抓工作落实，圆满完成了年度既定各项目标任务。全县就业工作取得新成效，社会保障工作实现新突破，人事管理工作得到新加强，收入分配制度改革有新进展，和谐劳动关系创建工作取得新成果，绩效评估工作有了新思路。

陈丽强调，人力资源和社会保障工作涉及面广、政策性强，关系群众切身利益，是国家重视、社会关注、群众关心的重大民生焦点。全县各级各部门一定要高度重视人社工作，牢固树立人力资源和社会保障至上的观念，切实增强使命感和责任感。要统筹兼顾，突出工作重点，推进人社事业创新发展．要加强领导，统筹布置，扎实推进，为人社工作提供坚强保障。要攻坚克难，锐意进取，奋发有为，努力开创全县人社工作新局面。各乡镇、各部门要按照责任书提出的目标要求抓任务分解和工作落实，确保各项目标任务全面完成。

14 日上午 永州市重点项目暨“135”工程建设推进工作会与会人员走进东安，参观考察东安部分重点项目，现场检阅东安重点项目建设暨“135”工程建设的最新成果。市领导高建华、唐定、易佳良、唐湘林、张常明等出席。县领导陈宇荣、张波，陈丽、李晓宁、唐振宇、李瑞霞等陪同。

与会人员先后参观了香港盈凯包装制品、上海云生竹业、天晟汽车模具等重点建设项目，详细了解东安园区建设和各项目建设规划、投资规模、建设进度等情况，对东安近年来重点项目和“135”工程建设取得的成绩给予了高度评价。

14 日下午 县委副书记张波带领相关部门负责人深入南桥镇双江水库、黄泥洞乡金江水库检查指导防汛工作。

张波一行实地察看了水库防汛设施及运行情况，详细了解了水库库容、当前水位、汛期水位、人员值守和防汛责任落实等情况。

张波指出，据气象部门预报，15 日至 20 日，县内将迎来入汛以来最强降雨过程。相关职能部门和各乡镇场要高度重视，全面贯彻落实省委、省政府关于防汛抗旱工作的统一安排部署，抓好当前防汛抗灾工作，确保工程安全，确保群众生命财产安全，坚决杜绝一切安全隐患事故的发生。

张波强调，各级各部门要高度重视，牢固树立迎大汛、防大汛、抗大汛意识，时刻绷紧防汛减灾这根弦。要加强与气象部门的联系，密切关注天气和汛情变化，及时掌握雨情、汛情。要严肃工作记录，加大对水利工程险病隐患的大排查和值班监测，坚持24小时轮班值守，及时做好防汛调度工作。要注意对重点水库所在区域的定点预报，根据雨情、汛情及时启动应急预案，保障汛期水库及周边地区安全，确保安全度汛。

14日下午 东安县“中国德文化之乡”建设工作会召开。会议对全县进一步实施“美德”工程、建设“中国德文化之乡”升级版等工作进行了安排部署。县人大常委会主任文高平，县人大常委会副主任胡慧川，县政府副县长涂世国、李瑞霞出席会议。县委常委、县委宣传部部长欧阳冬子主持会议。

会议指出，东安德文化源远流长、出类拔萃，素有“舜风楚韵，武术之乡”之美誉。为挖掘东安德文化底蕴，加强道德建设，打造德文化品牌，2014年，县委、县政府提出了创建“中国德文化之乡”的目标，组建了班子、出台了方案，狠抓了软硬件建设，开展了系列德文化活动，使东安德文化发扬光大。2014年12月，中国伦理学会命名东安县为“中国德文化之乡”。

会议要求，各级各部门要认真总结创建工作经验，坚持问题导向，正视并解决建设中存在的问题。要围绕社会主义核心价值观、“三严三实”“诚、和、孝、善四德”等主要内容，实施“美德工程”，推出美德红榜，建设美德东安，进一步营造浓厚的德文化氛围，放大“中国德文化之乡”的品牌效应，努力建设“中国德文化之乡”升级版。

15 日上午 县委常委、县委宣传部部长、县创建全国文明县城指挥部常务副指挥长欧阳冬子上街看望慰问老年文明劝导志愿者，向他们表示感谢和慰问。

欧阳冬子对老年志愿者的文明劝导行为给予了高度评价，希望有更多人加入文明劝导员的行列。在对各责任路段检查时发现城管等职能部门履责不到位、一些单位责任路段文明劝导员劝导不深入等现象，欧阳冬子当即要求各职能部门、责任单位狠抓整改落实，确保市容整洁有序。

19 日上午 县委副书记、县长陈宇荣带领县国土、财政等相关部门负责人深入白牙市工业园调研“135”工程建设。

陈宇荣一行实地察看了“135”工程标准化厂房项目选址，听取了项目建设相关工作情况汇报，对下阶段工作进行安排部署。

陈宇荣要求，相关职能部门和项目建设指挥部要明确责任，按照省、市“135”工程相关工作要求，加大统筹协调力度，全力推进项目建设。县国土、林业等相关职能部门要密切配合，尽快做好项目建设相关手续办理工作。要强化措施，加大工作力度，做好园区标准化厂房征地拆迁扫尾、安置区配套基础设施建设等工作。县财政部门要加大资金筹集和调度力度，保障项目建设相关工作经费，确保金源路、官田路 7 月初开工建设。要积极作为，主动对接，加大招商引资力度，力争更多企业和项目落户东安。

县政府副县长唐振宇陪同调研。

21 日上午 县委副书记、县长陈宇荣带领相关部门负责人深入大江口乡、石期市镇检查指导防汛工作。

陈宇荣一行实地察看了大江口乡鸣放水库、龙角坪客运码头和石期市镇湘江电站等地，详细了解了当前汛情、雨情和防汛各项措施落实情况。

陈宇荣指出，受连日来强降雨影响，湘江东安段水位持续上涨，已超出警戒水位。湘江沿线13个渡口停渡，附近所在的大江口、石期市等乡镇部分群众房屋进水、稻田被淹，给他们的生产、生活造成了一定的影响。各级各部门要高度重视，牢固树立防大汛、抗大灾的思想，把防汛工作作为当前的工作重点，不能有丝毫麻痹大意，充分做好防大汛、抢大险的各项准备工作。

陈宇荣强调，各级各部门要加强领导，强化责任，密切关注天气和汛情变化，及时做好防汛调度工作。要加强对洪涝灾害、山体滑坡等自然灾害的监测预警，搞好隐患排查。要加大对渡口重点水域巡查力度，确保水上交通安全。要严肃工作纪律，严格落实责任，坚持24小时值班轮守，建立畅通联系渠道，及时发布预警信息，一旦发生险情，及时转移群众，确保群众生命财产安全，确保安全度汛。

21日上午 县委副书记张波深入水岭、紫溪市等乡镇检查指导防汛工作。

张波一行先后深入水岭乡超美水库、东源水库、紫江河坝和紫溪市镇调元渡口、沿江河坝、高岩水库等地，每到一处，她都详细了解各水库的运行和防汛责任制落实情况，并实地查看水库蓄水、大坝除险加固、泄洪道维修以及防汛物资储备等情况。

张波强调，水库保安十分重要，不能出现丝毫差错。目前已进入主汛期，一定要把保证水库的安全度汛作为重点，落实防汛责任人，搞好值班巡查，发现险情要及时处理，确保安全度汛。

张波要求，各级各部门要充分认识2015年防汛工作的形势，进一步统一思想，增强责任，明确任务。要完善各类防汛预案，及时抓好问题整改，加强物资储备，做到有备无患。要高度关注雨水情和汛情，严密监测水库运行情况，及时掌握情况，快速反应。要切实加强防汛队伍的落实，一旦出现险情能够拉得出，打得响，抢得下，确保人民生命财产安全。

县委常委、副县长李晓宁参加检查。

25 日下午 全市创建国家森林城市攻坚会战调度会在东安召开。市委常委、副市长蒋善生出席会议并讲话，县委副书记张波致欢迎词，县委常委、副县长李晓宁汇报了东安创森工作情况。市直各相关单位和各县区、管理区、经开区相关负责人参加会议。

蒋善生一行实地参观了紫水国家湿地公园、新广利桥、崇德广场、新科农业生态园、苍子岭公园等地，详细了解了东安创建国家森林城市进展情况。

会议指出，全市创森工作开展以来，东安县委、县政府认真贯彻落实市委、市政府决策部署，始终把创建国家森林城市作为改善生态环境、提升城市形象、统筹城乡发展的重大战略举措，坚持高位推动，统筹推进，全县创森工作取得阶段性成效。

蒋善生充分肯定了东安创森工作取得的成绩，认为东安创森工作领导重视，措施有力，成效明显，其好的经验和做法值得各县区学习和借鉴。

蒋善生要求，各级各部门要认真对照创森迎检指标和任务要求，对创森工作进行“回头看”，查漏补缺，确保高标准、高质量全面完成创森工作各项目标任务。要高标准打造创森精品亮点，全力增绿添彩，充分展示创森成果。要进一步加大宣传力度，营造全民参与氛围，提高群众认知度、参与度、知晓度和满意度。

要加强苗木抚育管护，搞好自查验收，巩固绿化成果。要建立完善台账资料，充分做好迎检各项准备工作，确保创建国家森林城市迎检工作圆满成功。

26日上午 市委常委、常务副市长易佳良深入黄泥洞锑矿区、紫溪市镇锰矿区调研重金属污染防治工作。

易佳良现场察看了黄泥洞锑矿区和紫溪市镇锰矿区重金属重点防治工作，详细了解了矿区重金属固体废物的贮存及运输、企业废渣场、尾矿库环境污染隐患等情况，并提出了针对性的指导意见。

易佳良指出，环保工作关系到经济发展、社会稳定和民生改善，重金属防治是环境保护的一项重要内容，也是湘江保护与治理的一个重要方面。东安要把重金属污染防治作为环保工作的重中之重来抓，要坚持“源头预防、治理遗留、加强监管、提高水平”的原则，切实做好重金属污染防治工作。

易佳良强调，各级各部门要制定方案，采取有效措施，加快推进重金属防治工作。相关部门要落实监管责任，加强执法，促进监控与监管双管齐下，统筹管理。要加强对企业污染处理设施运行情况的巡查、抽查，把住源头关口，发现违规企业绝不放过，该搬迁的企业必须搬迁，该停产整治的企业必须整治到位，该关闭的企业必须坚决关闭。

县委副书记、县长陈宇荣，县政府副县长唐振宇等领导陪同调研。

26日 县委书记谢景林主持召开县委常委扩大会。会议听取了“三严三实”专题教育、冷东一级公路建设和全面小康社会建设等工作情况汇报。

关于“三严三实”专题教育活动，会议指出，习近平总书记提出的“严以修身、严以用权、严以律己，谋事要实、创业要实、做人要实”的“三严三实”要求，贯穿着马克思主义政党建设的基本原则和内在要求，既是共产党员最基本的整治品格和做人准则，也是党员干部的修身之本、为政之道、成事之要。各级领导干部要深刻领会践行“三严三实”的重大意义，切实把“三严三实”内化于心，外化于行。要抓紧审定下发全县“三严三实”专题教育工作实施方案和县委常委会开展“三严三实”专题教育安排意见，迅速召开全县“三严三实”专题教育工作座谈会，明确“三严三实”专题教育工作力量和经费，确保活动有序推进，取得实效。

关于全面建成小康社会工作，会议要求，全县各级各部门要按照“突破、巩固、提升”的原则，集中力量抓经济发展，着力提升人们生活、社会发展等四大类指标；重点抓好示范带动，以创建全面小康示范乡镇、示范村、示范户为支点，以点带面；抓协调互动，提升东安全面小康社会建设整体水平；抓责任落实，继续实行目标考核和专人负责制，在全县掀起奔小康、建小康的高潮。

关于冷东一级公路建设工作，会议要求，有关部门和项目指挥部，务必做到高标准设计、高规格建设，借鉴冷祁大道的模式进行建设；要最大限度地降低建设成本，确保资金调度到位；要结合“三严三实”专题教育的开展，抓好项目征地拆迁和安置区建设工作，确保 7 月份冷东一级公路顺利开工建设。

关于农业农村工作，会议要求，各有关部门和乡镇，要突出抓好粮食生产工作；举全县之力抓好全国农产品质量安全县创建工作；要针对 2015 年上半年降雨严重不足的实际情况，进一步提高认识、加强调度、落实责任，牢固树立防大汛抗大旱的思想，做到一手抓防汛，一手抓抗旱，确保人民群众生命财产安全。

县委副书记张波，县人大常委会主任文高平，县政协主席陈军以及郑景学、欧阳冬子、李顺利、王名扬、苏建华、王学军等县委常委会组成人员参加会议。

28日 县委书记谢景林深入狮岩路、文明路、冷东公路绕城线调研城市路网建设。

谢景林指出，狮岩路、文明路、冷东公路绕城线是构建城区循环路网的交通要道，加快推进该项目建设对东安县城发展、提升城市品位、完善城市功能具有十分重要的意义。各级各部门要高度重视，切实增强紧迫感和责任感，采取得力措施，抢抓施工时段，明确时间节点，倒排工期，强势推进项目建设，确保目标任务完成。

谢景林要求，各相关职能部门要深入项目建设一线，及时协调解决项目建设中存在的困难和问题，全面完成文明路征地拆迁和路面清理工作。6月底以前完成狮岩北路硬化工程，缓解中心城区的交通压力。要进一步优化规划设计方案，提高城市管理水平，全力抓好路网、绿化及亮化等工作，进一步提升城市整体形象。

县委常委、县委政法委书记苏建华，县人大常委会副主任蒋永辉、县委正处级干部周晓明等陪同调研。

28日 县政协主席陈军率领部分市、县政协委员深入蒋家大院、八字门村、天元山庄、大江源农庄实地考察美丽乡村旅游示范点建设。

视察结束后，委员们一致认为，东安历史文化积淀深厚，生态优越，山地度假条件得天独厚，旅游资源类型齐全，为发展旅游产业打下了坚实的基础。委员们就如何建设好美丽乡村旅游示范点和生态文化旅游工作提出了意见和建议。

陈军要求，发展生态旅游要突出引领规划，坚持“先规划后开发、没规划不开发”的原则，使旅游发展与资源环境相协调，推动东安生态文化旅游业可持续发展。要整合旅游资源，促进旅游与生态、文化的深度融合，丰富旅游内涵，打造旅游精品。要以“美丽乡村”建设为契机，发展农家乐、自驾游，促进美丽乡村建设和农村的快速发展。要加大宣传力度，充分利用新兴科技平台积极推介东安旅游，提升知名度。

县人民政府副县长李瑞霞，县政协副主席周刚生、丁国志、蒋燕平、唐月程、周壬秀参加视察。

28 日下午 广州市人大常委会党组书记、主任张桂芳带领广州市人大调研组到东安调研“十有”乡镇人大创建工作。

调研组一行深入井头圩镇实地考察镇、选区人大代表联系群众工作室现场，随后在县行政中心七楼会议室召开座谈会，听取“十有”乡镇人大创建工作情况介绍，围绕创建工作就“建立民情绿色通道、人大代表履职和如何落实‘五个一’工作机制”等方面内容进行了探讨和交流。

张桂芳对东安县“十有”乡镇人大创建工作取得的成绩给予了高度评价。张桂芳认为，东安县委、县政府高度重视“十有”乡镇人大创建工作。东安人大常委会在创建工作中站位高，思路清，勇于探索，其做法不仅充分调动了人大代表履职的积极性，同时也加强了代表和群众的联系，及时反映了社情民意，使得群众合理诉求得到有效解决，积极促进了政府工作，成效明显。

张桂芳表示，回去后，广州市人大常委会将结合工作实际，吸纳和借鉴东安“十有”乡镇人大创建工作好的经验和做法，进一步加强本地乡镇人大基层工作建设，提高人大工作整体水平。

市人大常委会副主任、巡视员程晨曦，县委书记谢景林，县人大常委会主任文高平、副主任胡慧川陪同调研。

29日上午 东安县“三严三实”专题教育工作会议召开。县委书记谢景林围绕“三严三实”主题为党员领导干部讲了一堂专题党课。县委副书记张波主持会议。县委常委、县委组织部部长、统战部长王名扬安排部署全县“三严三实”专题教育工作。

谢景林指出，习近平总书记提出的“严以修身、严以用权、严以律己，谋事要实、创业要实、做人要实”的“三严三实”要求，贯穿着马克思主义政治建设的基本原则和内在要求，既是共产党人最基本的政治品格和做人准则，也是党员干部的修身之本、为政之道、成事之要。党员干部要深刻认识开展“三严三实”专题教育的重大意义，切实把“三严三实”内化于心，外化于行。

谢景林强调，全县各级领导干部要深刻理解“三严三实”的丰富内涵，准确把握精神实质。要立足“严”和“实”，敢“闯”敢“干”，不忘党恩、不忘民本、不懈怠、不妄为，凝聚民心，守住底线。要切实按照中央、省委和市委的部署要求，以严的态度、实的作风扎实推进专题教育，为全力打造“‘五个东安”提供坚强整治保证。要进一步增强政治自觉、思想自觉和行动自觉，坚持两手抓、两促进，把专题教育与贯彻落实“四个全面”战略布局、全力打造“五个东安”结合起来，真正把学习转化为推动各项工作的强大动力，以各项工作的新成果检验专题教育的成效。

县领导文高平、陈军、郑景学、欧阳冬子、李顺利、李晓宁、苏建华等出席会议。

6月

2日上午 2015“书香东安”全民阅读活动启动仪式在县澄江中学举行。县委常委、县委宣传部部长欧阳冬子出席并宣布活动正式启动。

2日下午 县委常委、常务副县长陈丽主持召开财税收入调度会。县财政局、国税局、地税局等主要负责人参加。

县财政局、国税局、地税局分别汇报了2015年1至5月财税收入完成情况、当前面临的收入形势和存在的主要问题，以及下步组织收入工作思路。

陈丽要求，县财政局、国税局、地税局要进一步做好财税收入的组织调度工作，努力完成2015年上半年财政预算任务。要围绕抓重点、难点、要点、亮点“四个点”全面开展税务收入工作。各相关单位要主抓重点企业、重点项目、金融保险行业等重点税源的税务收入工作，在税务稽查、房地产欠税收缴、耕地占用税征管、政府性投资项目征管等税收难点上实现重大突破，以加强相关单位协调联动、国有资产处置、财政扣税为要点，在重点项目税收、金融保险业税收、国有资产处置等税务收入方面有新亮点。

陈丽强调，税务收入的难点在地税，重点在国税，各相关单位要一周一调度，一周一通报，坚定信心，迎接挑战，千方百计完成好目标任务。

3日上午 县政协机关召开“三严三实”专题教育工作会。县政协主席陈军作题为《践行“三严三实” 推动政协工作创新发展》专题教育党课。

陈军强调，践行习近平总书记提出的“三严三实”要求是持续深入推进政协机关作风建设的现实需求，是推动政协事业创新发展的根本保障，是提振政协干部队伍精气神的思想指南。县政协机关干部要通过学习，进一步增强对“三严三实”的情感认同、思想认同和价值认同，充分认识和把握践行“三严三实”的深远意义。

陈军要求，县政协践行“三严三实”，要坚持“四个牢记”，即牢记心中有党、心中有民、心中有责、心中有戒，做到在思想上、政治上、行动上，同以习近平同志为总书记的中共中央保持高度一致。要充分发挥协商民主的重要渠道和专门协商机构作用，推动协商民主创新发展，勇担助力东安发展重任，更好地协调关系、汇聚力量、建言献策、服务大局；要努力建设一支过硬的委员队伍和高素质的政协干部队伍，努力提高政协的履职层次和工作实效。要把握关键动作，尤其要做好“讲好专题党课，组织好专题学习研讨，开好专题民主生活会和组织生活会，抓好整改落实立规执纪”，以严的态度、实的作风扎实推进专题教育，为开创东安政协工作新局面，助推“五个东安”建设夯实政治基础。

县政协副主席周刚生、丁国志、蒋燕平、唐月程、周壬秀出席。

3日上午 县委常委、常务副县长陈丽在县住建局会议室召开座谈会，专题调研城市建设和管理工作。县国土、住建、房产、城管、环卫绿化等单位主要负责人汇报工作开展情况。

陈丽要求，城建系统各单位要充分认识城市建设和管理的重要性，加强联系协作，形成强大合力，加快建设潇湘第一生态城。

陈丽强调，要进一步坚定信心，创新思路，破解难题，加强城市建设和管理，不断提升城市品位和形象。县城管部门要建立长效机制，加大执法力度，加大资金投入，塑造城市良好形象。县住建部门要全力抓好路网提升、公交优化、绿化景观提升、危旧房改造等工作，提升城市形象；要遵循项目审批快、质量监管严、建设标准高的原则，创造性地开展工作，加快推进保障性住房建设。县房产局要有序规范物业管理，保障房地产市场健康有序发展。

3日 县纪检监察机关召开“三严三实”专题教育工作会，安排部署“三严三实”专题教育。县委常委、县纪委书记李顺利出席会议并讲题为《践行“三严三实”争做“四个表率”》专题党课。

李顺利指出，践行习近平总书记提出的“三严三实”要求，是纪检监察干部履行职责使命的内在要求，是纪检监察机关应对反腐败斗争形势的现实需要，是加强纪检监察机关自身建设的重要抓手。县纪检监察机关干部要充分认识“三严三实”的重大意义，深刻理解“三严三实”的丰富内涵，准确把握其精神实质。要严格按照中央、省、市委部署，把开展“三严三实”专题教育作为重要政治任务，坚持“严”与“实”有机统一，将专题教育抓紧抓实抓出成效。

李顺利要求，县纪检监察机关党员领导干部要认真对照“三严三实”要求，深查细照，找准“不严不实”问题，列出清单、分析成因、立行立改。要坚持两手抓、两促进，将专题教育与推进日常工作、重点任务以及发现和选拔任用践行“三严三实”要求的好干部结合起来，不断放大和扩展专题教育的综合效应。要以正人先正己的决心和意志，树立正确的执纪导向，争当“对党忠诚、勤于学习、严格执纪、律己从严”的表率。要严格按照“三严三实”的要求全面履行监督责任，坚持有腐必惩、违纪必究，不断加大查办腐败案件工作力度，下大力气拔“烂树”、治“病树”、正“歪树”，减少腐败存量，遏制腐败增量，坚决打赢党风廉政建设和反腐败斗争这场攻坚战。

4日上午 全县创建国家农产品质量安全县工作会议在县行政中心五楼会议室召开。县委副书记张波，县委常委、副县长王学军出席会议并讲话。县委常委、副县长李晓宁主持会议。县人大常委会副主任唐新柱宣读工作方案，县政协副主席唐月程宣读表彰决定。

会议要求，各级各部门要高度重视，认真贯彻落实中央、省、市相关文件精神，严格落实《东安县2015年创建国家农产品质量安全县工作方案》，以最严谨的标准、最严格的监管、最严厉的处罚、最严肃的问责，确保农产品消费和农业生态安全，全面提升东安农产品质量安全监管能力和水平，切实维护全县人民群众“舌尖上的安全”。

会议强调，各级各部门要加强领导，认真履职，密切配合，形成合力，加大农业投入品监管力度，加强农产品质量安全监督检测。要严格执法，严厉打击生产销售“瘦肉精”、孔雀石绿等违禁药品的违法违规行为。要狠抓生产标准入户，着力开展技术推广，大力推进农业标准化示范区建设。要建立健全农产品安全监管体系，完善相关工作机制，促进农产品质量安全监管步入制度化轨道。要加大宣传教育力度，不断提高群众农产品质量安全意识，大力营造创建工作良好社会氛围，全力抓好国家农产品质量安全县创建工作。

4日上午 县委常委、县委办主任郑景学深入东安一中，检查指导2015年东安县高考考点各项准备工作。

郑景学一行实地察看了高考保密室、视频监控室和考室等考点布置运作情况，听取了考点准备工作情况汇报。

郑景学指出，高考是事关千家万户家庭幸福和万千学子前途的大事，各部门一定要高度重视，通力配合，抓好各项工作落实，为高考提供有力保障。

郑景学要求，县教育局和东安一中要切实加强高考考点的安全保卫工作，做好各项应急预案，确保高考平安顺利进行；县教育、卫生等部门要切实履行职责，加强督促检查，全力确保高考安全；公安、工商、城管等部门要加强考试期间的噪音监管，做好考试期间的饮食、交通和考生集中住宿地的安全检查，消除安全隐患，努力为考生营造清静的考试环境；各职能部门、成员单位要齐心协力，密切配合，全力以赴为高考创造良好环境。

4日上午 县委组织、统战系统“三严三实”专题教育工作会在县委党校召开。县委常委、县委组织部部长、统战部长王名扬讲题为《带头践行“三严三实”努力争做优秀党员干部》专题教育党课。

王名扬指出，中央决定开展“三严三实”专题教育，是党的群众路线教育实践活动的延展深化，是持续深入推进党的思想政治建设和作风建设的重要举措，是严肃党内政治生活、严明党的政治纪律和政治规矩的重要抓手，也是进一步加强部机关自身建设的重要机遇。组工干部践行“三严三实”要求，要做到“四个坚持”,即坚持把“德”字当头,坚持把“人”字写正,坚持把“绩”字放大，坚持把“廉”字守住。

王名扬强调，全体党员干部要有坚定虔诚的理想信念，绝对忠诚的政治品格，亲民爱民的真挚情怀；要做老实人、说老实话、干老实事，襟怀坦荡，公道正派；要有求真务实、真抓实干的勇气，改革创新、攻坚克难的硬气，励精图治、真创一流的志气；要心存敬畏、手握戒尺、慎独慎微、勤于自省，自觉遵守党纪国法，自觉做到为政清廉；要真正以严和实的过硬作风树形象、聚民主、促发展，争做践行“三严三实”的表率。

4日下午 县委办系统举办“三严三实”专题教育党课。县委常委、县委办主任郑景学结合县委办公室工作实际，紧紧围绕“三严三实”的时代内涵和重大意义、如何践行好“三严三实”作了专题教育党课辅导。

郑景学指出，践行“三严三实”是推进全面从严治党的根本要求，是巩固教育实践活动成果的重要举措，是提升干部执行力的有力抓手。县委办系统全体党员干部要深刻领会践行“三严三实”的重大意义，切实把“三严三实”内化于心，外化于行。

郑景学要求，县委办系统全体党员干部要认真对照“三严三实”要求，聚焦“对党忠诚、个人干净、敢于担当”的标准，深查细照，坚持问题导向，认真整改，改进工作。要突出从严从实，做到忠诚为先、一心向党，牢记宗旨、真心为民，敢于担当、争当标杆，在学习践行“三严三实”的实践中当先锋、做表率。要襟怀坦白、勤奋踏实、以德为先，做到表里如一。要敢于担责，善于执行，以踏石留印的韧劲不折不扣落实各项工作。要以睿智和前瞻看清“路况”，科学制定规划，选准方向，提高效率，努力实现自我超越和赶超发展。

5日上午 县委书记谢景林主持召开神华国华永州电厂铁路专线及红狮水泥项目征地拆迁工作表彰会，表彰通报了神华国华永州电厂铁路专线及红狮水泥项目征地拆迁工作中的先进集体和先进个人。

会议指出，县委、县政府高度重视神华国华永州电厂及红狮水泥项目建设，全力配合支持项目建设，圆满地完成了工作目标任务。

谢景林对前段神华国华永州电厂和红狮水泥项目建设取得的成绩给予了充分肯定。谢景林强调，广大干部群众要继续发扬团队协作精神，攻坚克难。要妥善处理好群众矛盾纠纷，及时发现项目推进过程中的矛盾和问题并积极协调解决。要加大正面宣传力度，正确引导干部群众对两大项目的认识，为项目建设营造良好的舆论氛围。要把握时间节点，集中精力全面做好项目建设各项工作，力争两大项目早日建成投产。

郑景学、欧阳冬子、陈丽、王名扬、苏建华等县领导出席会议。

5日上午 市纪委副书记黄冰带领调研组就纪检监察重大课题到东安调研。

座谈会与会人员紧紧围绕“如何在反腐新常态下更好履行行政监察职能、建立健全下级纪委向上级纪委报告工作制度、建立健全纪检监察干部践行‘三严三实’的制度机制”三大课题，结合当前党风廉政建设和反腐败斗争形势和自身工作实际，提出了许多具有建设性意见和建议。

在认真听取了大家的意见和建议后，调研组认为，大家的意见和建议很有见地，使人深受启发。调研组将认真梳理归纳，将其充分吸纳到调研报告中，为上级决策部署提供依据。调研组要求，东安纪检监察部门要加强自身建设，充分发挥好行政监察工作职能，强化监督管理，严格执纪执规，不断开创党风廉政建设和反腐败工作新局面。

县委常委、县纪委书记李顺利陪同调研。

6日上午 由省经信委党组成员、副主任黄东红带队的5名全省创新创业先进典型巡回报告团成员到东安，讲述他们创新创业的感人故事，分享创新创业的艰辛历程和宝贵心得。县委副书记张波出席报告会并讲话。

湖南果秀食品有限公司董事长阳国秀、湖南维格磁流体股份有限公司董事长言继春、衡阳海联进出口有限公司董事长周游、湖南大诚中药生物股份有限公司董事长廖丽萍、郴州市三合乔龙生态农业有限公司总经理王硕丰分别结合自身经历和实际，用通俗的语言和生动的故事，讲述了他们的创业历程。报告会还播放了蓝思科技股份有限公司董事长周群飞在全省创新创业先进典型首场报告会上宣讲的视频。6位创新创业先进典型饱含激情的创业故事，引起了与会者的深深共鸣。

张波指出，省委派出创新创业先进典型到东安开展巡回报告会，目的就是要发挥先进典型的引领带动作用，在全县上下弘扬创新创业精神，营造创新创业氛围，形成创新创业热潮。

张波强调，一个地方要形成“大众创业、万众创新”的浪潮，就要政府不断推进体制机制改革，构建一个积极而宽松的创新创业环境。要不断提升创业者的综合素质，激活创新创业主体，呵护和扶助创新创业者。全县上下要以这次报告会为契机，以先进典型为榜样，迅速掀起学习先进、争当先进的强大热潮，奋力开创敢于创新、勤于创业的崭新局面，让创新创业汇聚起全力打造

“五个东安”、全面建成小康社会的强大新动能。

陈丽、李晓宁、王名扬、苏建华等县领导出席。

8日上午 在2015年全县农村党支部书记培训班上，县委书记谢景林结合东安实际情况，就如何当好一名村支部书记，从抓农村党建、农业生产、经济发展、社会管理、计划生育等方面为全县农村党支部书记讲了一堂生动精彩的党课。县委副书记张波，县委常委、县委组织部部长、统战部长王名扬出席。

谢景林强调，各村支部书记要充分认清形势，找准角色定位，正确履职尽责，不辜负群众的期望。要在工作中遵纪守法，甘于奉献，注重个人品行修养，用好手中的权力，带动全村干部群众营造一个风清气正、稳定和谐的良好环境。要按“三严三实”的要求，首先做到“做人要实”，靠自身的人格魅力赢得群众的支持和拥护，充分发挥基层党组织的战斗堡垒作用，为推动东安农村经济社会全面协调发展提供坚强的组织保障。

张波要求，全县广大村支部书记要以此次培训为契机，自我加压，要把这次培训作为完善自我、提高素质、汲取经验、推进工作的良好机会。要学以致用，增强学习的针对性，努力提高做好新形势下农村工作的水平。要严格要求，自觉遵守各项纪律，以良好的言行塑造文明的农村党支部书记形象。要研究领会农村的各项方针政策、法律、法规，增强带领群众共同致富的本领，为全力打造“五个东安”提供坚强的组织保证和人才支撑。

8日 县委副书记、县长陈宇荣主持召开县政府第二十九次常务会议，研究部署“双过半”、重点项目建设、“135”工程标准化厂房建设、“三单管理”、工资福利、四小建设、电子政务办和申报革命老区县、国家重点生态功能区以及创建国家森林城市、国家农产品质量安全县等工作。

关于“双过半”工作，会议要求，全县各级各部门要坚定信心，按照县委、县政府确定的目标不动摇，细化任务，强化责任落实，确保“双过半”目标任务圆满完成。要抓好项目建设，加快推进在建项目建设进度，促进企业达产达效。要全力抓好市委、市政府确定的“三项改革”和县委、县政府年初制定的各项改革任务工作。要优化经济发展环境，做好企业服务工作，帮助企业解决项目建设中征地拆迁、融资、企业用工等难题。要抓创先争优、跑项争资，搞好项目的包装和申报工作。要加强统计工作，全面客观真实反映当前全县经济运行情况。要抓好安全生产、计划生育、信访维稳等工作。

关于重点项目建设工作，会议要求，全县各级各部门要统一思想，强化项目意识，加强调度，抓好重点建设项目财税入库工作。要强力推进重点项目建设，进一步营造大抓项目、抓大项目的浓厚氛围。要按照上级相关工作要求，抓好“135”工程建设，按照时间节点，加快完成招商引资、征地拆迁扫尾、配套项目设施建设等工作，为全县工业经济发展创造一个良好平台。

关于申报革命老区县、国家重点生态功能区和创建国家森林城市、国家农产品质量安全县等工作，会议要求，各相关职能部门要成立专项领导工作小组，加强调度。要明确职责，密切配合，开辟“绿色通道”，按照相关工作要求，做好台账资料等基础性工作。财政部门要加强资金调度，保障相关工作经费，确保各项申报和创建工作圆满成功。

会议还研究部署了四小建设、“三单管理”、工资福利等工作。

陈丽、李晓宁、王学军、郑航、唐振宇、涂世国、李瑞霞、于剑辉、文德、邓亚林、徐荣军、雷双姣、唐伯平、蒋明君等县政府常务会组成人员参加会议，县政协副主席周刚生、县人武部部长金志辉应邀出席会议，相关单位负责人列席会议。

8日 县委副书记、县长陈宇荣围绕“三严三实”主题为县政府办党员干部讲了一堂生动的党课。

陈宇荣指出，习近平总书记提出的“三严三实”，既是共产党人最基本的政治品格和做人原则，也是党员干部修身之本，为政之道、成事之基。开展“三严三实”专题教育，是坚持从严治党的根本之策，是巩固党的群众路线教育实践活动成果的关键之举，是提升干部队伍执行力的当务之急。县政府办全体党员干部要联系实际，严格落实“三严三实”的实践要求，突出党性锤炼，践行严以修身。要突出依法行政，践行严以用权。要突出清廉务实，践行严以律已。要突出科学决策，践行谋事要实。要突出担当担责，践行创业要实。要突出忠诚正派，践行做人要实，争当“三严三实”好干部。

陈宇荣要求，县政府办党员干部要把开展“三严三实”专题教育与落实“四个全面”、打造“五个东安”结合起来，以过硬的作风、担当的精神，坚定不移抓发展、千方百计惠民生，不遗余力保稳定，特别是对神华国华永州电厂、芦江水库、红狮水泥、冷东城际快速通道、新东芦公路、标准化厂房建设等重大项目建设要紧盯不放，加快推进。要突出抓好新型工业化、园区经济、财税入库等主要经济指标的落实，确保2015年“双过半”任务圆满完成。要全面落实各项强农惠民政策，千方百计扩大就业，努力化解各类社会矛盾，确保社会大局和谐稳定，全力推动全县经济社会持续健康发展。

8日下午 白牙市镇召开“三严三实”专题教育党课报告会。县委副书记张波亲临指导，并围绕“三严三实”专题教育，给白牙市镇党员领导干部上了一堂生动精彩的党课。镇党委书记廖祝春主持会议。白牙市镇党政班子成员、镇机关工作人员、村（社区）党组织书记参加报告会。

张波从“三严三实”的认识问题、准确把握“三严三实”的精神实质、深刻查摆“不严不实”的症状根源、全面落实“三严三实”的实践要求等四个方面向与会人员作了深入细致的解读，并分析了新常态下基层党员干部的思想和工作实际，剖析了各种“不严不实”的典型案例，对基层党员干部提出了具体要求。

张波强调，“三严三实”充分体现了共产党人的价值追求和政治品格，是当前和今后很长一个时期推进从严治党、加强作风建设的重要遵循。只有立足“严”和“实”，敢“闯”敢“干”，不忘党恩、不忘民本、不懈怠、不妄为，才能凝聚民心，才能守住底线，才能善做善成。

张波要求，要深刻认识新常态，以求“严”求“实”的精神，从“严”上要求，向“实”处着力，坚持两手抓、两促进，把专题教育与贯彻落实“四个全面”战略布局、全力打造“五个东安”结合起来，真正把学习转化为推动各项工作的强大动力，以各项工作的新成果检验专题教育的新成效，为全力打造“五个东安”、全面建成小康社会提供坚强保障。

9日 县委书记谢景林主持召开县委常委扩大会议。县直相关部门负责人就全县重要经济指标完成情况、部分重点项目进展情况、部分争创工作和2014年确定的为民办实事等工作开展情况进行了汇报。

会议指出，2015年上半年，东安经济增长呈稳中有进态势，完成情况总体好于年初预期，好于上年同期，主要经济指标基本可实现年初“保量争先”的目标，但对照“双过半”和全年的目标要求还有一定差距。

会议要求，全县各级各部门要结合“三严三实”专题教育，以“实”的作风，“严”的要求，明确目标抓过半，确保年初“保四争三”的目标不动摇；强化措施抓过半，重点围绕“双过半”抓项目推进，神华国华永州电厂、红狮水泥、东芦公路、冷东一级公路、芦江水库、“135”工程标准化厂房建设等重大项目要抓紧抓实，抓推进，形成抓大项目、大抓项目的浓厚氛围；要严格考核抓过半，落实奖惩机制，启动问责机制，推动各项工作落实。

县委副书记、县长陈宇荣，县委副书记张波，欧阳冬子、陈丽、李顺利、李晓宁、王名扬、王学军、苏建华等县领导参加会议。

9日下午 市委副秘书长、市全面小康办主任蒋井泉一行到东安专题调研全面建成小康社会推进工作。县委副书记张波出席汇报会。

会议指出，2014年，经过全县广大干部群众的共同努力，省考评统计测算东安县2014年小康实现程度为73.3，在全省47个二类县中排名第7名。2015年，东安县全面小康工作按照“突破、巩固、提升”的原则，集中力量加快经济发展。全县以创建全面小康示范乡镇、示范村、示范户为支点，着力抓经济发展、抓示范带动、抓责任落实，加快推进新型工业，加快发展现代农业，加快繁荣生态旅游，加快统筹城乡一体，加快推进民生事业。

蒋井泉对东安全面建成小康社会工作给予充分肯定。蒋井泉指出，东安县全面建成小康社会推进工作思路清晰，抓得早、抓得细，基础工作扎实，亮点多，氛围浓，来势可喜。蒋井泉希望，下阶段，东安要进一步找准重点工作和重点问题，进一步加快城乡一体化建设，创新工作机制，改善民生和保障生态环境，增进人民福祉，促进社会和谐，努力实现全面建成小康社会总目标。

10日上午 市政协主席唐定带领市政协办、市畜牧水产局、市工商联等建整扶贫后盾单位深入川岩乡榴星村调研指导建整扶贫工作。

唐定一行实地查看了榴星村村容村貌、基础设施等情况。通过座谈、听汇报等形式，详细了解该村存在的困难和问题。

唐定要求，榴星村要结合实际，因地制宜，突出以“班子建设、产业建设、基础设施建设”为重点，加快推进榴星村经济社会发展。村支两委要加强自身队伍建设，健全完善各种规章制度，建设一支凝聚力强、战斗力旺的工作队伍。扶贫工作组要突出重点，科学谋划，充分利用榴星村丰富的楠竹资源，大力发展特色产业，做活“竹文章”。水利、林业等后盾单位要积极作为，加大帮扶力度，积极向上争取扶贫项目，帮助解决该村在发展中遇到的困难和问题，把好事办好办实，确保扶贫工作取得实效。

县委书记谢景林、县委副书记张波，县政协副主席周刚生、唐月程等县领导陪同调研。

10日下午 县委副书记、县长陈宇荣深入芦洪市镇现场调度部分重点项目建设，为项目建设解难题、促进度。市公路局局长杨小明应邀出席会议。县委常委、常务副县长陈丽就各项目建设的一些具体工作进行了安排部署。

陈宇荣一行通过看现场、听汇报，详细了解了神华国华永州电厂、红狮水泥、新东芦公路、冷东一级公路、芦江水库、湘江焊剂、芦洪市变电站等重点项目推进情况，并就各项目建设存在的土地报批、征地拆迁、资金筹措、矛盾纠纷化解等问题进行了安排和部署。

陈宇荣要求，相关职能部门要抓好矛盾纠纷化解，督促神华国华永州电厂加快项目建设进度，确保2017年7月竣工发电。红狮水泥要抓好征地拆迁扫尾、矿山租赁、电力杆线架设、安置区建设，施工队务必于7月15日前进场开工。新东芦公路要在6月25日前完成用地手续的办理，加大资金争取力度，同步推进征地拆迁工作，7月10日前完成征地拆迁任务，7月底正式开工建设。芦江水库要加大融资力度，加快水库专线架设和库区路桥建设。湘江焊剂和芦洪市变电站要加强矛盾纠纷化解，加快项目建设进度，促进项目早建成、早见效。

陈宇荣强调，政法部门要加大打击力度，确保各重点项目顺利推进。同时，芦洪市镇和相关部门要加强芦洪市镇小城镇建设管理工作，成立专门的管理队伍，强化马路市场的治理，为项目建设营造良好的外部环境。

杨小明希望，东安在新东芦公路和冷冻一级公路项目建设中，要借鉴好神华国华永州电厂和红狮水泥项目集中征地拆迁的成功经验，强力推进两条通道的征地拆迁工作，调处好各类矛盾纠纷，为公路建设创造良好的施工环境。要抓紧完成项目用地手续办理，加大建设资金的争取力度，加快公路建设进度，尽快完成新东芦公路和冷冻一级公路建设任务。

李晓宁、王学军、郑航、唐振宇、涂世国、唐月程等县领导参加会议。

11日　县委常委、县纪委书记李顺利带领相关部门负责人深入大庙口镇检查指导安全生产工作。

李顺利一行实地察看了舜皇山国家森林公园阿巴达漂流储水大坝、扬江水库、加油站、烟花爆竹销售店等现场，并对在检查中发现的安全隐患进行了现场交办，要求立即整改到位。

李顺利强调，各级各部门要提高认识，时刻牢记安全生产责任重于泰山，警钟长鸣、常抓不懈，全力抓好安全生产工作。要突出重点，强化措施，加大执法力度，抓好加油站点、烟花爆竹店、水库山塘河坝、地质灾害、森林火灾、超市食品、交通运输、学校食品和校车接送等方面安全生产工作，坚决杜绝安全事故发生。要强化责任落实，完善工作机制，加大安全生产宣传教育力度，严格责任追究，促进安全生产工作取得实效。

12日上午　市委副书记、市长向曙光深入芦洪市镇调研神华国华永州电厂建设。

向曙光一行实地查看了神华国华永州电厂进厂道路、厂房建设工地，详细了解电厂建设进展情况，协调解决电厂建设中存在的困难和问题。

向曙光指出，稳增长就是要抓项目抓投资。2015年以来全市经济增速放缓，迫切需要项目投资出力。神华国华永州电厂要紧紧围绕2015年完成投资18亿元和9月份厂房主体工程开工建设目标，加大工作力度，加快工程进度，确保全年预期目标实现。永州电厂项目要围绕拥有一流的发电技术、建设成工业旅游项目的目标，着力将项目打造成“零排放”的样板企业和安全生产示范工程。

向曙光强调，市县两级相关部门要强化舆论引导，加强资金调度，积极营造电厂建设优良的施工环境。各相关部门要共同努力，精准发力，协调配合，共同推进神华国华永州电厂内道路、职工宿舍、食堂和铁路专用线建设，确保项目建设顺利推进。

市领导蒋善生、荣燕明，县领导谢景林、陈宇荣、陈丽陪同调研。

12 日 县人民政府发出《关于进一步加快油茶产业发展的意见》（东政发〔2015〕4 号），要求认真贯彻落实《湖南省人民政府办公厅关于进一步推动油茶产业发展的意见》（湘政办发〔2015〕14 号）和《永州市人民政府关于进一步加快油茶产业发展努力建设油茶强市的意见》（永政发〔2015〕2 号）文件精神，采取切实有效措施，把油茶产业打造成东安特色优势产业和富民强县支柱产业。

13 日上午 永州义工协会东安分会在湘中城市广场举行扶志助学公益活动启动仪式。县委常委、县委宣传部部长欧阳冬子出席仪式并宣布活动正式启动。

15 日上午 市政府副市长罗双全带领相关部门负责人到东安检查指导安全生产工作。

罗双全一行实地察看了井头圩镇政府、南方纺织、盈凯包装、汽车东站等地，随后召开座谈会，听取了东安安全生产工作情况汇报，详细了解了各单位和企业安全生产工作落实情况，对存在的问题提出整改意见和要求。

罗双全要求，东安各级各部门要高度重视安全生产工作，时刻绷紧安全生产这根弦，在全县范围内积极深入开展安全生产工作大排查、大交办、大整改。要突出重点，强化措施，按照省、市、县安排部署,抓好“五级五覆盖[1]、五落实五到位[2]、九打九治[3]”等工作落实。要认真落实安全生产“一岗双责”责任制，加强对汛期水上交通、道路交通、校车安全、旅游景点、非煤矿山、人员密集场所等重点行业领域的专项检查和整治。要积极探索建立网格化管理体系，提高安全生产工作管理和服务效能。要加强领导，

---

[1] 五级五覆盖：是指在省、市、县（区）、乡镇（街道）、行政村（社区）五级做到“五个覆盖”，即“党政同责”全覆盖，“一岗双责”全覆盖，“三个必须（管行业必须管安全、管业务必须管安全、管生产经营必须管安全）”全覆盖，“政府（行政）主要负责人担任安委会主任”全覆盖，“安全生产部门定期向本级纪检、组织部门报送安全生产情况”全覆盖。

[2] 五落实五到位：“五落实”即明确企业董事长、党委书记、总经理对本单位安全生产同时担责；企业安委会主任由董事长或总经理担任；企业领导班子成员承担相应的安全生产工作职责，做到一岗双责；企业安全生产情况定期向董事会、业绩考核部门报告，向社会公示；企业内部配齐配强专门的安全生产机构和注册安全工程师等专业人员。“五到位”即安全责任到位，安全投入到位，安全培训到位，安全管理到位，应急救援到位。

[3] 九打九治：是指突出在矿山、油气管道、危险化学品、建筑施工、交通运输、消防、渔业船舶、可燃爆金属粉尘作业场所、无证无照生产经营企业等重点行业领域，集中开展“九打九治”：（一）矿山领域：打击矿山企业无证开采、超越批准的矿区范围采矿行为，整治图纸造假、图实不符问题；（二）油气管道领域：打击破坏损害油气管道行为，整治管道周边乱建乱挖乱钻问题；（三）危险化学品领域：打击危化品非法运输行为，整治无证经营、充装、运输，非法改装、认证，违法挂靠、外包，违规装载等问题；（四）建筑施工领域：打击无资质施工行为，整治层层转包、违法分包问题；（五）交通运输领域：打击客车客船非法营运行为，整治无证经营、超范围经营、挂靠经营及超速、超员、疲劳驾驶和长途客车夜间违规行驶等问题；（六）消防领域：打击“三合一”、“多合一”场所违法生产经营行为，整治违规住人、消防设施缺失损坏、安全出口疏散通道堵塞封闭等问题；（七）渔业船舶领域：打击非法转让渔船和 三无 船只作业行为，整治渔船超员、超载、抗风力航行或作业等问题；（八）可燃爆金属粉尘作业场所：打击相关证照不齐、没有设置独立厂房、或厂房设置在居民区内的可燃爆金属粉尘作业场所，整治通风除尘、禁火措施不到位和存在消防器材、电气配备不规范等问题；（九）无证无照生产经营企业：打击无证无照从事生产经营活动的小微企业，整治安全条件差、事故隐患严重、安全管理混乱等问题。

明确责任，加强安全检查监督力度，对排查出的隐患和问题要限期完成整改落实，严防各类事故发生，确保全县安全生产形势稳定。

县委常委、常务副县长陈丽，副县长唐振宇、李瑞霞陪同检查或参加座谈。

16日上午　县委常委、常务副县长陈丽深入盈凯包装、天晟模具、云生竹业、狮岩路、文明路、迎宾大道、舜皇商业广场、宝田路、学院路、天成路、东安大道、林角山安置区、建设北路等地调研重点项目建设。

陈丽强调，重点工业项目建设是全县经济工作的总抓手，全县各级各部门要始终记在心上、抓在手上，落实在行动上。项目业主要积极主动地加快项目建设进度，倒排工期，加班加点，确保建设项目早日建成投产。已建成的项目要组织好生产，有条件的要择机扩大再生产，促进项目建设做大做强。停产停工的项目要找准问题，破解难题，使项目复工生产。各职能部门要强化服务意识，优化发展环境，支持项目建设，推动企业不断发展壮大、尽快发挥效益。

陈丽要求，各相关职能部门要高度重视城市重点项目建设，切实增强紧迫感和责任感，采取得力措施，全力推进项目建设。要深入项目建设一线，及时协调解决项目建设中存在的困难和问题，全面完成各建设路段的征地拆迁和路面清理工作。要加大投入，做好道路、供水、排污及网管等基础设施建设，进一步提升城市整体品位、完善城市功能。

县委常委、副县长李晓宁，县人大常委会副主任胡慧川、蒋永辉，县人民政府副县长唐振宇、李瑞霞，县政协副主席周刚生等参加调研或座谈。

17日 县委副书记张波带领县安监、教育、交通运输等部门负责人深入川岩乡、新圩江镇检查指导安全生产工作。她强调，要扎实落实安全生产责任，全面排查治理安全隐患，确保安全生产形势持续稳定。

张波一行先后深入川岩学校、松江水库、白牙村临崖路段、芦江水库施工现场、军山村采石场等地详细了解各地安全生产保障措施落实情况，并对安全检查中发现的安全隐患进行了现场交办，要求立即整改到位。

张波强调，各级各部门要高度重视安全生产工作，时刻绷紧安全生产这根弦，积极深入开展安全生产工作大排查、大交办、大整改。要强化安全生产意识，时刻把人民的生命、财产安全放在首位，维护社会大局稳定。要常抓重点，加大隐患排查治理，严格责任追究。要狠抓常态，加强监管，建立长效机制，切实抓好安全生产各项工作，确保安全生产工作长期有效开展。

17日 市委副秘书长、市委督查室主任胡浩带领市委督查组到东安就教育优先落实工作进行专项督查。

督查组实地察看了天成实验学校、东安三小、一小、四小和东安一中等地，通过听汇报、查阅资料以及与学校负责人座谈交流等形式，详细了解了东安贯彻落实教育优先工作开展情况。

督查组对东安教育优先工作取得的成绩给予了充分肯定。督查组认为，东安县委、县政府对教育优先工作高度重视，各相关职能部门密切配合，认真履职，大力支持教育优先工作发展，东安教育优先工作取得了明显成效。督查组要求，东安各级各部门要加强领导，强化措施，认真贯彻落实省、市相关工作会议精神，继续坚持教育优先发展，加大教育投入，完善基础教育，提高办学水平。要抓好教育薄弱环节，注重基础教育、民办教育的均衡发展，不断增强教育教学水平。要进一步改善教育教学环境，加强教育师资队伍建设，不断增强教育教学水平，促进城乡教育均衡发展。

县委常委、常务副县长陈丽，县政协原主席杨绪耀，县政府副县长涂世国陪同督查或参加座谈。

18日上午 县委常委、常务副县长陈丽在相关部门负责人的陪同下，深入沿江西路综合配套项目调研。

陈丽一行深入沿江西路综合配套项目在建工地，详细了解项目建设的有关情况和项目业主单位建设进度。

陈丽指出，沿江西路综合配套项目起点高、规划高，风景这边独好；建设快、效果好，群众反响好。

陈丽强调，相关职能部门严格按合同办事，及时有效地解决项目部提出的相关问题，大力支持项目建设。要加大资金调度力度，加强部门合作，进一步加快项目建设，让广大干部群众尽早享受最美城市综合体带来的便利。

县委常委、县纪委书记李顺利参加调研。

19日上午 全县宣传文化系统“三严三实”专题教育党课在县行政中心六楼会议室举行。县委常委、县委宣传部部长欧阳冬子围绕“三严三实”主题，结合宣传思想战线工作实际，为宣传文化系统党员干部上了一堂生动精彩的专题教育党课。

欧阳冬子指出，学习践行“三严三实”，是应对风险挑战、永葆党的先进性和纯洁性的迫切需要，是巩固教育实践活动成果、深化拓展作风建设的迫切需要，是提升干部队伍执行力、推动东安经济社会发展的迫切需要。全县宣传文化思想战线要深刻领会“三严三实”要求的本真内涵，充分认识学习践行“三严三实”的重大意义，把“三严三实”作为修身做人用权律己的基本遵循、干事创业的行为准则，做到心中有党不忘恩、心中有民不离本、心中有责不懈怠、心中有戒不妄为，努力在深化“四风”整治、巩固和拓展党的群众路线教育实践活动成果上见实效。

欧阳冬子要求，全县宣传思想文化战线党员干部要严格对照“三严三实”的要求，认真查摆“不严不实”的症状根源，针对这些“不严不实”的突出问题，要以“三严三实”为镜为尺、为鉴为戒，作为价值坐标和行动准则，自觉主动把自己摆进去，深查细照挖根源，对症下药，出汗排毒，除掉自己身上“不严不实”毛病，保持昂扬向上的精神状态。

欧阳冬子强调，全县宣传思想文化战线要全身心投入，全面落实“三严三实”的实践要求：第一，信仰的根本在忠诚，要做心中有党、绝对忠诚的表率；第二，为官的宗旨在服务，要做心中有民、服务群众的表率；第三，从政的关键在担当，要做心中有责、敢于担当的表率；第四，做人的底线在敬畏，要做心中有戒、干净干事的表率。要不负众望，牢记使命，把“三严三实”作为加强自身建设的基本准则和目标追求，切实增强践行“三严三实”的思想自觉和行动自觉，努力做心中有党、心中有民、心中有责、心中有戒的好干部，真正以崇“严”尚“实”的过硬作风，开创东安宣传思想文化工作新局面。

19日 县委常委、县委办主任郑景学带领县教育、安监、商务等相关部门负责人深入南桥、花桥、大盛等镇检查指导安全生产工作。

郑景学一行实地查看了大盛半山村火灾后现场、花桥中唐加油站等地，对在检查中发现的安全隐患进行了现场交办，要求立即整改到位。

郑景学要求，相关职能部门和乡镇要进一步增强责任意识、防范意识，做到警钟长鸣，常抓不懈。要切实落实一岗双责和领导带队检查制度，加大隐患排查治理，强化责任追究。要加强监管力度，打牢基层基础，建立长效机制，切实抓好安全生产各项工作。要严格落实学生接送车辆管理工作责任，确保校车接送学生万无一失。要加强加油站的安全管理，落实隐患排查整改，采取有效的安全防范措施，确保经营安全。要加强消防安全知识培训，增强防火意识、提高灭火和逃生自救技能，创造良好的消防安全环境，严防各类安全事故发生。

县政协副主席丁国志陪同检查。

23 日上午 县委常委、常务副县长陈丽主持召开财税收入“双过半”调度会。县人大常委会副主任胡贤吉、县政协副主席周刚生出席会议，县财政、国税、地税等相关部门负责人参加会议。

县财政、国税、地税就各自税收完成情况作了汇报，并就如何完成“双过半”作了发言。

会议要求，各相关部门要切实增强做好财税工作的紧迫感，全力以赴抓好各项工作落实，确保“双过半”目标任务全面完成。

会议强调，财税三局必须要以高度的政治责任感，科学分析财税收入的各种来源，做到应收尽收。要进一步强化征管、拓宽税源，积极对接，搞好协调配合，齐心协力，攻坚克难，确保财税收入时间过半，任务过半。国税要突出抓好重点项目税收的突击；地税要重点突击房地产税收，加大清缴欠税力度，加强与重点企业、金融部门的税收衔接协调，建立健全预案机制；财政要着力突击土地出让收入清欠，加大融资力度，确保财税收入入库。

24日上午 县委副书记、县长陈宇荣主持召开财税“双过半”工作调度会，安排部署财税“双过半”工作。县委常委、常务副县长陈丽出席会议并讲话，财政、国税、地税等相关部门负责人参加会议。

会议要求，全县各级各部门要坚定信心，下定决心，集中时间和精力，打好财税收入攻坚战。财税部门要加强与重点项目企业的联系，确保预计的税款落实到位。地税部门要强化措施，加大对重点财源建设项目及房地产企业的税收稽查清缴力度，确保目标任务完成。相关责任单位要强化征管，狠抓入库，履行协税护税职责，有代扣代缴义务的，要严格按照“先税后证”“先税后费”的要求足额扣缴相关税费。要依法严厉打击重大涉税违法行为，营造良好的征管环境。要严格落实责任，强化考核，按照时间过半任务过半的要求，对财税收入完成情况进行专题督查，确保实现财税收入“双过半”和“保四争三”目标。

24日上午 县委常委、常务副县长陈丽主持召开重点项目税收“双过半”调度会。

陈丽要求，各级各部门要正确看待当前经济形势，提振精神，坚定信心，全力完成财税收入“双过半”目标任务。要通过建立税收目标激励制度，落实在建项目的税收入库。要紧紧围绕抓项目、稳投资，在“引、促、扶”上下功夫，确保新项目、好项目、大项目签约落地，投产达效。要加强税收征管，重点加强房地产税、土地使用税、契税征收。要加大税务稽查力度，严厉打击涉税违法行为，努力实现各项财税收入应收尽收、应缴尽缴。

县委常委、副县长李晓宁，县人大常委会副主任胡慧川、蒋永辉，县人民政府副县长唐振宇，县政协副主席周刚生出席会议。

24日上午 端桥铺镇召开“三严三实”专题教育党课报告会。县委常委、县委宣传部部长欧阳冬子亲临指导，并围绕“三严三实”专题教育，给端桥铺镇党员领导干部上了一堂生动精彩的党课。

欧阳冬子指出，习近平总书记提出的“严以修身、严以用权、严以律己，谋事要实、创业要实、做人要实”“三严三实”的要求，“三严”是修身、用权、律己之本，是党的核心价值、独特优势和优良传统的集中体现，既是党员干部做人的基本道德要求，又是作风建设的根本保障。“三实”是谋事、创业、做人之基，是对一切从实际出发、实事求是、解放思想、求真务实思想路线的拓展和深化，既是党员干部做事的基本行为准则，又是为政之道的必然要求。

欧阳冬子强调，全镇干部职工要严格对照“三严三实”的要求，认真查摆“不严不实”的症状根源，针对这些“不严不实”的突出问题，要以“三严三实”为镜为尺、为鉴为戒，作为价值坐标和行动准则，自觉主动把自己摆进去，深查细照挖根源，对症下药，出汗排毒。要深化群众感情，维护群众利益，凝聚群众力量；要做心中有责、敢于担当的表率。要讲原则、守底线，不为私利所困，不为私情所惑，始终将公益放在比私谊更高的位置。要永远听党的话，让“三严三实”成为党员干部的一种自觉。

24日 县委常委、县委宣传部部长欧阳冬子带领县质监局、文广新局等部门负责人深入端桥铺镇检查指导安全生产工作。

欧阳冬子一行先后深入端桥铺小学、端桥铺加油站、燕子山养鸡场等地详细了解安全生产保障措施落实情况，并对安全检查中发现的安全隐患进行了现场交办。

欧阳冬子强调，各级各部门要主动适应经济发展新常态，始终坚持安全生产高于一切、先于一切、优于一切，牢固树立红线、底线意识，时刻绷紧安全生产这根弦，严而又严、细而又细、实而又实地常抓不懈。要始终坚持问题导向，牢固树立底线思维，加强对重点领域的排查、监管，对安全隐患要逐一整治到位。要夯实基层基础，强化责任落实，确保各项措施落到实处。要加强问责力度，改进督查方式，力求问题发现在基层、解决在现场、消除在萌芽状态。要创新服务基层服务企业机制，寓监管于服务、以服务促监管，确保安全生产工作长期有效开展。

25日下午 县委副书记张波深入白牙市镇走访慰问部分贫困党员，给他们送去节日的问候。

张波指出，农村老党员是党的宝贵财富，他们扎根农村、扎实工作、不计名利，为农村党的建设和集体经济发展做出了重要贡献，镇党委、政府要及时协调解决他们的生产生活困难，把党组织的关爱落到实处。

张波希望，老党员要继续发挥余热，多向党委、政府提好的意见和建议，多做群众思想疏导工作，多为党委、政府排忧解难，为年轻党员干部树立榜样。

张波要求，全县各级党组织要时刻把贫困党员的冷暖放在心头，做到在政治上尊重、思想上关心、生活上照顾、精神上关怀，让他们安度晚年。

县人大常委会副主任蒋永辉陪同走访。

25日上午 县委书记谢景林主持召开县委常委会议，听取农村扶贫开发、庆“七一”表彰大会、领导干部执行力培训班、土地确权、贯彻落实中央统战工作会议精神和《中国共产党统一战线工作条例（试行）》等工作情况汇报。

关于农村扶贫开发工作，会议要求，各级各部门要认真贯彻落实相关文件精神，按照习近平总书记提出的“真扶贫、扶真贫”和“精准扶贫、精准脱贫”的要求，做好全县新一轮农村扶贫开发工作。县农办要认真细致地搞好调查摸底，准确掌握贫困村、贫困户情况，做好基础性工作。要转变开发扶贫思路，因地制宜，制定科学工作方案，分类指导，把扶贫工作与产业开发相结合，切实做到精准扶贫。

关于农村土地确权工作，会议要求，相关职能部门要高度重视，突出工作重点，明确目标任务，坚持“确保稳定、依法规范、群众主体、分类指导、分级负责”的工作原则，科学谋划，认真履职，提高服务效能，及时调处群众矛盾纠纷，稳步推进农村土地确权登记颁证工作。

会议对当前重点工作进行了安排部署。会议要求，各级各部门要坚定信心，以“保四争三”为目标，强化措施，抓好财税入库，确保实现财税工作“双过半”。要严格按照中央、省、市相关规定，做好公务接待工作。政法部门要依法严厉打击网络造谣、传谣等违法犯罪行为，确保全县社会大局和谐稳定。住建、国土、城管等相关职能部门要加大城市综合管理执法力度，严厉打击乱搭乱建等违法违规行为。要科学规划，合理布局，高标准、高质量加快东安大市场标准化改造工作。

会议还研究了其他事项。

县委副书记、县长陈宇荣，县委副书记张波，县政协主席陈军出席会议。郑景学、欧阳冬子、陈丽、李顺利、李晓宁、王名扬、王学军、苏建华等县领导出席会议，相关单位负责人列席会议。

25 日下午 县政协召开八届委员会第二十五次主席会议。县政协主席陈军，副主席周刚生、蒋燕平、唐月程、周壬秀等出席会议。县委常委、常务副县长陈丽应邀参加会议。

会议指出，2015 年上半年，全县上下紧紧围绕打造“五个东安”的总体目标，积极应对经济新常态，全力以赴稳增长、促和谐，县域经济保持平稳较快发展势头。

陈军强调，上半年全县经济社会发展取得了较好的成绩，但总量不大、质量不优等问题依然突出。

陈军要求，政协委员要以主人翁的态度为全县经济社会发展多提建设性的意见和建议，投身到全县经济建设主战场。各级各部门要进一步解放思想，改进作风，深入重点项目、工业企业解决具体问题，营造良好的发展氛围。要坚持不懈做好招商引资工作，强力推进重点项目建设，不断优化经济发展环境，推动全县经济持续健康发展。要切实加强领导，进一步建立健全各工业园区管理机制体制，认真落实各项优惠政策，大力扶持园区企业发展，激发园区经济发展活力。

陈丽希望，各位政协委员要充分利用自身优势，深度调查研究影响经济社会发展的重点、难点问题，积极向县政府建言献策。

陈丽强调，下半年县政府将突出抓好工业发展，重点项目建设，积极解决企业项目用工难、用地难、用钱难等问题，不断发展壮大县域经济，确保全年各项经济发展目标任务圆满完成。

26 日上午 东安县委中心组在县行政中心五楼会议室举行

2015年第二次集中学习。市计生委法规科科长伍麒麟，市环保局总工程师、高级工程师林朝阳，省安监局综合法规处处长谭德明受邀分别作了题为《惩防并举、综合施策，强力整治出生人口性别比失衡》、新《中华人民共和国环境保护法》(以下简称《环保法》)、新《中华人民共和国安全生产法》(以下简称《安全生产法》)专题辅导报告。县委常委、县委宣传部部长欧阳冬子主持学习报告会。县委副书记张波，县人大常委会主任文高平、县政协主席陈军和陈丽、李顺利、李晓宁、王名扬、苏建华等县委中心组成员，县直各单位、各乡镇场党政主要负责人300余人聆听报告。

伍麒麟从当前出生人口性别比偏高的现状及原因分析、整治出生人口性别比失衡的重要性、必要性和紧迫性以及如何整治出生人口性别比等三个方面进行了深入浅出阐释。

林朝阳以翔实的数据、生动的事例、深刻的思考就新《环保法》哪里新、如何严、怎么贯彻执行三个方面进行了较为详细的讲解，为大家解读了一些普遍关心的问题。

谭德明则从安全生产的摆位、生产经营单位主体责任、政府监管及重大事故隐患治理督办相关制度等十二个方面对新《安全生产法》修改部分的具体内容，对各级党委、政府和相关职能部门如何进一步明确职责，落实措施，真正建立安全生产长效机制等方面提出了独到的见解。

欧阳冬子在总结讲话中指出，伍麒麟、林朝阳、谭德明三位领导的讲课紧扣时事、主题鲜明、内容丰富、思想深刻、见解透彻，既有客观的理性分析，又有具体生动的阐述说明，具有很强的现实针对性和可操作性，对加强和改进计划生育、环境保护和安全生产具有很强的指导意义。希望各级各部门，特别是各职能部门要认真学习消化三位领导的讲课内容的精髓，做到学以致用，自觉将所学到的理论知识运用到计划生育、环境保护和安全生产的实际工作中去。抓好、抓细、抓实各项工作措施的落实，努力推动东安计划生育、环境保护和安全生产工作迈上新台阶。

26日上午　省档案局局长胡振荣到东安调研档案工作。

胡振荣一行实地察看县档案馆库房后，在常委会议室召开座谈会，详细了解东安在档案保管保护和利用、档案数字化建设及县综合档案馆建设等方面的情况。

胡振荣对东安档案管理工作给予了充分肯定和高度评价。胡振荣指出，东安档案局从实际情况出发，积极拓宽发展思路，突出东安特色，大力推进档案资源建设、信息化建设，全方位提升了档案馆的社会服务能力。胡振荣强调，档案工作是一项基础性的工作，是建立历史记忆、传承文明的重要载体，一定要保护和利用好。东安要加快实施档案数字化建设，早日实现档案工作科技化、信息化和智能化。要加强与省、市档案局和相关部门的衔接，争取尽快高标准、高质量地把综合档案馆建好。

市档案局局长蒋刚生，县委常委、县委办主任郑景学陪同调研。

26日下午　县政协八届常务委员会第十四次会议在县行政中心四楼会议室召开。会议评议了县环保局工作，协商通过《东安县委员会“专题协商”实施办法（草案）》，对政协专委会、乡镇工委下半年工作进行了安排部署。

会议要求，相关职能部门要高度重视，切实增强责任感和使命感，全力抓好全县环境保护工作。要加大环境保护宣传力度，提高全民环保意识，营造全民参与的浓厚氛围。要坚持依法行政，加大环境执法力度，严厉打击环境违法行为，全力维护全县环境安全。要加大投入，积极向上争取项目建设资金。要加强自身队伍建设，促进全县环保工作迈上新台阶。

会议强调，县政协专委会、乡镇工委要围绕县委、县政府中心工作，按照年初制定的工作目标和任务，抓好各项工作落实。要切实履行政治协商、民主监督、参政议政三大职能，充分发挥政协委员主体作用。要深入一线，深入群众，积极开展调查研究工作，努力提升政协工作水平。

县政协主席陈军，副主席周刚生、丁国志、蒋燕平、唐月程、周壬秀，秘书长陈弦等出席会议。

29日上午 县委书记谢景林率县城管局、消防大队、县市场服务中心、县工商局等单位主要负责人，深入东安大市场调研农贸市场改造升级。

谢景林一行实地察看东安大市场和湘府湘城一楼临时市场选址后，在县消防大队会议室召开座谈会，详细了解东安大市场的经营现状，深入分析东安大市场存在的管理问题和安全隐患，讨论可行性的改造升级方案。

谢景林指出，东安大市场建设年代久、乱搭乱建多、结构不合理、安全隐患大，抓紧改造是当务之急。

谢景林要求，相关职能部门要进一步摸清底子，完善方案，早日启动和完成大市场改造升级工作，提升县城品位。谢景林强调，市场管理中心要进一步强化管理，完善值班管理制度和责任落实制度，加大对安全隐患排查整治力度，确保人民群众财产安全。相关职能部门要尽快落实湘府湘城一楼临时市场的规划和建设，综合考虑交通、环境、容量、安全等因素，努力建设设施完备、功能齐全、管理规范、百姓满意的临时市场，确保8月20日前交付使用。

县委常委、常务副县长陈丽，县政府副县长、县公安局长郑航，副县长李瑞霞陪同调研。

30日上午 市人大常委会副主任袁满娥带领市妇联、市供销合作联社等建整扶贫后盾单位深入水岭乡吊牛坪村调研指导建整扶贫工作。

袁满娥要求，驻村工作组和建整扶贫各后盾单位要统一思想，提高认识，按照建整扶贫相关工作要求，抓好各项工作落实。要结合实际，对吊牛坪村开展一次细致地调查摸底工作，准确掌握该村贫困情况，制定完善工作方案，努力做到精准扶贫。东安县委、县政府和各后盾联系单位要在政策和资金上给予大力支持，努力加强吊牛坪村水利工程设施建设，完善道路交通设施，改善群众生产生活条件。水岭乡党委、政府要加强与驻村工作组和市、县直各后盾单位联系，充分发挥后盾单位帮扶作用，扎实推进吊牛坪村建整扶贫工作，努力实现建整扶贫目标工作任务。

县委副书记、县长陈宇荣，县人武部政委李觉会，县人大常委会副主任宁苏君等县领导陪同。

30日 县委书记谢景林率县烤烟办、县烟草局等相关部门负责人深入紫溪市镇、大庙口镇调研烟叶生产工作。

谢景林一行深入紫溪市镇的大源、紫大和大庙口镇的官田烟叶烘烤工场，详细了解烟叶生产各个环节以及烟叶收购工作，查看烟农分级和烟叶质量等级标准执行情况。

谢景林指出，烟叶产业是个富民兴镇的好项目，烟区乡镇和相关部门要在前期工作的基础上，进一步转变工作作风，提升服务质量，加强烤烟中后期的管理，抓实烘烤辅导员的技术指导，实现烟叶烘烤的标准化流程，确保烟叶烘烤质量。

谢景林强调，当前是烟叶收购的关键时期，各乡镇要严格按照要求，在确保质量、确保烟农利益的前提下，维护好烟叶收购秩序。烟草部门要加强指导，强化服务，加快进度，做到应收尽收，货到款结，确保收购工作平稳推进，确保 2015 年的烟叶收购任务圆满完成。

县政协原主席杨绪耀陪同调研。

30 日 由县委组织部主办、县直属党委承办的东安县庆祝建党 94 周年暨全县机关事业单位庆“七一”拔河比赛在县和谐文化广场举行。来自全县各条战线共 48 个代表队 720 名干部职工参加比赛。县委常委、县委组织部部长、统战部长王名扬致开幕词并观看比赛。

经过近 3 个小时的激烈角逐，县卫生局、住建局、城卫绿化局代表队获得一等奖。

7 月

1 日上午　全县庆祝中国共产党成立 94 周年暨表彰大会在东安会堂召开。县委书记谢景林出席会议并作重要讲话，县委副书记、县长陈宇荣主持会议。县委常委、县委组织部部长、统战部长王名扬宣读表彰决定，41 个“星级党组织”、69 名优秀党务工作者和 154 名优秀共产党员受到表彰。

谢景林代表中共东安县委向全县各级党组织和广大共产党员致以节日的问候，并向受到表彰的先进单位和先进个人表示热烈祝贺。

谢景林指出，在党中央和省、市委的坚强领导下，县委团结带领全县各级党组织和广大党员干部贯彻落实“四个五”的总体要求，全力打造“五个东安”，不断提升党委、政府公信力和干部队伍执行力，营造了和衷共济、共谋发展的良好氛围，“五个东安”呈现出蓬勃生机和光辉前景。

谢景林强调，当前，东安经济社会发展已经进入新常态，全县各级党组织和广大党员干部要进一步增强新时期共产党人的光荣感、责任感和使命感，解放思想，开拓进取，顽强拼搏，克难攻坚，确保全县经济社会又好又快发展。全县各级党组织和广大党员要始终牢记心中有党，推动基层党建进入新常态。做到在党为党、在党爱党、在党忧党，永远跟党走，在思想上政治上行动上同党中央和省、市、县委保持高度一致，自觉维护县委权威，确保政令畅通。要牢记心中有民，推动为民服务进入新常态。牢固树立群众观念，把群众满意作为推动发展、干事创业的第一标准、第一导向，加快建设服务型党组织。要始终牢记心中有责，推动经济发展进入新常态。继续发扬在招商引资、征地拆迁、信访维稳等工作上敢打必胜的信念、攻坚克难的勇气、团结拼搏的作风和昂扬向上的斗志。要始终牢记心中有戒，推动作风建设进入新常态。严格落实中央“八项规定”、省委“九项规定”和市委“十项规定”，坚决反对“四风”，坚持把纪律和规矩挺在前面，强化监督执纪问责，深入推进全县党风廉政建设和反腐败斗争，确保干部清正、政府清廉、政治清明。

陈宇荣要求，全县各级党组织要将会议精神迅速传达到全县党员干部中去，全县党员干部要认真学习，深刻领会会议精神。要以会上表彰的先进为榜样，充分发挥好先进党组织和优秀共产党员的示范带动作用，全面加强党员队伍建设。要立足实际，恪守职责，确保全年各项目标任务圆满完成。

县人大常委会主任文高平、县政协主席陈军以及郑景学、欧阳冬子、陈丽、李顺利、李晓宁、王学军等县领导出席会议。

1日下午 全县基层党建工作推进会在县行政中心五楼会议室召开。会议对上半年全县基层党建工作进行总结，对下半年工作进行安排部署。县委常委、县委组织部部长、统战部长王名扬出席会议并讲话。

会议要求，各级各部门要统一思想，增强抓好基层党组织建设的责任感和使命感。要突出“战斗力”提升，抓好基层党组织带头人的选拔任用，从源头上提高农村党组织书记队伍整体素质。要突出“活力”提升，创新基层党建互动载体，扎实开展一系列党建主题实践活动，切实把加强基层组织建设与推动经济社会发展和服务群众结合起来。要突出“保障力”提升，抓好村级活动场所和乡镇“五小”设施建设。要突出“执行力”提升，建立健全工作机制，抓好软弱涣散党组织持续整顿工作。要突出“示范力”提升，以“创建星级党组织，推进党建上水平”为目标，继续抓好星级党组织创建活动，着力打造基层组织建设新亮点。

会议强调，各级各部门要加强领导，强化责任落实，努力提高党建工作水平。要积极配合，凝聚党建工作合力，加强党建工作队伍建设，强化考核，全面落实各项目标任务，确保全县基层党建工作取得实效。

2日上午 县委常委、县委宣传部部长欧阳冬子深入端桥铺镇走访慰问部分老党员，为他们送去党和政府的亲切关怀，为他们送上节日的问候。

每到一处，欧阳冬子都和老党员们亲切交谈，详细了解他们的生产生活情况，并送上慰问金和慰问品，对他们长期以来为党的事业、为地方经济社会发展所做的贡献表示感谢。

欧阳冬子指出，老一辈共产党人为党的事业艰苦奋斗、任劳任怨，奉献了一辈子，辛苦了一辈子，新一任共产党人有责任把这个班接好，把工作做好，把东安建设好。

走访中，欧阳冬子反复叮嘱随行的镇、村干部，要加强对贫困党员的扶持力度，把老党员、老同志的冷暖记在心里，生活上关心他们，主动帮助他们解决实际困难，让老党员、老同志切实感受党和政府的温暖，让老一辈安享晚年。

县人大常委会副主任唐新柱陪同走访慰问。

2日上午 为进一步发挥县纪委委员的监督职能，促进党风廉政建设，县委常委、县纪委书记李顺利率县纪委委员深入紫溪市镇开展视察和调研。

李顺利一行对紫溪市镇土地流转、现代农业示范园、荷叶塘村和回龙村廉政食堂建设等工作进行了现场视察，听取紫溪市镇有关情况汇报，各纪委委员对视察情况踊跃发言。

李顺利要求，县纪委委员要始终围绕严明党的政治纪律，维护中央、省委、市委和县委权威，进一步履行好县纪委委员职责；要围绕制度建设和作风建设，强化正风肃纪力度，加大督查通报力度；要围绕党委负主体责任、纪委负监督责任，进一步落实好党风廉政建设和反腐败责任；要围绕争当“四个表率”，抓好“三严三实”教育。

2日下午 市统计局局长李旦梅一行到东安调研经济运行情况和统计工作。

李旦梅一行先后深入神华国华永州电厂、红狮水泥、云生竹业、南方纺织等重点项目实地察看，详细了解东安企业经营、经济发展情况。

李旦梅对东安近年来经济社会发展取得的新成就和统计工作取得的新成绩给予了充分肯定。李旦梅强调，统计数据既能体现经济形势，又能反映相关问题，东安要进一步重视统计工作，加强统计基层基础工作，不断提升统计的质量和水平。要加强统计机构及其人员建设，保障统计工作人员结构完整、经费充足。要搞好统计服务，客观真实反映当地经济社会发展水平，为党委、政府科学决策提供依据，当好参谋。

县委副书记、县长陈宇荣，县委常委、常务副县长陈丽陪同调研。

7月

3日上午 县委副书记、县长陈宇荣主持召开县政府第三十次常务会议，专题研究部署重点项目建设。

会议要求，各级各部门要高度重视，认真履职，形成合力，加快项目建设进度，全力抓好全县重点项目建设。要加强行政效能建设，减少行政审批，简化办事程序，为项目建设营造良好的服务环境。要对项目建设实行动态化管理，对68个重点项目建设，按照项目建设进展情况进行筛选排位，并在东安电视台通报公示，接受广大群众监督。要明确任务，坚持“一周一调度”，形成常态化工作调度机制，稳步推进重点项目建设。

会议强调，政法部门要依法严厉打击强装强卸、强揽工程、强行阻工等违法犯罪行为，严厉查处相关职能部门不作为、慢作为、乱作为行为，切实提高机关效能，优化全县经济发展环境。各项目建设指挥部要加强自身队伍建设，进一步改进工作作风，变被动为主动，设身处地为项目服好务，做好事，帮助项目建设解决具体问题。金融部门要加大对重点项目建设信贷支持力度。县人社部门要转变观念，强化措施，精心组织，着力破解企业“用工难”问题。

陈丽、李晓宁、王学军、郑航、唐振宇、涂世国、李瑞霞、于剑辉、文德、邓亚林、徐荣军、唐伯平等县政府常务会组成成员参加会议，县政协副主席周刚生应邀出席会议。

6日 省政协副主席、民革湖南省委主委刘晓，深圳市政协副主席、民革深圳市委主委黎军带领相关工作人员到东安看望慰问抗战老兵，向老人们致以崇高的敬意和诚挚的问候。

市政协主席唐定，市政协副主席、民革永州市委主委封金祥，县委书记谢景林，县委副书记、县长陈宇荣，县政协主席陈军，县委常委、县委组织部部长、统战部长王名扬陪同慰问。

7日上午 冷东城际快速通道和东芦公路征地拆迁工作会召开，全面启动冷东城际快速通道和东芦公路征地拆迁工作。县委书记谢景林，县委副书记、县长陈宇荣出席会议并作重要讲话。委常委、常务副县长陈丽主持会议。

会议指出，冷东城际快速通道和东芦公路项目建设是一件功在当代利在千秋的民生实事、好事。各级各部门要高度统一思想，深入宣传发动，明确目标任务，把握时间节点，采取强力措施，确保7月20日之前完成征地拆迁任务。

会议强调，各工作组要严格把握政策标准，实行阳光操作，确保公平公正公开。县公安部门要坚决打击地霸、村霸和强占土地等违法犯罪行为，保护群众合法利益。县财政部门要加强资金调度，确保拆迁款及时发放到群众手中，做到谁拆迁谁得益、早拆迁早得利。征地拆迁工作人员要严明工作纪律，落实工作责任，讲究工作方法，关心群众生产生活，确保群众利益不受损害。

郑景学、欧阳冬子、李顺利、李晓宁、苏建华等县领导参加会议。

7日上午 县委副书记、县长陈宇荣调研县氮肥厂和湘钢东安石矿棚户区改造工作。

陈宇荣一行深入县氮肥厂和湘钢东安石矿，详细了解棚户区项目规划设计、开工时间、资金到位情况以及征地拆迁和项目实施过程中遇到的困难和问题。

陈宇荣指出，棚户区改造是一项重大的民生工程，各级各部门要进一步提高认识，统一思想，迅速推进棚户区改造全面启动。

陈宇荣要求，棚户区改造工作时间紧、任务重，相关部门要科学编制棚户区改造规划，科学有序地做好拆迁、补偿、安置等工作，深入细致地做好群众工作，引导棚户区居民支持。

陈宇荣强调，要明确工作目标，严格按照法律法规和政策办事，认真搞好调查摸底工作，明确补偿标准，确定安置对象，确保年底建成氮肥厂和湘钢东安石矿安置房各四百套。要保障充足的经费，围绕棚户区改造，积极规划、申报项目，争取更多资金，加快建设步伐。要积极解决老百姓的合理诉求，以改善群众住房条件为出发点和落脚点，确保工作稳步推进。

县委常委、常务副县长陈丽，县人民政府副县长唐振宇陪同调研或参加座谈。

7日上午　市政府督查室主任蒋爱新带领市政府督查组到东安督查经济社会发展目标“双过半”完成情况。

督查组一行先后到神华国华永州火电厂项目，芦洪市镇小正村、柘刺坪村，红狮水泥项目、瑞峰农林牧发展有限公司，白牙市镇前进社区，天天食品有限公司、盈凯包装、南方纺织、云生竹业等地进行实地查看。随后，在县行政中心七楼会议室召开座谈会，听取东安上半年经济社会发展目标完成情况汇报。

市督查组对东安上半年经济发展运行情况取得的成绩给予了充分肯定。督查组希望东安各级各部门要按照全年目标任务，系统分析、梳理归纳、查漏补缺。千方百计帮助企业解决土地、融资、厂房等困难和问题，努力为企业发展创造良好环境，要加快城乡基础设施建设，夯实县域经济发展基础，确保全年各项经济社会发展目标圆满完成。

县委常委、常务副县长陈丽，县委常委、副县长李晓宁，县政协原主席杨绪耀，副县长唐振宇、李瑞霞等陪同督查或参与座谈。

8 日　湖南日报永州分社社长邹仪到东安采访报道重点项目建设情况。

邹仪一行深入到东安四小、云生竹业、南方纺织、盈凯包装、沿江西路等地，对东安重点项目建设工作的经验及取得的成绩进行深入采访报道。

邹仪对近年到东安项目建设取得的成绩给予了高度评价。邹仪表示，要时刻关注东安的经济社会发展，通过《湖南日报》这个平台，客观、真实反映东安经济社会发展中的成绩和亮点，积极推介东安经济社会发展中好的经验和做法，为东安经济社会持续健康发展营造良好的舆论氛围。

县委常委、县委宣传部部长欧阳冬子，县委常委、常务副县长陈丽陪同。

8 日至 9 日　全省农产品质量安全监管工作现场会在东安召开。8 日上午，会议组织参观了端桥铺镇瑞峰农林牧发展有限公司、鹿马桥镇农产品质量安全监管站、大庙口镇新作为农业发展有限责任公司。9 日上午，会议就农产品质量安全县创建和试点示范工作进行了座谈。

省农业委员会副主任兰定国，市委常委、副市长蒋善生出席会议并讲话。县委书记谢景林致欢迎辞，县委副书记、县长陈宇荣就东安全面加强农产品质量安全监管工作作典型发言。县委常委、副县长王学军参加现场会。

常德、长沙、衡南、东安等市县作典型交流发言，分别介绍了质量安全执法、检验检测、农业标准化和安全监管的好做法好经验。各市州农业委员会相关负责人，14个创建国家、省级农产品质量安全县和省级农产品质量安全综合监管示范、农业标准化示范、诚信试点县相关单位负责人参加会议。

兰定国指出，各级地方政府和农业部门要提高认识，切实增强农产品质量安全工作责任感和紧迫感，要紧紧围绕“全面提升治理能力和水平”这个核心，牢牢把握“不发生重大质量安全事故”这条底线，突出重点领域和关键环节，全面推进农产品质量安全监管。兰定国强调，各级地方政府和农业部门要强化组织领导，落实属地管理责任。要强化统筹规划，综合治理。要强化协作配合，提升综合监管效能。要强化督办考核，严格责任追究制度。要强化宣传培训，推进社会共治共建，切实抓好农产品质量安全各项工作。

谢景林指出，加强农产品质量安全监管是从源头保障食品安全的重要措施，是现代农业的重要内容。近年来，东安以实施全省首批农产品质量安全监管试点县和争创“国家农产品质量安全县”为契机，狠抓农产品生产经营主体管理、农业投入品监管、农产品质量安全监测、农产品质量安全执法、农业标准化生产、完善农产品质量安全制度等工作，全县农产品质量安全监管工作成效显著，粮食、蔬菜、水果等农产品农残抽验合格率保持在99%，连续多年确保了人民群众“舌尖上的安全”。谢景林表示，将以此次会议为契机，进一步明确任务，强化措施，全力做好试点工作，让农产品质量安全监管的成果更好地惠及广大人民群众。

8日下午 省金融办处长盘永胜一行到东安调研金融创安工作。市金融办主任曾宪孝，县委常委、常务副县长陈丽陪同调研或参加座谈。

盘永胜充分肯定了东安金融发展工作。盘永胜指出，金融是现代经济的核心，东安获得“达标单位”的称号，是东安县委、县政府高度重视金融发展工作的结果。东安要坚持以金融创安工作为抓手，以营造良好的金融生态环境为目标，实现经济与金融良性互动、金融安全高效运行。政府相关职能部门要重视资本市场的运作，对实力企业进行评估，鼓励做大做强。要时刻保持清醒头脑，面对市场的瞬息万变，政、银、企三方要“手拉手”，金融部门要找准定位，银行要对接精准，企业要增强信誉度，进一步建立健全金融机制。

陈丽指出，2015年是东安金融安全区建设至关重要的一年，是全县金融工作的重中之重。相关职能部门要加大宣传力度，营造良好的金融安全区创建氛围。要进一步深化认识，切实增强推动金融安全区建设的政治责任感和紧迫感。要突出整治社会信用秩序,优化金融运行环境,以组建县农村商业银行为切入点,在“达标单位”的基础上全力改善金融信用环境。要创新金融监管机构，有效防范和化解金融风险，从根本上实现信贷资产质量和经营效益的好转。

9日下午 县委副书记、县长陈宇荣带领县财政、国土、林业等相关部门负责人深入神华国华永州电厂现场办公。

陈宇荣一行实地察看了电厂桥梁、场内道路和新东芦公路项目建设情况，并就神华国华永州电厂当前急需解决的困难和问题进行现场调度和安排部署。

陈宇荣要求，神华国华永州电厂项目建设指挥部和县国土、环保、林业等相关职能部门要加强与神华国华永州电厂、上级相关部门沟通联系，加大工作力度，尽快做好环评变更和国土、林地用地手续办理工作。要加快新东芦公路项目建设进度，确保施工车辆顺利进入厂区。要进一步加大矛盾纠纷排查力度，依法依规处置好土地权属争执纠纷，确保不留后遗症。要加强城市管理执法力度，对项目进厂道路、货运道路出现的违章建筑，要依法拆除，确保神华国华永州电厂项目建设顺利推进。

县委常委、常务副县长陈丽，县政府正处级干部文德，县政府助理调研员邓亚林参加现场办公。

10日上午 县委书记谢景林率领县委办、组织部、民政局、农办、卫生局、发改委、财政局、体育局、文化局、水利局、交通局等后盾单位主要负责人，深入白牙市镇井门口村调研指导建整扶贫工作。

在听取井门口村基本情况和村支两委近年来的工作情况汇报后，谢景林指出，全面建成小康社会，关键在农村，难点在农村。工作组要深入扶贫村“扶思想，增加造血功能；扶设施，增加输血功能；扶致富，增加活血功能”。要高度重视教育发展，以智力扶贫为根本，突出抓好教育培训，在思想上扶贫，增强村民自力更生、自我发展意识。要整合资源，扶持农村基础设施建设，将水、电、路、信等基础设施建设工程落实到位，让老百姓喝上放心水、走上安全路。要找准产业发展路子，建强村支两委班子，大力实施精准扶贫、精准脱贫，加快脱贫致富步伐。要注意生态环境保护，做到“既要金山银山，又要绿水青山”。

谢景林强调，白牙市镇党委、政府要加强与驻村工作组和县直各后盾单位联系，充分发挥后盾单位帮扶作用，扎实推进井门口村建整扶贫工作，努力实现建整扶贫目标工作任务。

10日下午 全县驻村帮扶工作动员会暨农村土地承包经营权登记颁证工作推进会在县行政中心五楼会议室召开。县委副书记张波出席会议并讲话。

张波指出，开展干部驻村帮扶工作是党中央、国务院部署的一项重大政治任务，是实施精准扶贫战略的有效方式，是补好全面建成小康社会“短板”的重要举措，是培养锻炼干部的重要渠道。各级各部门务必要把思想统一到中央和省、市、县委的部署上来，切实增强做好驻村帮扶工作的紧迫感、责任感和使命感。

张波要求，驻村干部要突出工作重点，帮助村里制定实施好帮扶规划、加强基层组织建设、完成扶贫重点工作、建立帮扶到户责任、宣传落实惠农政策。要坚持问题导向，创新帮扶方法，确保干部驻村帮扶工作取得实效。要强化责任，严格考核，切实加强干部驻村帮扶工作的组织领导，推进干部驻村帮扶工作扎实、有序、有效开展，为加快推进全面建成小康社会和贫困群众脱贫致富步伐做出更大贡献。

会议还就农村土地承包经营权确权登记颁证工作进行了安排部署，张波强调，要认真搞好“回头看”，全面落实整改措施，抓好基础资料收集整理，抓好农户实测指界和公示审核的完善，抓好土地承包矛盾纠纷的调处。

县委常委、副县长李晓宁，县委常委、县委组织部部长、统战部长王名扬，县人大常委会副主任唐新柱，县政协副主席唐月程出席会议。

10日 县委办公室、县政府办公室发出《关于印发〈东安县创建全面小康示范乡镇、示范村、示范户实施方案〉的通知》（东办发〔2015〕8号），明确了东安全面建成小康社会示范创建工作的指导思想、基本原则、目标任务、创建标准、保障措施等事项。

10日 县委办公室、县政府办公室发出《关于印发〈东安县2015年全面小康建设工作考评奖励办法〉的通知》（东办发〔2015〕9号），明确了对全面建成小康社会县直各责任单位、各乡镇（场）、各行政村（工区）进行考评的内容、标准、方法、时间和奖励办法。

13日上午 县委书记谢景林主持召开县委常委扩大会议。会议研究落实省委巡视第七组对东安巡视反馈意见整改工作，听取筹备全县重点项目建设流动现场会、神华国华永州电厂、信访维稳、站前大道验收、6月9日县委常委扩大会议交办事项落实等情况汇报。

关于落实省委巡视第七组对东安巡视反馈意见整改工作，会议要求，各整改牵头单位要根据巡视组反馈的问题，逐项制定详细的整改实施方案，明确整改目标，细化整改措施，落实责任，限期整改到位。要把整改落实工作作为县处级以上领导干部“三严三实”专题教育的重要内容，与群众路线教育实践活动55项“四风”突出问题专项整治相融合，结合实际，统筹推进。

关于6月9日县委常委扩大会议交办事项落实工作，会议指出，绝大多数责任单位、项目建设指挥部主动作为，强化措施，对交办的事项积极推进。各县级分管领导和相关责任单位要明确责任，对未落实的事项，要加大工作力度，强化措施，抓好工作落实。县委大督查办要对照县委常委会确定的目标任务和完成时限，对会议研究交办事项落实情况进行督查督办，确保各项工作有序推进，落到实处。

关于神华国华永州电厂项目建设，会议要求，神华国华永州电厂项目建设指挥部和相关职能部门要加强与神华国华永州电厂、上级相关部门沟通联系，加大工作力度，尽快做好土地报批工作。要加快神华新村项目建设进度，确保拆迁户尽快安居乐业。

关于信访维稳工作，会议强调，各级各部门要高度重视，按照省、市相关工作要求，认真抓好依法逐级走访和网上信访工作。要建立长效工作机制，进一步推进领导接访下访工作。要严格落实责任，积极调解矛盾纠纷，切实抓好积案化解工作。要严厉打击非正常上访、无理上访、缠访闹访等违法上访行为，维护良好的信访秩序和社会秩序。

会议还对当前重点工作进行了安排部署。

县委副书记、县长陈宇荣，县委副书记张波，县人大常委会主任文高平，县政协主席陈军和郑景学、欧阳冬子、陈丽、李顺利、李晓宁、王名扬、苏建华等县领导出席会议，相关单位负责人列席会议。

14 日上午 县委书记谢景林率县城管局、县市场服务中心等单位主要负责人，深入县城区农贸市场调研市场改造升级工作。

谢景林一行实地察看陆家湾市场和湘府湘城一楼临时市场后，在舜皇城召开座谈会，详细了解县城区各农贸市场的经营现状，深入分析东安大市场改造分流存在的管理问题和安全隐患，讨论可行性的改造升级方案。

谢景林指出，农贸市场建设是完善市政配套设施和提升城镇功能的一项民生工程，县城农贸市场基础设施落后、容量严重不足，尤其是东安大市场，建设年代久、乱搭乱建多、结构不合理、安全隐患大，急需进行标准化建设。相关职能部门要进一步摸清底子，完善方案，早日启动和完成大市场改造升级工作，提升县城品位。

谢景林要求，相关职能部门要加快农贸市场改造进度，完善市场管理，做好农贸市场周边的整治工作。要尽快落实湘府湘城一楼临时市场的规划和建设，在东安市场建设期间，将人流物流向临时农贸市场和陆家湾市场进行分流，确保人民群众日常生活需要。要提高现有农贸市场全面升级改造的整体水平，科学规划新建项目，实行多元化开发。要改进完善好市场基础配套设施，确保市场改造质量达标，为老百姓创造一个良好的购物环境。

县政协原主席杨绪耀，副县长李瑞霞，县政协副主席周刚生陪同调研。

15 日下午 全县落实省委巡视第七组反馈意见整改工作推进会在县行政中心五楼会议室召开。县委副书记张波主持会议，县委常委、县纪委书记李顺利出席会议并讲话。

会议要求，全县各级各部门要站在全面从严治党的高度，切实增强全面落实省委巡视第七组反馈意见的政治意识和责任意识。要按照中央和省委、市委关于全面从严治党的要求，从政治和全局的高度，以最高的政治觉悟、最坚决的态度、最果断的措施，全面、扎实、有力地抓好整改落实。要坚持问题导向，突出工作重点，不断强化纪律意识，从严落实“两个责任”，从严管理干部队伍，持续抓好作风建设，全面抓好省委巡视第七组反馈意见的落实。

会议强调，全县各级各部门要加大组织领导和责任落实力度，把握整改工作时限，把巡视整改与55项“四风”问题、“三严三实”专题教育结合起来，共同发力实施，联动推进落实。县委大督查办、“两办”督查室和“四风”问题专项督查问责工作办公室要加强督查力度，及时掌握整改工作动态和进展情况。要按照省委巡视第七组和市委、县委的要求，主动对号入座，认真整改落实，切实完善机制，确保整改工作取得实实在在的成效，为打造“五个东安”营造风清气正的环境。

县委常委、县委办主任郑景学，县委常委、县委宣传部部长欧阳冬子，县委常委、县委政法委书记苏建华出席会议。

16日至17日 县委中心组在县行政中心七楼会议室开展“三严三实”专题教育第一次集中学习研讨。县委书记谢景林主持并讲话。

研讨会之前，县委中心组成员认真自学了“三严三实”专题教育方面的读本。研讨会上，县委常委同志围绕“严以修身，加强党性修养，坚定理想信念，把牢思想和行动的‘总开关’”主题，结合自身工作实际，敞开思想、触及灵魂、联系实际，从不同角度交流了自己的学习心得和体会。大家一致表示：“三严三实”是共产党人最基本的政治品格和做人准则，也是党员干部的修身之本、为政之道、成事之要。“三严三实”作为相互联系、相互贯通的整体，严以修身是“三严三实”最重要的基础和前提。“严以修身”内涵丰富，做到严以修身关键要加强党性修养，坚定理想信念，提升道德境界，追求高尚情操，守住纪律和规矩的底线。

谢景林充分肯定了学习研讨会取得的成效。谢景林指出，通过学习研讨会，与会人员进一步深刻领会了“三严三实”专题教育的精神实质和丰富内涵，增强了严以修身的自觉性、主动性和坚定性，在持续加强学习、强化理论武装、把牢思想和行动“总开关”，坚持学以致用、知行合一，坚持自觉自省约束、自觉接受监督等方面形成了广泛共识，达到了深化认识、明确方向、相互启发、共同提高的预期目的。谢景林要求，全县各级各部门要始终把“严以修身”摆在“三严三实”专题教育的首要位置，真正做到思想上高度重视、认识上深刻领会、行动上自觉坚定。要始终把坚持学习作为“严以修身”的重要途径，通过学习进一步加强党性、坚定信念、坚守品行。要统筹兼顾，坚持“三严三实”专题教育和经济社会发展两手抓、两不误、两促进。要通过专题教育，改进工作作风，着力解决“不严不实”问题，汇聚干事创业的精气神。要认真抓好中央精神和省、市委各项决策部署的落实，对照年初确定的目标任务，对前段工作开展“回头看”，引领带动全县上下以“三严三实”精神面向经济建设主战场，把专题教育成效体现在“五个东安”发展成果上。

县委副书记、县长陈宇荣，县委副书记张波，县人大常委会主任文高平，县政协主席陈军和郑景学、欧阳冬子、陈丽、李顺利、李晓宁、王名扬、苏建华等县领导参加学习研讨。

16日下午 《中国人大》百县百乡行大型采访活动东安座谈会在县行政中心四楼会议室召开。县人大常委会主任文高平出席，并与《中国人大》杂志社记者、省人大常委会相关人员就东安“十有”乡镇人大创建工作进行座谈。

采访组一行听取了“十有”乡镇人大创建工作和东安县人大常委会履职工作情况介绍，重点了解了东安监督环境保护、代表活力激发、乡镇人大等方面的工作。随后，采访组一行深入井头圩镇，对乡镇人大的机构设置、人员配备、依法履职、代表联系群众等工作进行实地考察，并对代表联系群众工作站进行深入采访，寻找基层人大履职闪光点。

采访组认为，东安各级人大以强化自身建设为抓手，依法履行法定职权，在制度建设、理论创新、实践探索上做了努力，在推动民主法治进程、经济社会发展、促进民生改善、联系服务群众等方面取得了显著成效，呈现出新的亮点。

采访组表示，今后将在《中国人大》杂志推出系列稿件，努力推介东安人大的好经验好做法，大力宣传开展履职活动的好典型。

县人大常委会副主任宁苏君、胡贤吉、唐新柱、胡慧川、蒋永辉参加座谈。

19日至20日　中南大学国学研究中心主任、教授、博士生导师刘立夫带领德文化专家组到东安调研德文化工作。

调研组一行通过观古迹、座谈等形式，先后参观考察了紫水国家湿地公园县城段十里德文化长廊、博爱广场、吴公塔、广利桥、敦伦第、舜石桥、邓禹庙、舜皇山国家森林公园、舜皇岩等地，详细了解了东安德文化历史渊源和文化底蕴。

专家组认为，东安历史文化底蕴深厚，东安县委、县政府高度重视打造中国德文化之乡工作，注重德文化软硬件建设，彰显了具有东安地域特色的德文化魅力。希望东安进一步加强德文化宣传教育力度，开展德文化系列主题活动，营造浓厚的德文化建设氛围。专家组表示将对此次调研活动收集的资料和信息进行梳理分类，围绕东安德文化地域特色，从理念、历史、山水、采风、民俗、践行等方面深入挖掘东安德文化底蕴，编撰东安德文化丛书，进一步提高东安“中国德文化之乡”品牌在全国的知名度和美誉度。

县人大常委会主任文高平，县人大常委会副主任胡慧川陪同调研。

20日下午 县委副书记、县长陈宇荣带领相关部门负责人专题调研永东公路绕城线建设。

陈宇荣一行实地察看了永东公路绕城线的建设情况，详细了解项目建设在推进过程中遇到的困难和问题。

陈宇荣指出，永东公路绕城线是县内重点建设项目之一，它的建成通车对于缓解县城交通压力，提升县城整体品位具有十分重要的意义。

陈宇荣要求，相关职能部门要加大宣传教育力度，切实做好群众工作，尽快完成征地拆迁扫尾工作和安置区建设。要加强排查摸底，调解好矛盾纠纷，为项目建设创造一个良好的施工环境。要加快推进项目建设进度，加强工程质量监管，严防豆腐渣工程。要加强绕城线两旁土地的管理力度，坚决打击乱建乱搭等违规行为，把永东公路绕城线打造成县城通道建设中的样板路。

陈宇荣强调，相关职能部门要集中精力、集中时间，高标准、高质量推进永东公路绕城线建设，确保项目早日建成通车。

21日上午 县委副书记、县长陈宇荣率领县财政、国土等相关部门主要负责人深入县城舜皇东路和文明路，调研城市路网建设。

在舜皇东路，陈宇荣一行现场查看了舜皇东路的规划走向，详细了解舜皇东路建设筹备工作情况。陈宇荣指出，县住建局要按照县城的总体规划布局，高标准规划、建设舜皇东路。项目指挥部要加大宣传力度，做好沿路群众思想工作，尽早启动征地拆迁工作。东安监狱要主动向省司法厅、省监狱管理局汇报，按照东安县城的总体规划，积极配合舜皇东路建设。

在文明路，陈宇荣深入施工工地，查看工程进度，了解项目建设存在的困难和问题。陈宇荣要求，项目指挥部要攻坚克难，加快推进文明路建设，7 月底前完成文明路和东新路交汇处民房拆迁，8 月底前完成三线下地工作，9 月底前全线拉通该路段。陈宇荣强调，文明路贯穿湘钢石矿生活区、生产区，沿线人口密集，牵涉面广，设计和施工单位要充分考虑群众合理诉求，方便群众出行，保护群众利益。

县政府党组成员蒋明君、陈利平陪同调研。

21 日上午　县委副书记张波率领县委办、组织部、民政局、白牙市镇等后盾单位相关负责人，深入白牙市镇炉头江村调研指导建整扶贫工作。

张波一行实地查看了炉头江村村容村貌、基础设施建设，随后召开座谈会，听取炉头江村近年来的基本情况汇报。

张波要求，各后盾单位要高度重视，积极争取扶贫项目，加大帮扶力度。要摸清底子，形成合力，精准扶贫。要整合资源，因地制宜，突出以“班子建设、产业建设、基础设施建设”为重点，加快推进炉头江村经济社会发展。要加强基层组织建设，选好配强村级领导班子，健全完善各种规章制度。要强化责任要求，有效发挥建整扶贫工作队的作用，建设一支凝聚力强、战斗力旺的工作队伍。

张波强调，要充分发挥后盾单位帮扶作用，扎实推进炉头江村建整扶贫工作，努力实现建整扶贫目标。

21日上午 县政协主席陈军率部分市、县政协委员对东安省级园林城市创建工作进行视察。

陈军一行实地视察了县城绿化情况，随后召开座谈会，听取了相关部门就东安创建省级园林县城的情况汇报。

陈军要求，各相关单位要统一思想，高度重视，切实增强创建工作的紧迫感和责任感。要突出重点，强化措施，着力抓好园艺景点增设、环境秩序整治、园林单位创建等各项工作，全面完成创建任务。要强化组织协调和督促检查，确保创建省级生态园林县城各项工作落实到位，为提升县城形象，加快“五个东安”建设做出新的贡献。

县政协副主席周刚生、蒋燕平、唐月程、周壬秀参加。

21日上午 东安县第一期领导干部执行力提升研修班在全国干部教育培训基地——浙江大学管理学院举行开学典礼，随即开课。浙江大学管理学院院长助理、EDP中心主任孙建平教授致欢迎辞，县委常委、县委组织部部长、统战部长王名扬参加会议并讲话，县委常委、副县长李晓宁参加学习。

21日至22日 县政协在县行政中心四楼会议室开展“三严三实”专题教育第一次集中学习研讨。县政协主席陈军主持并讲话。

与会人员围绕“严以修身，加强党性修养，坚定理想信念，把牢思想和行动的‘总开关’”主题，从“为什么要修身、修什么样的身、怎么样修好身”等多个层面，结合自己的学习体会和工作实际分别作了发言。大家一致表示，要把严以修身当成终身课题，以高度的思想自觉和行动自觉践行“三严三实”，不断提升道德情操，树立为民情怀，履职尽责，做好本职工作。

陈军要求，县政协领导班子成员要坚持高标准、严要求，深入学习习近平总书记系列重要讲话精神，坚持党性原则，增强认真学习践行“三严三实”的思想自觉和行动自觉。要对照“三严三实”具体要求，着力查找和解决自身存在的“不严不实”问题，扎实推进政协事业健康发展。要坚持两手抓、两不误，紧密联系实际，把开展专题教育与促进政协各项工作、服务和落实“四个全面”战略布局、加强党风廉政建设、领导干部作风建设等方面内容紧密结合起来，以“严”“实”的标准落实各项任务，推进各项工作，为加快“五个东安”建设做出积极贡献。

县政协副主席周刚生、蒋燕平、唐月程、周壬秀，县政协正处级干部陈铸亮参加。

22日至23日 县人大常委会开展“三严三实”专题教育第一次集中学习研讨。县人大常委会主任文高平主持并讲话。

与会人员围绕“严以修身，加强党性修养，坚定理想信念，把牢思想和行动的‘总开关’”主题逐一发言，谈认识感受，查自身问题，剖思想根源，提整改措施，进一步提升了认识，凝聚了共识。大家一致表示，要把严以修身作为终身必修课，加强党性修养，坚定理想信念，提升道德境界，追求高尚情操，为更好履职尽责、践行宗旨打牢思想基础。

文高平要求，县人大党员领导干部要深入学习贯彻习近平总书记系列重要讲话精神，深刻领会“四个全面”战略布局的丰富内涵和实践要求，全面把握其核心要义和精神实质。要继承和发扬党的优良传统，坚持党性修养，坚定理想信念，提升道德境界，加强党的思想政治建设和作风建设。要坚持知行合一、知先行后、行重于知，确保以知促行、以行促知，切实做到深学、细照、笃行，做一个忠诚干净担当的好干部。要扎实开展“三严三实”专题教育，坚持把学习教育贯穿始终，坚持问题导向，以人大工作实际成效检验专题教育成果。

县人大常委会副主任宁苏君、胡贤吉、胡慧川、蒋永辉，县人大常委会党组成员、副处级干部邓贵春参加。

24日上午 全县贯彻落实新“预算法”动员暨培训会在县行政中心五楼会议室召开。会议传达贯彻了全省《中华人民共和国预算法》(以下简称《预算法》)宣传布置会议精神，安排部署了新修正的《预算法》宣传贯彻实施工作。县人大常委会主任文高平出席会议并讲话。

会议指出，新《预算法》吸取了近年来财政改革的成功经验，全面贯彻了党的十八大和十八届三中全会精神，充分体现了党中央、国务院确定的财税体制改革总要求，为进一步深化财税改革指明了方向。新《预算法》的出台是国家法律制度建设的一项重要成果，更是财政制度建设具有里程碑意义的一件大事，标志着我国加快建立全面规范、公开透明的现代预算制度迈出了坚实的一步。

会议强调，新《预算法》是财税管理和改革的重要法律保障，各级各部门要充分提高认识，切实增强思想上的责任感和紧迫感，着力提升个人业务素养，严查严管“三公”经费，做到有法必依、执法必严、违法必究。要加大《预算法》的学习宣传和贯彻实施力度，在全社会营造学习新《预算法》、执行新《预算法》的良好氛围。要将新《预算法》的学习和宣传与深化财税体制改革总体方案相结合，有序推进全口径预算、财政信息公开、地方政府债务管理、转移支付制度等方面的改革，及时制定改革相应配套措施，完善财政运行机制。

县人大常委会副主任宁苏君、胡贤吉、唐新柱、胡慧川、蒋永辉，县人民政府副县长、公安局长郑航，县人民政府副县长唐振宇、李瑞霞出席会议。

24 日 县委书记谢景林在县人大常委会副主任胡慧川陪同下，轻车简从，再次深入鹿马桥镇简家岭村察看刚刚竣工的瑶胞“致富路”。

该路是 2014 年县委经济工作会议决心为瑶民们打通的出山之路，县里多方筹措资金 1700 多万元，经过 1 年多时间，终于在悬崖峭壁、高山云雾之间，为简家岭村建起了一条全长 21.5 公里的四级公路。

谢景林强调，鹿马桥镇和简家岭村要依托简家岭村的自然条件，围绕“养好路、致好富”这个重点，充分利用村里的原生态美景，大力发展生态种养，创办小型农家乐，吸引更多的山外人、城里人到简家岭来休闲、度假，带领村民和瑶胞走上致富路。

24 日下午 县人大常委会第二十次会议在县行政中心四楼会议室召开。会议听取审议了 2014 年财政决算（草案）报告、2014 年财政预算执行和其他财政收支情况审计工作报告，对县人民法院、县教育局、林业局等单位工作进行了审议。县人大常委会主任文高平出席并讲话。

会议要求，各级各部门要对人大审议工作中提出的问题要高度重视，正确对待。要突出重点，将整改工作与“三严三实”专题教育紧密结合起来，以“严”的精神，“实”的作风，抓紧抓实，抓出成效。要坚持问题导向，坚持法治思维，着力抓住主要矛盾，扭住主要问题，列出问题清单，制定整改台账，明确整改责任人、整改时限和整改措施，抓好整改，确保整改工作不走过场，不流于形式。各审议调查组要加强对被审议单位整改情况的跟踪监督，督促其整改到位。要紧密配合，加强沟通，对群众反映强烈的突出问题，重点剖析，对能立即整改到位的问题，要做到立行立改，对一时难以整改到位的问题，要循序渐进，分步推进，确保整改工作取得实效。

县人大常委会副主任宁苏君、胡贤吉、胡慧川、蒋永辉出席会议，县委副书记张波，县政府副县长唐振宇应邀参加会议。

24日下午 湖南农业大学暑期社会实践活动启动仪式在县行政中心三楼会议室召开。县委常委、副县长王学军主持会议。县委副书记张波出席会议并致欢迎辞，湖南农业大学校党委书记周清明、副校长曾福生，县政府副县长李瑞霞参加会议。

张波代表县委、县政府对湖南农业大学博士、硕士团到东安开展暑假社会实践活动表示欢迎。张波希望，湖南农业大学博士、硕士团能充分发挥技术、人才、科研等方面优势，为东安新农村、农业现代化建设总结出宝贵的经验，为解决东安“三农”的瓶颈问题提供有效途径。

周清明表示将通过此次暑期实践活动，结合自身专业知识，做好农业科技服务，把最新的农业科技知识传播到企业、农村，努力实现校地友好对接，共创双赢。

该活动以双方签订的现代农业合作共建框架协议为指导，本着“资源共享、创新同步、优势互补、共赢发展”的原则，于7月24日至8月10日，在东安新科生态农业有限公司开展产业发展、技术培训、人才培养等领域开展活动。

28日上午　县委副书记张波在县民政局和白牙市镇相关负责人的陪同下，深入白牙市镇看望慰问部分复退军人，为他们送去党和政府的关怀，向他们致以节日的问候和美好的祝福。

每到一处，张波都与慰问对象亲切地交谈，详细了解他们的生活近况、身体情况和家庭状况，对他们为国家和人民所做的贡献表示感谢，并为他们送去慰问金，祝愿他们生活幸福、身体健康、安享晚年。

走访慰问中，张波指出，复退伍军人是党和国家的宝贵财富，他们在革命、建设和改革时期做出了不可磨灭的贡献，他们的崇高品质和无私情怀永远激励着我们奋发图强、开拓进取。张波要求，各有关部门要高度重视复退军人工作，落实好各项优抚政策，把复退军人关心好、服务好、照顾好，让他们感受到党和政府的温暖。

县人大常委会副主任蒋永辉，县人民政府副县长、公安局长郑航参加走访。

28日上午　县委常委、县委办主任郑景学冒着烈日酷暑深入南桥、大盛镇，走访慰问部分复退军人，为他们送去县委、县政府的关怀和节日的衷心祝福，并送上慰问金。

每到一处，郑景学都与他们亲切交谈，详细询问复退军人的家庭生活和身体状况，祝愿他们身体健康、生活愉快。

走访慰问时，郑景学要求，民政部门和镇村两级要时刻关心关怀复退军人的生活，积极争取、坚决落实好国家有关的优抚政策，主动帮助他们解决生产生活中的实际困难，让复退军人共享改革发展成果，充分感受党和政府的深切关怀。

29日上午 县委常委、县委办主任郑景学深入花桥镇刘阳村调研指导建整扶贫工作。

郑景学认真听取了刘阳村近年来基本情况汇报，并与扶贫工作队人员、扶民代表就南竹资源开发、山塘维修、饮水安全、危房改造、修路等问题进行了讨论。随后实地察看了刘阳村村民请求修建的路段和急需清淤、防渗的山塘。

郑景学强调，做好建整扶贫工作需要组好领导班子、建好基础设施、寻找好发展路子、培养或选拔一批好的村民带头人。扶贫工作组要充分发挥帮扶作用，摸清底子，整合资源，因地制宜，做到精准扶贫、精准脱贫，扎实推进刘阳村建整扶贫工作，努力实现建整扶贫目标。

郑景学要求，镇村两级要加强基层组织建设，健全完善各种规章制度，强化责任要求，为扶贫工作组提供有力保障。

29日上午 在“八一”建军节到来之际，县委常委、县委宣传部部长欧阳冬子在县民政局和端桥铺镇相关负责人陪同下，深入端桥铺镇听上、珠塘口、黄木、杨梓洞、湖塘铺和茶山坪等村，看望慰问部分复退军人和军烈属，送上慰问金，为他们送去党和政府的温暖和关怀，向他们致以节日的问候和美好的祝福。

走访慰问中，欧阳冬子强调，复退军人为保家卫国做出了积极贡献，是宝贵的财富。不仅要在建军节前后为他们“送温暖”，更要让这份关切在平日“常温暖”。特别是民政部门和乡镇党委政府更要经常深入基层，关心、关注复退军人和烈属的生产、生活情况，主动帮助他们解决实际困难和问题，长续联系群众这根“弦”，让复退军人和烈属过上安定、幸福、祥和的生活。

29 日下午　神华国华永州电厂项目建设工作调度会在神华国华永州电厂项目部会议室召开。

会议要求，项目指挥部和相关职能部门要加大工作力度，加快推进铁路专用线建设，加快推进新东芦公路、红狮水泥、芦江水库等电厂配套设施建设，确保神华国华永州电厂项目建设顺利推进。

会议强调，项目建设指挥部和相关职能部门要密切配合，加强调度，加快进度，按照规定的时间节点，充分做好神华国华永州电厂 9 月份厂房主体工程开工建设各项准备工作。要加大工作力度，加快环评变更和国土、林地用地手续办理工作。要加强城市管理执法，依法拆除进厂道路、货运道路的违章建筑。要围绕拥有一流的发电技术、建设成工业旅游项目的目标，着力将神华国华永州电厂项目打造成“零排放”的样板企业和安全生产示范工程。

市领导荣燕明、神华国华永州电厂总经理刘建海、县委书记谢景林，县委副书记、县长陈宇荣，县委常委、县委办主任郑景学，县委常委、常务副县长陈丽，县政府副县长、公安局长郑航，县政府副县长李瑞霞，县政府正处级干部文德，县政府助理调研员邓亚林等领导参加会议。

30日上午 东安2015年度县长热线工作会议在县行政中心五楼会议室召开。县委常委、县纪委书记李顺利出席并讲话。

会议指出，自“12345”县长热线开通以来，始终坚持全心全意为人民服务的宗旨，牢固树立群众利益无小事的观念，抓热点、解疑点、办难点，强交办、强督办，切实解决了一批关系群众生产、生活的具体问题，充分发挥了政府紧密联系群众的桥梁和纽带作用。

会议要求，各级各部门要高度重视，提高认识，切实增强做好县长热线工作的自觉性和责任感。要加强组织领导，严格按照市、县热线办相关工作要求，明确工作职责，规范办理流程，不断提升热线办理工作水平。要严格工作要求，提高办理质量，对群众反映的问题要依法依规进行办理，确保群众诉求在规定时限内及时得到解决。要加强部门联动，创新工作机制，强化与群众互动交流，努力为群众多办实事、好事，多解难事。要强化督查督办，加大问责力度，对工作落实不到位的，严肃追究相关人员责任，确保群众诉求件件有着落，事事有回音。

30日至31日 县政府开展“三严三实”专题教育第一次集中学习研讨。县委副书记、县长陈宇荣主持并讲话。

研讨会之前，县政府领导班子成员认真自学了“三严三实”专题教育方面的读本。研讨会上，与会人员围绕“严以修身，加强党性修养，坚定理想信念，把牢思想和行动的‘总开关’”主题，突出“严以修身”重点，结合自身工作实际进行了交流发言，谈认识、谈体会、谈感悟、谈要求。大家一致表示，要按照“三严三实”要求，带头脚踏实地、真抓实干，谋实事、干实事、出实绩，以践行“三严三实”的实际行动，推动全县经济社会持续健康发展。

陈宇荣充分肯定了学习研讨会取得的成效。陈宇荣指出，通过学习研讨会，大家深刻领会了“三严三实”专题教育的精神实质和丰富内涵，增强了严以修身的自觉性、主动性和坚定性，在持续加强学习、强化理论武装、把牢思想和行动“总开关”，坚持学以致用、知行合一，坚持自觉自省约束、自觉接受监督等方面形成了广泛共识，达到了深化认识、明确方向、相互启发、共同提高的预期目的。陈宇荣要求，县政府领导班子成员要始终把“严以修身”摆在“三严三实”专题教育的首要位置，真正做到思想上高度重视、认识上深刻领会、行动上自觉坚定。要率先垂范，坚持高标准、严要求，紧密联系实际深学细照笃行，带头学习提高，带头查摆和解决问题，以坚定的信念、决心、行动为全县上下作出表率。要统筹兼顾，坚持“三严三实”专题教育和经济社会发展两手抓、两不误、两促进，通过专题教育，改进工作作风，着力解决“不严不实”问题，汇聚干事创业的精气神。要认真抓好中央精神和省、市、县委各项决策部署的落实，对照年初确定的目标任务，对前段工作开展“回头看”，引领带动全县上下以“三严三实”精神面向经济建设主战场，把专题教育成效体现在“五个东安”发展成果上。

王学军、郑航、涂世国、邓亚林、徐荣军、唐伯平、蒋明君、陈利平、唐良泗等县政府领导班子成员参加。

30日下午 市委书记陈文浩带领市财政、环保、能源、国土等单位相关负责人深入东安县芦洪市镇神华国华永州电厂一期工程调研。

陈文浩一行察看了电厂进厂道路、电厂一期工程和东芦公路建设工地。随后，陈文浩组织召开项目推进会，听取各方情况汇报，详细了解神华国华永州电厂建设情况，研究工程建设中急需解决的困难和问题。

陈文浩指出，前段时间，神华国华永州电厂项目指挥部和东安县集中精力、科学安排、倒排工期、强力推进，电厂各项工程建设有序推进，按照时间节点要求完成了既定的目标任务。

陈文浩强调，现在电厂建设已经到了关键时期，当前面临的一些问题必须认真加以解决。“烟塔合一”环评论证要作为重点问题加快解决；生活用地的配套，东安县要与电厂协商解决；供水管网的铺设要参照有关标准，进行人性化操作，做好用地补偿工作。神华电厂要按照既定目标，坚定信心，振奋精神，按时完成各项建设任务，给市委、市政府交上一份满意的答卷。

市领导唐湘林、颜海林、荣燕明，县领导谢景林、陈宇荣、郑景学、陈丽参加调研。

30日下午 永州市军分区司令员王守海带领市直相关部门负责人来到川岩乡看望慰问76129部队驻军官兵，为广大驻军官兵送去节日的问候和美好的祝福，并送去慰问金。

王守海向76129部队全体官兵致以节日的祝贺和亲切慰问。王守海指出，永州历来有拥军优属、拥政爱民的光荣传统，76129部队的驻军官兵一直把驻地当故乡，视人民如父母，军政军民紧密团结、亲如一家，结下了深厚的鱼水之情，为永州经济社会发展做出了积极贡献。希望驻永州部队克服困难，一如既往地支持永州经济社会发展，为维护永州社会大局稳定做出新的更大贡献。

76129部队驻军官兵纷纷表示，今后将继续发扬优良传统，一如既往地支持东安经济社会发展，视驻地如故乡，发扬听党指挥、能打胜仗、作风优良的光荣传统，积极支持和参与驻地经济建设，为东安经济社会发展做出新的贡献。

县委副书记张波，县人武部部长金志辉陪同慰问。

8月

3日上午 县委副书记张波带领县农业局主要负责人深入端桥铺镇、鹿马桥镇检查指导粮食生产工作。

张波一行先后深入端桥铺镇金溪水库、新屋村、马力村和鹿马桥镇山口塘村、五通庙村等地，实地察看了端桥铺镇、鹿马桥镇双季稻万亩高产创建示范片、国家粮食产量抽样调查点粮食生产情况。

张波指出，2015年以来，由于全县降雨量偏少，造成各水库、山塘储水量锐减，加上近期气温持续上升，给农业生产带来了一定影响，部分乡镇旱情显露。

张波要求，各级各部门要高度重视，充分认识当前粮食生产形势的严峻性和紧迫性，集中精力、财力、物力，抢抓晴好天气，做好早稻抢收，晚稻抢种工作。县农业部门要安排农技人员深入田间地头，加强农业技术服务，指导农民搞好“双抢”。各乡镇场要加强水库山塘水源调度管理，做好群众矛盾纠纷排查调处。要积极引导、鼓励大户种植，有效遏制耕地抛荒。要强化督查，严格考核，确保农业增效、粮食增产、农民增收。

4日上午 县委副书记、县长陈宇荣带领县人社、交通等相关部门负责人深入凯翔鞋业有限公司现场办公。

陈宇荣一行实地察看了凯翔鞋业生产车间，详细了解了企业生产经营情况，并就企业在生产过程中急需解决的“用工难”等问题进行了现场调度和安排部署。

陈宇荣要求，各相关职能部门要各司其职，进一步加大对企业的支持力度，认真协调解决企业生产经营过程中遇到的困难和问题，为企业发展提供更加快速、便捷、高效的服务，创造良好的生产经营环境。县人社局和白牙市、井头圩、大江口、紫溪市等乡镇要高度重视，密切配合，加大招工宣传力度，切实帮助企业解决“用工难”问题。县交通部门要加强与公交公司沟通协调力度，在原有农村公交客运路线基础上新增山口铺、大江口乡两条客运路线，进一步改善企业员工上下班出行情况。同时，陈宇荣希望，凯翔鞋业进一步创新企业管理，拓展市场空间，把企业不断做大做强，为东安经济社会发展做出积极贡献，实现共赢。

县政府副县长李瑞霞参加。

4日上午 县委副书记张波调研全国科普示范县创建工作。

张波一行先后深入到白牙市镇茶亭社区、紫溪市镇政府、大庙口镇白沙村新作为农业基地和舜皇山森林公园管理局，察看了镇、村、社区、公司基地和全国科普教育基地的科普学校、科普活动室、科普宣传栏，了解东安创建全国科普示范县工作情况和当前存在的突出问题。

张波指出，创建全国科普示范县工作是县委、县政府部署的创先争优工作的一项重要内容。

张波要求，相关部门和乡镇要高度重视，提高认识，安排人员、加强力量落实创建工作。要抓好科普示范点建设，按照“一栏、一队、一员、一室”的标准完善软、硬件建设，夯实科普阵地。要通过科普示范镇、示范村、示范社区和示范基地的典型引路，带动各地在多项工作中融入科普理念，增强科普意识，加大科普宣传，全面提升各行各业科学技术水平，推动科普惠农、科普益民，力争成功创建全国科普示范县成功。

副县长李瑞霞陪同调研。

5日至7日 全县2015年上半年经济形势分析暨重点项目流动现场会召开，与会人员实地参观了全县68个重点项目，内容涉及工业、农业、城市基础设施、交通、社会事业等多个领域。县委书记谢景林，县委副书记、县长陈宇荣出席会议并讲话。县委副书记张波主持会议。县委常委、常务副县长陈丽通报全县2015年上半年重点项目建设工作情况。县委常委、副县长李晓宁，县政府副县长郑航、涂世国、李瑞霞分别围绕分管工作发言。县统计、财政、经信委、人民银行、农办、经济开发区、芦洪市镇等主要经济部门主要负责人就全县上半年经济形势和重点项目建设工作进行了讨论发言。神华国华永州电厂、芦江水库、盈凯包装、沿江西路、云生竹业等重点项目建设指挥部作典型发言。永东城际快速通道项目部、“135”工程建设项目部、县公安局、县国土资源局和白牙市镇作表态发言。

会议指出，2015年以来，面对复杂多变的国内外经济形势和持续呈现的经济下行压力，县委、县政府积极引领新常态，着力培育新动力，大力稳增长、调结构、促发展、惠民生，全县经济呈现了稳中有进、持续向好的发展态势。

谢景林指出，上半年全县经济形势呈现出全面发展、加快发展、提质发展、攻关发展和和谐发展等五个方面的特点和亮点。“五个东安”齐头并进，紫水国家湿地公园、中国德文化之乡争创成功，神华火电厂、红狮水泥、东芦公路、冷东城际快速通道征地拆迁效果显著，社会大局保持持续和谐稳定。

谢景林强调，全县各级各部门要进一步抓项目，重点要抓那些事关打基础、利长远的大项目、好项目；抓争创，要解放思想,敢于负债,扎实开展“国字号”“省字号”创建活动；抓民生，县城区要重点抓好棚户区改造、东安大市场改造和管网改造，农村要重点抓好环境污染综合治理和精准扶贫、精准脱贫工作；抓改革，重点抓好行政管理体制、农村产业制度、社会治理机制和国企改革；抓稳定，要着力解决好债务纠纷和小区矛盾问题；抓教育，要紧密结合实际，深入扎实开展“三严三实”专题教育。

陈宇荣要求，全县各级各部门要按照年初县委经济工作会议和政府工作报告确定的目标任务，保持定力、精准发力，坚定不移地抓好落实。今后要突出抓好以下五个方面的工作：一要一心一意抓项目；二要一往无前破“用地、融资、用工”难题；三要一以贯之抓好行政管理体制、农村产权制度、社会治理机制、国有企业、投融资体制等改革工作；四要坚定不移，统筹兼顾，抓好“国字号”“省字号”各项争创工作；五要高度重视安全生产工作，全力保障民生，切实抓好农村环境污染治理。要提振信心，强化执行力，坚持依法行政，着力优化经济发展环境，为项目建设保驾护航。县委大督查办、县委、县政府督查室和县绩效考核办、县重点办要加强督查考核，确保完成全年经济社会发展各项目标任务。

县政协主席陈军，郑景学、欧阳冬子、李顺利、王名扬、苏建华等县领导参加会议。

6日　省人大常委会副主任谢勇到东安调研《中华人民共和国水污染防治法》贯彻落实情况。

当天上午，谢勇一行先后深入石期河、垃圾无害化处理中心、污水处理厂和紫水河等地实地调研，详细了解工业水污染防治、水生态环境保护和饮用水源地保护等工作情况。下午，在县行政中心召开座谈会，听取东安县水污染防治工作情况汇报。

谢勇对近年到东安县在县域内水资源的保护和利用工作中取得的成绩给予了高度评价。谢勇希望，东安县要以此次执法检查为契机，坚持预防为主、防治结合、综合治理的原则，推进水污染防治工作，全面推动《中华人民共和国水污染防治法》《水污染防治行动计划》贯彻落实。各相关部门要突出问题导向，及时发现、暴露问题并纠正问题；要敢于“亮剑”，坚持政策引导，加强执法监管，推动部分老大难问题、重点问题的有效解决，努力实现全省生态环境质量持续好转。

市人大常委会主任高建华，市人大常委会副主任杨海河、袁火林，县委书记谢景林，县委副书记、县长陈宇荣，县人大常委会副主任宁苏君、蒋永辉，县政府副县长唐振宇等陪同调研。

10日下午　县委副书记、县长陈宇荣主持召开县政府第三十一次常务会议，听取创建省级安全生产示范县、人口和计划生育、容积率清理、乡镇机关事业单位工作人员工作补贴实施、环保、四小建设等工作情况汇报。

关于创建省级安全生产示范县工作，会议要求，各级各部门要加强组织领导，将安全生产示范创建工作摆上重要议事日程，形成共识，明确目标任务，抓好省级安全生产示范县创建工作。要强化责任落实，按照创建工作有关文件要求，保障工作经费，抓好软、硬件建设。要强化督促检查，巩固创建成果，确保2017年省级安全生产示范县创建成功。

关于人口计生工作，会议要求，相关职能部门要按照县委、县政府年初确定的工作目标任务，抓好人口计生工作。要强化部门配合，明确工作职责，加大整治“两非”工作力度，推进打击人口计生“两非”工作常态化。

关于乡镇机关事业单位工作人员工作补贴工作，会议强调，相关职能部门要严格贯彻落实省、市有关文件精神，进一步明确乡镇工作补贴发放范围和标准，不折不扣抓好政策落实。要成立领导小组，调度好资金，确保乡镇工作人员工作补贴 8 月底前发放到位。

关于环保工作，会议要求，相关职能部门要高度重视，强化环境监管，大力实施污染减排，抓好大气污染、重金属污染、湘江流域污染防治和农村环境综合整治工作。要加大环境执法力度，依法严厉查处环境违法行为，着力改善环境质量，保障东安环境安全。

会议还研究部署了容积率清理、四小建设等工作。

陈丽、李晓宁、唐振宇、涂世国、李瑞霞、于剑辉、文德、徐荣军、唐伯平、蒋明君等县政府常务会组成成员参加会议，县人武装部部长金志辉、县政协副主席周刚生应邀出席会议。

11 日上午 县委中心组在县行政中心五楼会议室举行 2015 年第四次集中学习，邀请省委讲师团副主任、教授谭跃湘作《全面推进法治湖南建设》专题辅导报告。县委常委、县委宣传部部长欧阳冬子主持学习报告会。县委书记谢景林，县委副书记、县长陈宇荣，县委副书记张波，县人大常委会主任文高平，县政协主席陈军和郑景学、陈丽、李顺利、李晓宁、王名扬等县委中心组成员，县直各单位主要负责人聆听报告。

欧阳冬子在总结讲话中要求，全县各级各部门要按照全面推进依法治国、加快法治湖南建设要求，切实把党的十八届四中全会精神认真学习好、研究好、贯彻好，自觉将法治精神贯穿依法行政始终，做到于法有据。全县广大党员干部要坚决恪守法治理念，切实强化法治思维，善于运用法治方式，着力提高法治素养，不断提升依法行政能力和公正司法水平，全面推进依法治县和法治东安建设，为加快“五个东安”建设提供有力的法制保障。

11日下午 县委书记谢景林主持召开县委常委扩大会议。会议听取国有林场改革、房地产开发项目容积率清理、东安大市场改造、“135”工程标准化厂房建设、创建省级安全生产示范县、乡镇机关事业单位工作人员工作补贴实施、四小建设等工作情况汇报。

关于国有林场改革工作，会议要求，各级各部门要高度重视，精心组织，形成合力，攻坚克难，扎实有序地推进国有林场改革工作。要加强领导，抓好国有林场改革各项具体工作落实，确保8月20日前完成自验收工作。要加大国有林场改革宣传工作，做好林场职工社会保障和代管农民的社会稳定工作，确保改革取得成效。

关于房地产开发项目容积率清理工作，会议强调，各级各部门要提高思想认识，增强政治责任感和工作紧迫感，加强领导，精心组织，切实把这项工作抓实抓好。要突出重点，标本兼治，各清查小组要实行责任包干，按照规定的时间节点，完成数据核查和清收工作。

关于东安大市场改造工作，会议指出，东安大市场修建年代久远，市场容量严重不足，设施陈旧老化，存在安全隐患，广大群众要求建设改造的呼声很高。经过多方论证，对东安大市场拆除重建，全面布局县城农贸市场势在必行。会议要求，各相关部门要积极协调配合，抓紧时间摸清底子，做实做细补偿方案，做好群众和业主思想工作，先分流后建设，想方设法解决项目推进中存在的问题，加快推进城区农贸市场建设改造，全面提升东安城市形象。

关于创建省级安全生产示范县工作，会议要求，各级各部门要加强组织领导，明确目标任务，认真抓好省级安全生产示范县创建工作。要强化责任落实，抓好软、硬件建设，巩固创建成果，确保 2017 年省级安全生产示范县创建成功。

关于乡镇机关事业单位工作人员工作补贴工作，会议强调，相关职能部门要严格贯彻落实省、市有关文件精神，进一步明确乡镇工作补贴发放范围和标准，不折不扣抓好政策落实。要成立领导小组，调度好资金，确保乡镇工作人员工作补贴 8 月底前发放到位。

会议还研究了“135”工程标准化厂房建设、四小建设等工作。

县委副书记、县长陈宇荣，县委副书记张波，县人大常委会主任文高平，县政协主席陈军以及郑景学、欧阳冬子、陈丽、李顺利、李晓宁、王名扬、王学军、苏建华等县委常委会组成人员参加会议，相关单位主要负责人列席会议。

12 日上午　县委书记谢景林带领县安监局主要负责人深入东安四小检查指导安全生产工作。

谢景林一行实地察看了东安四小项目建设安全生产工作情况，并就四小建设过程中存在的安全隐患问题进行现场调度和安排部署。

谢景林强调，相关职能部门要高度重视，坚持“安全第一、预防为主、综合治理”的方针，认真落实安全生产工作责任制，加强安全隐患排查整改力度，对项目建设过程中存在的安全隐患问题进行立即整改，及时消除安全隐患，严防各类事故发生。要制定整改方案，明确整改责任，落实整改措施，对四小建设安全隐患点设立警示牌，布置警示线，提醒过往行人、车辆注意安全。谢景林要求，施工单位要注意施工安全，在保质保量的前提下，进一步加快项目建设进度，确保东安四小建设项目如期完工。

县委副书记张波陪同检查。

12日下午　全县查处发生在群众身边的“四风”和腐败问题专项工作会议召开。县委常委、县纪委书记李顺利出席会议并讲话。

李顺利强调，开展查处发生在群众身边的“四风”和腐败问题专项工作，既是中央和省市的部署要求，也是县委全面深化作风建设、推进从严治党的必然选择，更是践行群众路线、密切党群关系的现实需要。各级各单位要站在讲政治和全局的高度，将查处发生在群众身边的“四风”和腐败问题摆上突出位置，作为当前和今后一个时期的重要政治任务，扎实开展专项工作，确保工作取得实效。

李顺利要求，全县各级纪检监察部门要切实提高思想认识、把握当前形势，集中查处一批重点案件，着力解决当前群众反映强烈的突出问题，确保取得群众看得见、体会得到的效果。要突出重点，抓住关键，全面排查问题线索，不断健全完善基层党风廉政建设长效机制，努力提高专项工作的质量和水平。要加强组织领导、严格责任追究，做到上下联动、注重制度建设，扎实做好各项工作，为加快“五个东安”建设提供坚强有力的政治纪律保障。

13 日上午 市委常委、市纪委书记朱映红到东安调研党风廉政建设工作。县委书记谢景林，县委常委、县纪委书记李顺利出席会议并分别就党风廉政建设工作进行了汇报。

朱映红对东安党风廉政建设工作取得的成绩给予了充分肯定。朱映红要求，东安各级各部门要坚持把党风廉政建设纳入经济社会发展和党的建设总体布局，坚持统筹谋划，严格落实“一岗双责”，扎实履行领导班子成员职责。要根据“三严三实”专题教育中查摆的问题和省委巡视组反馈的意见，认真抓好整改落实，并以此为契机，让“三严三实”成为全县党员干部的自觉行动。要抓案件办理，特别是要抓大案要案的办理工作，做到依法办案、效率办案、安全办案。要突出专项整治，尤其要重点整治涉及群众利益的行业和领域。要加强队伍建设，努力建设一支经验足、能力强、有责任心的纪检监察队伍，有力推进东安党风廉政建设。

县委副书记张波出席会议。

13 日上午 市委常委、市纪委书记朱映红到东安调研安全生产工作。

朱映红一行实地察看了部分厂矿企业、建设工地和重点安全隐患治理项目，听取了东安安全生产工作情况汇报。

在云生竹业，朱映红通过与项目业主交谈，详细了解了企业的日常管理和生产流程情况。朱映红要求，企业要提高认识，牢固树立抓安全就是抓效益的思想，强化员工安全知识培训，进一步提高员工的消防安全意识。要完善消防设施建设，保持消防通道畅通，加强油漆、胶水等易燃工业原料的监管，严防各类火灾事故的发生，确保企业生产安全。

在东安湘钢石矿新厂区、舜德学校建设工地，朱映红向工地主要负责人详细询问了工程进展和安全生产责任落实情况，叮嘱施工单位务必加强工地安全生产宣传，按照有关规定严格施工，安全管理，严防安全事故发生。

在东安湘钢石矿老矿坑、苍子岭公园地质灾害治理项目，朱映红要求，东安相关职能部门要高度重视，尽快制定安全隐患整改方案，抓紧招标，抓紧施工，彻底消除隐患，确保人民群众生命财产安全。

朱映红要求，东安各级各部门要牢固树立安全生产工作无小事思想，高度重视安全生产工作，在全县范围内开展一次安全隐患大排查、大治理行动，务必将安全隐患消除在萌芽状态，严防各类安全事故发生，确保社会大局安全稳定。

县委书记谢景林，县委副书记张波，县委常委、县纪委书记李顺利，县政府副县长唐振宇陪同调研。

13 日下午 市委副秘书长蔡建军率市委督查组到东安开展党委（党组）中心组学习情况专项督查。县委常委、县委宣传部部长欧阳冬子陪同检查并出席汇报会。

督查组一行坚持整体督查与随机抽查相结合、全面检查与重点指导相结合的原则，围绕各级党委（党组）2013 年、2014 年的学习情况，党的十八大和十八届三中、四中全会精神的学习宣传贯彻情况，以及党委（党组）意识形态工作履职情况等内容，采取听汇报、查阅资料等方式，对县卫生局、发改委、井头圩镇、川岩乡等单位党委（党组）中心组学习开展情况进行专项督查。随后，认真听取了东安县委中心组学习情况汇报。

欧阳冬子指出，近年来，东安县委坚持用科学理论武装党员干部头脑，始终把加强和改进党委（党组）中心组学习摆在重要位置，通过不断完善中心组学习要素，丰富学习内容，改进学习方式，健全学习制度，严格学习管理，充分发挥县委中心组理论学习的示范带动作用，为推进学习型党组织建设和服务县委、县政府科学决策提供了强有力的思想保证和智力支持。坚持把学习、宣传、贯彻党的十八大和十八届三中、四中全会精神作为重要政治任务，周密安排，精心部署，通过抓传达学习、宣传报道、专题宣讲、理论研究和阐释等形式，推动兴起了学习、宣传、贯彻党的十八大和十八届三中、四中全会精神的热潮。坚持守土有责、守土负责、守土尽责，认真履行党管意识形态工作职责，切实担负起党委主体责任，做到管方向、管阵地、管人、管事、管问责，牢牢把握了意识形态工作的领导权、主动权和话语权。

督查组对东安各级党委（党组）中心组学习等三项工作情况给予充分肯定。督查组认为，东安县委高度重视中心组学习，主题突出、记录完整、制度完善、载体丰富、形式多样、成效明显。督查组希望，东安县要进一步加强组织领导，在总结现有学习成绩和经验的基础上，不断深化认识，创新方法，强化考核，推进党委（党组）中心组学习制度化、经常化和规范化。

13 日　县委、县人民政府发出《关于印发〈东安县大庙口国有林场改革实施方案〉的通知》（东发〔2015〕5 号），明确了大庙口国有林场改革的指导思想、基本原则、改革时限、总体目标以及大庙口国有林场的主要职责、人员编制、内设科室职能和人员配置、实施步骤、保障措施等事项。

13 日　县委、县人民政府发出《关于印发〈东安县黄泥洞国有林场改革实施方案〉的通知》（东发〔2015〕6 号），明确了黄泥洞国有林场改革的指导思想、基本原则、改革时限、总体目标以及黄泥洞国有林场的定性定编、实施步骤、保障措施等事项。

13日 县委办公室、县政府办公室发出《关于印发〈东安县舜皇山国家森林公园管理局（东安舜皇山国家级自然保护区管理局、东安县大庙口国有林场）主要职责、内设机构和人员编制方案〉的通知》（东办发〔2015〕12号），明确了东安县舜皇山国家森林公园管理局（东安舜皇山国家级自然保护区管理局、东安县大庙口国有林场）的主要职责、内设机构和人员编制等事项。

13日 县委办公室、县政府办公室发出《关于印发〈东安县黄泥洞国有林场主要职责、内设机构和人员编制方案〉的通知》（东办发〔2015〕13号），明确了黄泥洞国有林场的主要职责、内设机构和人员编制等事项。

14日上午 东安“中国德文化之乡”系列讲座在东安会堂举行。学习讲座邀请中南大学国学研究中心主任、教授、博士生导师刘立夫，中南大学客座教授、资深策划人黄本理授课。县委书记谢景林主持。县委副书记张波，县人大常委会主任文高平，县政协主席陈军，欧阳冬子、李顺利、王名扬、苏建华等在家的县级领导和县直各单位主要负责人以及各乡镇场党委书记、乡镇场长聆听讲座。

刘立夫从道德是当代中国最大的缺失、中国传统文化中的道德结构解读、东安深厚的德文化底蕴及其开发价值等三个方面内容，阐述了东安打造“中国德文化之乡”的必要性、可行性和重大意义。

黄本理从“德文化”经济的原动力、“东安德文化之乡”系列工程划分、东安德文化建设的阶段性规划、媒体助推“德文化”等四个方面内容，为东安建设“中国德文化之乡”，提出了很好的意见和建议。

谢景林指出，两位教授的讲课内容丰富，翔实生动，深入浅出，对东安打造“中国德文化之乡”具有很强的指导意义。德文化领导小组要认真研究，充分吸纳，进一步修改完善文化建设规划，努力把德文化打造成东安在全省乃至全国文化领域的金字招牌。

谢景林强调，全县各级各部门要进一步统一思想，提高认识，充分认识创建“中国德文化之乡”的重大意义，充分挖掘德文化底蕴，大力宣讲德文化故事，让树德、厚德、崇德、聚德、弘德、明德在全县上下蔚然成风。要突出重点，切实做好德文化之乡创建工作，重点做好以下工作：一是打造德文化核心载体；二是建好德文化宣教展示基地；三是大力实施“美德工程”；四是举办中国东安德文化研讨会；五是办好“东安德文化讲坛”专栏；六是编撰一套东安德文化丛书；七是深入开展“道德讲堂”活动；八是开展一系列德文化主题活动；九是营造德文化建设浓厚氛围；十是评选一批德文化先进典型。同时，各级各部门要全力配合，集中人力、物力和时间，认真做好建设“中国德文化之乡”迎“国检”相关准备工作。

14 日上午 省教育厅基础教育处副处长张晓春一行到东安督查 2015 年教育为民办实事、“全面改薄”、学前教育行动计划和特殊教育提升计划实施工作情况。

张晓春一行深入大盛、新圩、芦洪市、白牙市等乡镇，实地查看了大盛中心小学、易江学校、伍家桥中学、新圩中心幼儿园、东安特殊教育学校、舜德学校等学校教育工作实施情况。随后召开座谈会，详细了解东安相关工作情况。

张晓春对东安各项教育实施工作给予了充分肯定。张晓春认为，东安县高度重视教育各项工作，学前教育、义务教育、特殊教育、高中教育稳步推进。张晓春要求，县教育局要加强组织领导，强化项目管理，统筹资金调度，加快工程进度，确保建设项目按期保质保量完成，充分发挥工程经济效益和社会效益。

市教育局副局长李谋韬，县委常委、县委办主任郑景学等领导陪同督查。

15日下午 东安组织县直、乡镇场、重点企业等相关单位主要负责人在县行政中心三楼会议室收看全国安全生产视频会议。县委副书记、县长陈宇荣参加收看并安排相关工作。

陈宇荣要求，全县各级各部门要高度重视、立即行动，迅速开展安全生产大检查，落实监管责任，增强安全意识，切实做到不留死角、不留盲区、不走过场。对确认为重大事故隐患、不能保证安全生产的，要责令暂时停产停业整顿，并实施严厉的行政处罚。对检查工作不认真、隐患整改不到位或因工作不力导致事故发生的，要严厉追究相关人员的责任。

18日上午 全县安全生产工作会议在县行政中心三楼会议室召开。县委常委、常务副县长陈丽出席会议并讲话。县人民政府副县长唐振宇主持会议。

会议指出，安全生产事关全县经济社会发展大局，事关人民群众生命财产安全，任何时候都忽视不得、麻痹不得、侥幸不得、马虎不得。各级各部门要提高思想认识，牢固树立风险意识、忧患意识、危机意识，切实将安全生产工作抓细抓实，确保组织领导到位、工作部署到位、防范措施到位。

会议强调，各相关单位要汲取天津滨海新区爆炸事故教训，全面彻底开展危化品专项排查整治，排查各类隐患，彻底整治到位，严格落实监管责任。要加大安全生产巡查力度，对消防、交通、公共场所、建筑企业、项目工地、矿山、石场等地进行督导检查，加强领导、强化责任，对所查出的安全隐患而未及时处理的企业及责任单位，坚决从严处理并追究相应责任。要建立健全长效机制，坚决遏制重特大事故发生。要强化责任落实，完善预案，进一步提高应急处置工作能力，确保全县安全生产形势持续稳定。

18日 县委常委、县委宣传部部长欧阳冬子主持召开全县净化社会文化环境集中整治工作会议。决定从8月18日起至9月30日，在全县范围内深入开展互联网上网服务营业场所经营秩序专项整治行动，以最大限度遏制网吧非法经营行为，实现经营秩序的根本好转，保障网吧行业健康有序发展。此次专项整治的重点是：严厉查处网吧违规接纳未成年人违法行为；未按规定核对登记上网消费者有效身份证件的行为；关闭门窗经营和消防通道不畅、存在安全隐患的行为；网上传播有害文化信息的行为；利用劳动培训班、学校电子阅览室、计算机室名义变相经营“网吧”的行为；坚决取缔无证照或证照不全的“黑网吧”，净化和规范上网服务行业经营活动。

欧阳冬子指出，清理整治网吧工作是践行社会主义核心价值观的具体体现，是深化创建全国文明县城工作的重要内容，是为青少年营造良好环境、塑造青少年美好心灵的重要举措。

欧阳冬子要求，全县各级各部门要高度重视，进一步增强责任感和紧迫感，切实担负起净化社会文化环境、促进未成年人健康成长的历史使命。各有关部门要高度集中指挥、集中时间、集中力量，迅速抓好部署和落实，全力清查和整治有关突出问题。一经发现问题，要点对点依法严格处理。加大加重对文化市场违法违规行为的处罚力度，特别是对网吧接纳未成年人的行为要从重处罚。

欧阳冬子强调，各部门之间要严格按照责任分工，加强协调和沟通，提高执法效率，增强监督合力，努力形成齐抓共管的工作格局；要建立监管平台，完善硬件管理设施，全面治理好环境昏暗、脏乱差、违规吸烟的行为等问题，对消防通道不畅的网吧按规定查处。要落实工作责任制和责任追究制，各职能部门与网吧监管人员、网吧业主之间要层层签订责任状，把责任落实到个人，勤抓细管；要举办网吧业主学习培训班，系统学习有关法律法规知识，强化他们依法办网的意识。

18日下午　县政协主席陈军率部分市、县政协委员深入白牙市工业园区视察创新创业园区建设情况。

陈军一行现场察看了厂区布局、路网建设、标准厂房建设等现场，随后在云生竹业有限公司召开座谈会，听取园区标准化厂房建设情况汇报，详细了解创新创业园区“135”工程设计、规划及功能等情况。

委员们对东安“135”工程项目推进情况给予充分肯定。委员们一致认为，创新创业园区“135”工程是东安加快园区提质步伐、优化园区产业结构、提升园区承载能力的重要机遇。相关部门要加大基础设施建设力度，完善基础设施，健全配套功能，筑巢引凤，为项目落地、企业引进提供良好环境。要强化融资力度，为创新创业园建设提供资金保障。要统筹协调，依托现有产业园区，按照既定目标高水准策划、高起点规划、高质量建设，全力以赴推动产业园区建设发展和全民创新创业。

县政协副主席丁国志、周壬秀参加视察。

20 日下午 湖南省国有林场改革验收组一行到东安检查验收国有林场改革工作。县委常委、副县长李晓宁，县人大常委会副主任唐新柱参加。

验收组一行认真听取了东安国有林场改革工作的汇报，查阅了东安国有林场改革资料汇编，详细询问了定性定编、纳入财政、债务处置、后续发展等改革中的难点问题和解决措施。

验收组充分肯定了东安国有林场改革取得的成绩，指出了存在的问题和不足。验收组认为，东安县委、政府高度重视、高位推动，相关部门积极配合、形成合力，改革扎实有效，实现了“三保五到位”[1] 的改革目标。验收组希望，东安要认真总结经验，强化工作措施，进一步推进全县国有林场改革进程。

20 日下午 市调研组一行 8 人到东安调研党的群团工作。市妇联主席黄薇、团市委书记周亮、市总工会副主席唐华栋，县委常委、县委组织部部长、统战部长王名扬出席座谈会并参加座谈。

王名扬汇报了全县党的群团工作开展现状及亮点。县工会、团委、妇联、残联、文联、科协、侨联等主要负责人，立足自身岗位，就当前群团组织工作开展情况、存在的困难和问题以及下

[1] 三保五到位：保生态、保民生、保稳定，定性定编到位、经费落实到位、职工社会保障到位、场办社会职能剥离到位、经营管理机制转换到位。

一步工作打算作了发言。

市调研组充分肯定了东安群团组织工作取得的成绩。调研组希望，东安群团组织要转变观念，增强“互联网 +”和“法治”两种思维，尊重甘于奉献、爱岗敬业、勤政廉政三种行事方式。要立足群众所需开展好服务工作，务求实效，真正实现群团组织有声音、有行动、有效果、有影响。

21 日至 22 日 中国伦理学会常务副秘书长王海滨带领“中国德文化之乡”考察组到东安考察认证“中国德文化之乡”工作。

王海滨一行先后参观考察了县城新吴公塔、新广利桥、博爱广场、紫水国家湿地公园县城段十里德文化长廊以及武德文化基地江东武校、水岭武术之乡，紫溪市镇吴公塔、广利桥、沉香寺、荷叶塘村，大庙口镇石瑞村的敦伦第、舜石桥、舜皇山、舜皇岩、县检察院、井头圩镇白竹村和芦洪市镇树德山庄等 7 个乡镇场、17 个德文化建设基地，详细了解了东安德文化历史渊源和文化底蕴。

专家组认为，东安创建中国德文化之乡工作有远见、有载体、有底蕴，夯实了道德文化基础，提升了创建水平，创建工作扎实有效、实至名归。专家组希望，东安要把打造“中国德文化之乡”作为推动精神文明、经济发展和全县人民引以为自豪的一张名片。要扛得住、扛得远，多搞活动、树典型，再接再厉、乘势而上。要进一步拓展载体、提升水平、营造氛围、丰富内涵，打造“中国德文化之乡”创建工作升级版。

县委副书记、县长陈宇荣，县人大常委会主任文高平，县委常委、县委宣传部部长欧阳冬子，县人大常委会副主任胡慧川陪同考察或参加座谈。

23 日上午 县委副书记、县长陈宇荣带领县教育局等相关部门负责人深入舜德学校现场办公。

陈宇荣一行实地察看了舜德学校建设工地，详细了解了学校建设完成情况，并就学校在建设过程中急需解决的安全防护、资金不足、各部门协作等问题进行了现场调度和安排部署。

陈宇荣要求，施工队要认真履行好自己的职责，尽快做好学校建设的扫尾工作，做到“保安全、保质量、保畅通、保开学”。学校要力行节约，做好开学的各项准备工作，要想办法完善学校的电子监控系统和安保工作，保证学校财产和人身安全。陈宇荣希望，舜德学校要加强过程管理，优化教学要素，提高教学质量，争创一流学校，为东安教育事业发展做出新的更大贡献。

副县长涂世国参加。

24 日 原省政协副主席、省计划生育协会会长石玉珍带领省计划生育协会检查组到东安检查指导工作。

石玉珍一行实地察看了紫溪市镇荷叶塘村计生协会工作，并先后在荷叶塘村和县行政中心七楼会议室召开座谈会，听取了荷叶塘村和全县计生协会相关工作情况汇报。

石玉珍对东安计生协会工作取得的成绩给予了充分肯定。石玉珍指出，东安计生协会工作有理想、有定位，载体丰富，措施有效，效果显著，起到了很好的示范带动作用，这些好的工作经验和做法值得在全省推广。石玉珍要求，东安相关职能部门要立足新起点，适应新常态，按照计划生育协会“自我教育、自我管理、自我服务、自我监督”方针，深入推进计划生育基层群众自治工作。要深入开展关心关爱留守儿童、孤寡老人等生育关怀行动，帮助群众解决生育生产生活方面的问题与困难。要不断创新载体，积极开展寓教于乐的宣传服务活动，大力宣传计划生育基本国策。要加强组织建设，健全工作机制，强化工作考核，促进东安计生协会工作迈上新台阶。

市政协主席唐定，市人大常委会副主任、市计生协会会长袁满娥，县委副书记、县长陈宇荣，县委副书记张波，县政协主席陈军，县人大常委会副主任、县计生协会会长宁苏君，县政府副县长涂世国陪同。

24 日下午　东安组织收看全省爱国卫生工作现场会暨启动城乡环境卫生整洁行动视频会议。县委常委、县委宣传部部长、县爱国卫生工作委员会常务副主任欧阳冬子参加收看。

25 日上午　县委书记谢景林在县商务、环保等相关部门主要负责人的陪同下，先后深入中国邮政东安分公司、东安渤海商品交易所、中国惠农网东安点、中国电信东安分公司和东安一中空气自动监测站调研指导电子商务和环境空气质量监测工作。

谢景林指出，电子商务作为战略性新兴产业，事关经济发展方式转变、产业结构调整和新兴经济增长点培育，发展前景十分广阔。东安要顺应电商发展大势，积极推进电商发展，做到认识到位、思路清晰、目标明确、定位精准、措施具体，争取与淘宝、京东、阿里巴巴等国内大型电商平台合作。要充分运用“互联网+”思维，加快建设完善电商平台，把传统产业和现代科技有机结合起来，对东安鸡等特色农产品实行统一包装、统一地理标志，打造东安特色品牌。要积极向优秀电子商务企业学习，取长补短，加快发展速度，做大做响品牌。要出台相关扶持政策，鼓励企业先行先试，切实做好后勤保障工作。

在东安一中空气自动监测站，谢景林现场查看了空气质量检测设备及其运行情况，了解了各项大气参数的实时数据，详细询问了近期空气质量变化状况。谢景林要求，相关部门要高度重视做好大气污染防治工作，抓住“压煤、抑尘、禁燃”等环节，强化对工地和道路扬尘的监管，加强饮食业污染、工地扬尘、秸秆焚烧等重点领域管控，抓好农村清洁能源应用。要广泛宣传发动，大力倡导和推广绿色消费、低碳出行、文明健康的生活方式，让广大群众积极参与、共建共享。

县委常委、县委办主任郑景学，县人民政府副县长李瑞霞陪同调研。

26 日上午　县委副书记张波深入白牙市镇、水岭乡走访慰问部分困难计生家庭大学生，并为刚考入大学的 3 位困难计生学子送去助学金。

26 日上午　县政协主席陈军带领部分市、县政协委员视察棚户区改造工作。

陈军一行实地察看了黄泥洞林场、舜皇山国家森林公园管理局、原氮肥厂等棚户区改造房安置区现场，随后在县行政中心四楼会议室召开座谈会，听取了相关工作情况汇报。

陈军要求，相关职能部门要强化责任意识，切实履行职责，加大工作力度，全力推进棚户区改造工作。要加大棚户区改造工作宣传力度，妥善解决棚户区改造工作中存在的矛盾纠纷问题，引导群众积极参与到棚户区改造工作中来。要结合实际，尽快出台棚户区改造相关优惠政策，稳步推进棚户区改造工作，切实把棚户区改造工作这一民生工程办好办实。要优化项目建设环境，加大执法力度，依法严厉打击非法阻工、敲诈勒索等行为。要加快工程建设进度，严把工程质量关，确保棚户区改造工作任务如期完成。

县政协副主席周刚生、丁国志、蒋燕平、唐月程、周壬秀参加视察，县委常委、县政府副县长李晓宁陪同视察。

26日下午 副省长蔡振红带领省直相关部门负责人深入芦洪市镇神华国华永州电厂项目建设工地调研。

蔡振红一行实地查看了神华国华永州电厂进厂道路、厂房建设工地，详细了解电厂建设和安全生产设施运行情况。

蔡振红指出，神华国华永州电厂是全省重大项目之一，是永州有史以来投资最大的项目，省委、省政府高度关注项目建设进展情况。

蔡振红强调，电厂施工方和东安县在加快推进项目建设的同时，要时刻绷紧安全生产这根弦，认真贯彻落实中央、省委和省政府关于安全生产的系列重要指示精神，加大日常安全监管，加强安全值班、巡查。要严格落实安全生产“党政同责、一岗双责”制度，明确安全生产的目标任务、责任分工，加强对安全生产工作的督促、检查，确保各项安全生产措施落到实处。要进一步建立健全安全生产管理机制，排查各类安全隐患，坚决防范和杜绝各类安全生产事故的发生，确保项目建设顺利推进。

市领导陈文浩、蒋善生、颜海林、荣燕明，县领导谢景林、陈宇荣、陈丽等陪同调研。

27日上午 县委书记谢景林到县人民法院调研指导工作，并与法院班子成员进行座谈。

县人民法院党组书记、代理院长祝群从法院司法绩效管理、民调、司法作风建设和司法为民等方面作了工作情况汇报。同时提出了法院工作案多人少、审判人员招录难、协警配备不到位等困难和问题。

谢景林对县人民法院的工作给予充分肯定。谢景林指出，县法院在队伍建设、服务大局、改革创新、提高办案水平、维护司法公正等方面取得了显著成效，为法治东安建设做出了应有的贡献。谢景林要求，法院要始终坚持党的领导，紧扣中心，服务大局。要紧紧围绕司法为民公正司法的工作主线，真正让人民群众在每一个司法案件中感受到公平正义。要扎实开展好“三严三实”专题教育活动，坚持严以正法、严以守法、严以执法。要抓好队伍建设，强化业务培训，坚持反腐倡廉，不断提升司法公信力。要改进工作作风，提高执行力，优化环境，接受群众监督，打造人民满意的法院，为全面建成小康东安提供坚强的司法保证。

27 日 2015 年新录用乡镇公务员座谈会在县行政中心召开。县委常委、县委组织部部长、统战部长王名扬出席会议并讲话。

新录用的 37 名乡镇公务员（其中省委组织部选调生 7 名、乡镇工作人员 27 名，人武专干 3 名）各自做了自我介绍，并表示进入新岗位后，将珍惜工作机会，尽快进入角色。2 个接收单位代表作了表态发言；组织、人事、编办负责人宣读了 2015 年新录用乡镇公务员分配方案。

王名扬代表县委、县委组织部对新录用的乡镇公务员表示祝贺。勉励大家在新岗位、新环境中积极转变角色，提升能力；要扎根基层，崇尚实干，严于律己，始终做到慎言、慎行、慎独、慎微，树立清正廉洁的良好形象。王名扬希望各用人单位对新进乡镇公务员要多压担子，强化管理，让他们干事有劲头，创业有舞台，发展有空间。

27日下午 县委常委、常务副县长陈丽主持召开东安鸡产业化开发项目建设工作推进会。会议听取了相关工作情况汇报，并对妥善解决东安鸡产业化开发项目建设存在的困难和问题进行了安排部署。

陈丽对东安鸡产业化开发项目建设前期工作取得的成绩给予了充分肯定。陈丽要求，各相关职能部门要把东安鸡产业化开发项目建设摆上重要议事日程，上下联动，密切配合，全力破解项目建设发展难题，加快推进东安鸡产业化开发项目建设。要优化服务环境，简化办事程序，为项目建设开绿灯，全力扶持东安鸡产业化项目建设。县经济开发区、国土和白牙市镇政府要加大工作力度，尽快做好项目建设征地拆迁扫尾工作。县环保、住建等职能部门要尽快做好项目环评、规划等相关手续办理工作。县人社部门要及时组织养殖户进行养殖技能培训，为扩大养殖规模提供技术保障。县畜牧水产局要制定方案，做好东安鸡种苗免费发放工作。县财政部门要保障项目建设相关工作经费。县政法部门要依法依规严厉打击非法阻工等违法行为，确保项目有序施工。同时，企业单位要打造一支专业策划团队，以市场为导向，制定详细的产业规划，全力拓展东安鸡市场领域，努力将“东安鸡”品牌打造成为湖南省著名商标、中国驰名商标。

县委常委、副县长李晓宁，县政府副县长、公安局长郑航，县政府副县长唐振宇参加会议。

29日下午 全市安全生产示范创建工作流动现场会走进东

安，现场观摩东安安全生产示范创建成果。市委常委、副市长蒋善生，市政府副秘书长、市安监局长段灵利，各县区人民政府分管负责人，县领导谢景林、陈宇荣、张波、陈丽等参加现场观摩。

与会人员参观了省级安全生产示范镇——井头圩镇，实地察看该镇安全生产设施配备和安全工作台账资料，观看安全生产工作情况汇报专题片，详细了解井头圩镇安全制度执行情况。

与会领导对东安安全生产示范创建工作给予了充分肯定。希望东安在下一步工作中，继续高度重视安全生产工作、抓好落实，注重消除安全隐患、强化主体责任，建立健全安全生产长效机制，全力促进安全生产形势持续稳定。

31日下午 全县安全生产工作谈心对话会召开。会议传达了中央、省领导关于安全生产工作批示指示精神和全国、全省安全生产电视电话会以及全市安全生产流动现场会精神，并对当前安全生产工作作了具体安排部署。县委书记谢景林出席会议并讲话，县委副书记、县长陈宇荣主持会议。

谢景林指出，安全生产是人命关天的大事，任何时候都不得松懈。各级各部门要深刻吸取天津“8·12”事故教训，始终绷紧安全生产这根弦，切实增强安全意识，做到警钟长鸣，常抓不懈。要狠抓责任落实，落实企业主体责任，落实行业监管责任，努力推动“党政同责、一岗双责、失职追责”责任体系落细落小落实。要开展地毯式和常态化排查，加大安全生产隐患整治力度，确保整改到位，坚决防范和遏制各类安全事故的发生。

陈宇荣要求，各级各部门要认真学习、深刻领会会议精神，认真安排部署本行业领域内的安全生产工作。要做好“中国人民抗日战争暨反法西斯战争胜利70周年”纪念活动期间的信访维稳工作。要明确各级责任，切实抓好整改，牢固树立“生命高于一切，安全优于一切”的理念，进一步提高坚守安全生产红线的自觉性和坚定性，确保全县安全生产工作再上新台阶。

县委副书记张波，县领导郑景学、陈丽、李顺利、李晓宁、王名扬等出席会议。

9月

1日至2日 县委中心组在县行政中心县委常委会议室开展“三严三实”专题教育第二次集中学习研讨。市委常委、市纪委书记朱映红到会指导。县委书记谢景林主持。

研讨会之前，县委中心组成员学习了中央“三严三实”专题教育有关文件精神以及习近平总书记的重要指示精神，观看了教育警示片《沉沦——“裸官”欧林高蜕变纪实》和《高速路上的腐败陷阱——湖南省交通运输厅系列腐败案警示》。研讨会上，县委常委同志按照“三严三实”专题教育要求，围绕“严以律己，严守党的政治纪律和政治规矩，自觉做政治上的‘明白人’”这个主题，结合工作实际，从不同的角度，对“严以律己”进行了深入阐述。大家一致认为，作为县处级领导干部，必须严以律己，心存敬畏，手握戒尺，慎独慎微，勤于自省，自觉遵守党纪国法，遵守各项规章制度，做到为政清廉，心中有党、心中有民、心中有责、心中有戒。

朱映红充分肯定了东安学习研讨会取得的成效。朱映红指出，东安县委严格按照中央和省、市委的安排部署，围绕全县中心大局，将“三严三实”专题教育牢牢抓在手上，及时研究谋划，精心部署推进，专题教育启动顺利，规定动作准确到位，取得了明显成效。朱映红要求，东安各级各部门要紧扣严守政治纪律和政治规矩开展学习研讨，要围绕中央精神和要求推进学习研讨，要充分运用正反典型深化学习研讨。要进一步聚焦问题难题，坚持边查边改。要掌握“五个剖析维度”，从理想信念、党性修养、权利行使、纪律规矩、做人做事五个方面逐条深入剖析问题根源。要主动认领，对号入座，认真梳理，打通思想认识的任督二脉。要按照“三严三实”要求，建立健全问题清单、责任清单、整改清单和台账。要坚持统筹兼顾，做到知行合一，将“三严三实”专题教育与推进精准扶贫精准脱贫、重点项目建设、民生实事和加强基层党建等重点工作相结合，以具体工作成效检验“三严三实”专题教育成果。

谢景林要求，全县各级各部门要深刻理解“严以律己”的内涵和意义，牢牢把握“严以律己”的标准和要求，做政治上的明白人、组织上的规矩人、工作上的老实人。领导干部要以身作则，始终心存敬畏，坚持知行合一，慎初慎独慎微，自觉接受监督，以实际行动带动身边干部群众扬正气、树新风，真正形成上级带下级、领导带干部、干部带党员、党员带群众的干事创业生动局面。谢景林强调，全县各级各部门要把“三严三实”专题教育当作当前工作的头等大事来抓，在思想上严起来、律得住，在行为上遵法纪、守规矩，在廉洁上严要求、示好范，在学习上带好头、当标杆，在工作上强执行、提效能，持续深入抓好“三严三实”专题教育。要把“三严三实”要求贯穿于全县工作大局，紧紧盯住神华国华永州电厂、芦江水库、新东芦公路、冷东快速通道、“135”工程等重点项目建设，采取过硬措施，精准发力，确保完成全年目标任务。要严格按照“三严三实”的要求，进一步强化党性修养，增强发展自信，坚持稳中求进、好中求快，推动中央、省、市各项决策部署落地生根，全力打造“五个东安”，全面建成小康社会，向市委和全县人民交出一份满意的答卷。

县委副书记、县长陈宇荣，县委副书记张波，县人大常委会主任文高平，县政协主席陈军和郑景学、陈丽、李顺利、李晓宁、王名扬等县领导参加学习研讨。

2日上午 县委书记谢景林在县市场服务中心主要负责人陪同下，深入新投入使用的东安中心市场调研，详细了解新市场的经营状况和目前存在的问题。

谢景林指出，农贸市场与群众生活息息相关，市场服务中心要进一步完善基础设施建设，做好群众思想工作，引导新老经营户入驻。要进一步强化管理，规范经营秩序，整治卫生环境，建立长效机制，为商户和广大市民营造一个卫生、健康、文明、安全、舒适的市场环境。

谢景林强调，相关部门要借鉴其他县区市场管理的好的做法，探索出适合东安市场运行管理的新模式；县城管、交通、交警等职能部门要加大宣传力度，各司其职，部门联动，开展综合执法，维护市场整体运行秩序，提升东安城市形象。

县政府副县长李瑞霞，县政协副主席蒋燕平陪同调研。

2日下午 县委常委、常务副县长陈丽主持召开东安大市场改造和新中心市场管理协调会，专题研究东安大市场改造和新中心市场管理工作。

会议听取了东安大市场改造项目的进展情况和新中心市场运营存在的问题等情况汇报。

会议要求，相关部门要加强对新农贸市场经营秩序的管理，抓好日常环境卫生保洁，加强安全生产、社会治安等工作。要加强新中心市场路段路口交警执勤工作，保障交通畅通，确保新市场安全有序运营。

会议强调，东安大市场的改造建设关乎民生，牵动百姓，东安大市场改造建设指挥部要进一步摸清底子，准确掌握市场铺面面积、业主、商户等基本情况，做好群众思想工作，做好拆除重建的前期准备工作。要根据县委、县政府的决策部署，高起点规划、高标准建设、高水平管理，确保东安大市场建设顺利进行。

县人大常委会副主任胡贤吉、县人民政府副县长李瑞霞、县政协副主席周壬秀参加。

6日　县政协在县行政中心四楼会议室开展“三严三实”专题教育第二次集中学习研讨。县委副书记张波到会指导。县政协主席陈军主持并讲话。

与会人员围绕“严以律己，严守党的政治纪律和政治规矩，自觉做政治上的‘明白人’”这个主题，结合自身工作实际分别作了发言。大家一致认为，做官先做人，要耐得住寂寞、守得住底线，严格遵守党的政治纪律和政治规矩，自觉做政治上的明白人。

陈军要求，县政协领导班子成员要进一步统一思想，提高认识，深刻理解“严以律己”的丰富内涵。要以反面典型为镜，结合工作实际，对照“镜子”深入剖析自我，筑牢拒腐防变思想道德防线和党纪国法防线，做到心中有戒，警钟长鸣。要坚持问题导向，深入查找自身存在的“不严不实”问题，做到立行立改。要严守政治纪律和政治规矩，严格依法行政，依法办事，做遵纪守法的模范。要坚持统筹兼顾，把开展专题教育与促进政协工作结合起来，围绕年初确定的工作目标任务，认真抓好课题调研、社情民意信息反馈等工作，以具体工作成效检验“三严三实”专题教育成果。

县政协副主席周刚生、丁国志、蒋燕平、唐月程、周壬秀，县正处级干部陈铸亮，原县政协副主席刘爱玉参加。

6日至7日 县纪委、监察局开展“三严三实”专题教育第二次集中学习研讨。县委常委、县纪委书记李顺利出席会议并讲话。李顺利要求，县纪检监察干部要做到“五个坚持”，即：坚持进一步深化认识，学习研讨要与本职工作相结合，做自己该做的事，做对得起群众和自己良心的事。坚持把自己摆进去，不断查摆理想信念、宗旨观念、作风形象、素质能力、组织纪律、精神状态等方面的差距。坚持研讨的要求和方向，始终围绕习近平总书记提出的“二十字”好干部标准、“四有”和“四个人”要求开展学习。坚持边学边查边改，不断修已正身。坚持严以修身忠实履责，秉承坚定不移的政治信念，做到“克已奉公、忠诚担当”。将县纪委、监察局打造成一支“想干事、会谋事、敢担事、能成事”的优秀团队。

6日下午 全县国有企业改革推进会在县行政中心三楼会议室召开。县委副书记、县长陈宇荣出席会议并讲话。

会议指出，自2014年5月启动实施第二轮国企改革改制工作以来，对7家国有企业进行了清产核资、资产评估，制定和落实改革方案，分别组织召开企业职工大会、职工代表大会，讨论、表决职工安置方案，完成了一系列改革基础性工作。全县各级各部门要提高认识，按照省、市要求和部署，加强领导，统一政策，积极稳妥，务实推进，打好国企改革攻坚战。

陈宇荣强调，全县各级各部门要统一思想，深化认识，切实增强加快国企改革的紧迫感和责任感。要下定决心，抢抓机遇，攻坚克难，严格执行落实各项国企改革政策，切实维护职工合法权益。要将国有企业改革有关政策读懂、吃透，认真做好相关政策宣传和解释工作。要统筹协调，充分发挥职能作用，积极化解各种矛盾和问题，确保社会大局和谐稳定。要抓紧时间，密切配合，通力协作，切实按照职能分工，结合改革工作需要，制定相应的工作措施，全力支持、配合、服务好国企改革工作，确保三年内完成国有企业改革目标任务。

县委常委、常务副县长陈丽，县人大常委会副主任胡贤吉，县人民政府副县长唐振宇，县政协副主席丁国志出席会议。

7日上午 县委书记谢景林深入“云数据”指挥中心和新广电大楼调研。

在“云数据”指挥中心，谢景林一行深入项目建设施工现场，详细了解工程进度，现场解决工程建设中存在的困难和问题。谢景林指出，“云数据”指挥中心建设是县委、县政府为民办十件实事之一，各相关单位要加强领导，协调配合，搞好资金调度，确保项目建设顺利推进。谢景林要求，相关部门要尽快摸清底子，依法将“云数据”指挥中心门前广场收回并改造，方便群众办事。项目施工方要在保证工程质量的前提下，加快工程进度，确保11月底前完工并交付使用。

在新广电大楼，谢景林查看了县广播电视台的办公场所和配套设施建设。谢景林要求，县广播电视台要确保电视信号正常传输，不能因搬迁影响人民群众观看电视节目。要以广电大楼搬迁为契机，进一步加强栏目建设，引进优秀人才，提升业务水平，更好地发挥党的喉舌作用，进一步营造“五个东安”建设的良好氛围。

县委常委、常务副县长陈丽陪同调研。

7日至8日 县人大常委会开展“三严三实”专题教育第二次集中学习研讨。县人大常委会主任文高平参加学习研讨。

与会人员围绕“严以律己，严守党的政治纪律和政治规矩，自觉做政治上的‘明白人’”主题逐一发言，结合自身思想、工作、生活和成长经历，展开深入的讨论和交流，进行了一次思想和灵魂的洗礼，达到了统一思想、提高认识的效果。

文高平要求，县人大党员领导干部要始终把学习“三严三实”专题教育摆在首位，深刻领会其丰富内涵和实践要求。要准确把握研讨方向，紧扣严守政治纪律和政治规矩开展学习讨论，围绕最新指示精神推进学习研讨，充分运用正反典型深化学习研讨。要把学习研讨成果与做好本职工作结合起来，不断加强宪法法律知识和政治纪律方面的学习，切实做到自重、自省、自警、自励。要在工作中坚持边查边改，大力解决为官不为、为官乱为、为官不正等问题，更好地依法履行县人大常委会的职责。

8日上午 县委书记谢景林主持召开县委常委会议，研究部署农村产权制度改革、阿里巴巴“农村淘宝”项目对接、“中国德文化之乡”授牌、舜德学校配套设施建设等工作。

关于农村产权制度改革工作，会议指出，相关职能部门要高度重视，密切配合，重点做好农村土地流转、农村土地承包经营权确权登记和利用农民专业合作社流转土地做大做强农业产业等工作。要进一步完善土地流转平台建设，大力宣传电子商务平台在农业产业化中的广泛应用。典型推介大江口乡大江源现代农业综合产业园、端桥铺镇瑞峰肉牛养殖合作社、白牙市镇土地流转服务平台等农村产权制度改革的成果。

关于阿里巴巴“农村淘宝”项目对接工作，会议要求，相关职能部门要高度重视，按照阿里巴巴“农村淘宝”项目相关工作要求,成立领导小组,做好相关资料准备,全力做好项目对接工作。要进一步摸清东安电商推广情况，做好县、乡两级电商示范点和县级服务中心现场准备工作。要结合东安区位和产业优势，加大宣传力度，推动东安电子商务产业发展。要设立电子商务发展财政专项资金，全力扶持电子商务产业发展，为阿里巴巴“农村淘宝”项目入驻东安打下坚实基础。

关于中国德文化之乡授牌工作，会议要求，相关职能部门要深入挖掘东安历史文化底蕴，认真梳理东安德文化脉络，准备完善相关资料，制作好德文化宣传册，充分展现东安德文化的历史渊源。要加大德文化宣传力度，让德文化元素充分融入学校、机关，在全县上下凝聚建设德文化共识。

关于舜德学校配套设施建设。会前，谢景林、陈宇荣带领县直相关单位主要负责人深入新落成开学的舜德学校，实地查看了学校周边环境综合治理、校园文化建设、教学设施配备等基本情况，详细了解学生入学和学校开学工作情况。会议要求，相关职能部门要尽快完善舜德学校配套设施建设，加强学校周边环境综合整治。要进一步加大宣传力度，强化校园文化建设，强化教育教学管理，努力提高教育教学质量，办人民满意的学校。

县委副书记、县长陈宇荣，县委副书记张波，县人大常委会主任文高平，县政协主席陈军和郑景学、欧阳冬子、陈丽、李顺利、王名扬、王学军、苏建华等县领导出席会议，相关单位负责人列席会议。

8日上午 县委常委、常务副县长陈丽主持召开阿里巴巴“农村淘宝”项目落地选点筹备会。

会议指出，阿里巴巴“农村淘宝”项目是一项惠民、便民，促进大众创业，万众创新的民生工程，更是推进农村信息化建设和构建农村电子商务生态的系统工程。相关部门要明确任务，合理推进，积极主动，全力以赴，为阿里巴巴“农村淘宝”项目进驻东安打下坚实基础。

会议要求，各相关部门要高度重视，按照阿里巴巴“农村淘宝”项目相关要求做好沟通对接，确保各项工作顺利推进。要加大宣传力度，集中展示东安特色产品，让阿里巴巴“农村淘宝”南大区业务部相关人员进一步了解东安市场的优势。要做好各项服务工作，搞好资金保障，进一步推动东安农村电子商务工作健康快速发展。

9日上午 东安县送戏下乡暨端桥铺镇文化舞台启动、创建百岁健康县、德文化之乡文艺汇演在端桥铺镇社场坪广场举办。

县委常委、县委宣传部部长欧阳冬子出席。

9日下午 湖南省统计局党组成员、总统计师戴乐平到东安调研重点项目建设。

戴乐平一行深入神华国华永州电厂、红狮水泥等在建重点项目现场，实地查看工程建设情况，听取项目建设有关情况汇报，详细了解项目建设在推进过程中存在的困难和问题。

戴乐平对东安重点项目建设取得的成绩给予充分肯定。戴乐平要求，东安要进一步加强领导，明确责任，全力推进神华国华永州电厂等重点项目建设。项目施工方要全力做好资金、人员、机具等要素保障，确保施工安全，确保工程质量。要突出工作重点，解决重点问题，相关部门要派专人进驻工地，协调解决施工过程中遇到的困难和问题。要做好相关统计工作，通过数据反映东安经济社会发展取得的丰硕成果。

市统计局局长李旦梅，县委书记谢景林，县委常委、县委办主任郑景学，县委常委、副县长李晓宁等领导陪同调研。

9日下午　县委书记谢景林深入芦江水库项目建设指挥部就加快推进芦江水库项目建设现场办公。

在听取芦江水库项目建设相关工作情况汇报后，谢景林充分肯定了芦江水库前期各项工作取得的成绩。谢景林要求，各级各部门要高度重视，积极作为，狠抓落实，加快推进芦江水库项目建设。要进一步健全安全生产管理长效机制，提高施工人员安全生产防护意识。相关职能部门要大力支持工程建设，按期完成各项相关工作。项目建设指挥部要主动作为，倒排工期，按照规定的时间节点有序推进项目建设。

县委常委、县委办主任郑景学，县委常委、副县长李晓宁，县政协副主席唐月程参加。

10日下午　阿里巴巴农村淘宝网湖南区域经理李永强，杭州甲骨文科技有限公司项目总监、永州项目对接小组副组长郑先星，杭州杰夫集团董事长蒋之恒等电商平台企业考察团一行到东安考察，先后到白牙市镇神仙桥村、县政务服务中心等地，全面了解东安电子商务发展情况及特色资源优势，并召开座谈会，就推进农村淘宝千县万村项目，加快电子商务进农村等进行商谈。

市商务局副局长李烨，县委书记谢景林，县委副书记、县长陈宇荣，县人大常委会主任文高平，县政协主席陈军，县委常委、常务副县长陈丽等陪同考察或参加座谈。

县委书记谢景林代表县委、县人大、县政府、县政协和全县人民欢迎阿里巴巴集团农村淘宝网等电商平台企业考察团一行到东安考察，并介绍东安县情和全县发展农村电子商务的优势。阿里巴巴农村湖南区域经理李永强就电子商务发展等作了详细的介绍。各与会人员踊跃发言，就电子商务发展等进行深入交流和探讨。

谢景林指出，东安是个农业大县，地大物博，人口众多，特色资源丰富，先后荣获中国德文化之乡、全国银杏之乡、全国科技进步先进县、全国粮食生产先进县、全国小农水建设重点县、国家级自然保护区、国家级湿地公园等 20 多个国、省字号品牌荣誉。东安基础设施完善，物流发展步伐加快，网络建设提档升级。东安电商氛围浓厚，网上购物人群越来越多，商家发展电商意识越来越强烈，农产品网上交易来势看好。东安对与阿里巴巴集团的合作有积极热情与强烈愿望。东安蓄势待发，将全力以赴创造宽松环境，提供优越条件，希望能够成为农村淘宝网千县万村项目的第一批试点县，期待能与阿里巴巴集团进一步沟通交流、对接洽谈，实现互利共赢发展。

陈宇荣表示，东安物产丰富，商机无限，“农村淘宝”项目发展大有空间。希望阿里巴巴多关注东安、了解东安，指导并推动“农村淘宝”项目在东安落地生根、开花结果。东安将以最优惠的政策、最优良的服务、最和谐的环境支持“农村淘宝”项目发展。

考察团一行对东安高度重视电子商务发展，高度重视农村淘宝千县万村项目给予充分肯定，认为东安地理条件优越，农产品资源丰富，物流通畅便捷，农村电子商务发展潜力大、前景好。

10 日下午 省绩效考核办到东安调研省重点工程神华国华永州电厂项目实施情况。

省调研组实地察看了神华国华永州电厂项目建设情况，听取项目建设相关工作情况汇报。

省调研组对县内重点工程实施情况给予了充分肯定。省调研组认为，东安在神华国华永州电厂项目建设中，领导高度重视，措施有力，全力推进项目建设。省调研组要求，东安各级各部门要进一步加大工作力度，增强服务意识，积极做好协调服务，努力解决项目建设过程中遇到的困难和问题，为项目建设营造良好的施工环境，加快推进项目建设，确保完成绩效考核目标任务。

县委副书记张波，县政府副县长唐振宇陪同调研。

10 日下午 东安县庆祝第 31 个教师节座谈会在舜德学校召开。会议表彰了 2014 年度教育先进单位、教育工作先进个人和 2014 年明星学校、重教功臣以及明星校长、教师、学生。县委常委、县委办主任郑景学出席会议并讲话。

郑景学代表县委、县人大、县政府、县政协和全县人民向全县所有奋斗在教育一线的广大教师和教育工作者致以崇高的敬意和节日的问候！向受表彰的教师和教育工作者表示热烈的祝贺。

郑景学充分肯定东安近年来教育改革发展所取得的显著成效。郑景学强调，广大教师要坚守底线，争当师德表率、争做道德楷模。郑景学要求，全县人民要牢固树立教育优先、教师优待的理念，努力营造关注教育、支持教育、崇尚教育、办好教育的良好氛围。广大教师和教育工作者要继续发扬真抓实干、开拓创新的精神，同心同德，扎实工作，努力争当人民满意的教师，创建人民满意的学校，办好人民满意的教育，努力开创东安教育改革发展新局面。

11日上午　东安县迎省市下半年综治民调工作调度会召开。县委书记谢景林出席会议并作重要讲话，县委副书记、县长陈宇荣主持会议。县委副书记张波宣读《2015年上半年民调工作情况通报》，县委常委、县委政法委书记苏建华作工作报告。石期市镇、县教育局、三七四处作典型发言，县公安局、县检察院、县法院、县司法局、白牙市镇、大庙口镇、湘运东安公司作表态发言。

谢景林指出，2015年上半年，通过各级各部门的共同努力，东安的省综治民调测评成绩较为稳定，在全省128个县市区中排名第9位。在肯定成绩的同时，也要清醒地看到，影响和制约综治民调工作的各种问题还不同程度地存在，个别单位、个别领导存在民调意识淡化、主体意识弱化等问题。

谢景林强调，下半年，综治民调工作要以管用有效、群众满意为原则，以更大的力度、更严的措施，把打击、防范、稳控、整治包括法治教育、管理服务等各方面的规定动作进一步抓深入、抓具体、抓到位，尤其要坚持重视基层、服务基层、加强基层的工作导向，进一步推动工作责任向基层延伸、管理关口向基层前移，确保干部力量在基层集聚、矛盾问题在基层解决。通过一个一个问题的解决，不断提高人民群众的获得感、安全感和满意度，为发展打下良好的民意基础和稳定的社会环境。各级各部门、广大干部群众要心往一处想，劲往一处使，形成大合唱。要通过严格考核奖惩，层层传导压力、激发工作动力，推动综治民调各项工作真正落到实处。

陈宇荣要求，各级各部门要认真按照下半年全县民调工作的安排部署抓好贯彻落实。县委政法委要积极协同县“大督查”办，“两办”督查室成立专门督查组，对综治民调工作进行督查，确保下半年综治民调和全年综合排名进入全省前10位的目标。

文高平、陈军、郑景学、欧阳冬子、陈丽、李晓宁等县领导出席会议。

11日下午 县政协八届常务委员会第十五次会议在县行政中心四楼会议室召开，专题协商法治东安建设。县政协主席陈军出席会议并讲话。

会议听取了县委政法委、县法制办、法院、检察院、公安局、司法局、国土局、住建局等单位关于全县法治东安建设情况、全县政府序列依法行政工作情况和本单位依法行政工作情况汇报。与会委员围绕当前依法行政工作存在的问题和不足进行了协商讨论，并就改善执法环境、加大执法力度等工作建言献策。

陈军指出，依法行政是经济发展，社会稳定，国家长治久安的必要保证，也是提升政府形象，提高工作效率，取信于民的重要保证。希望全县各相关职能部门要进一步统一思想，提高认识，切实加大法制宣传教育力度，全面提升全民遵法、守法、护法意识。

陈军要求，要以制度建设为抓手，进一步推进政务公开，列好权力清单和责任清单，让权力在阳光下运行，努力打造“透明政府”“阳光政府”。要狠抓执法队伍建设，着力整治“门难进、脸难看、事难办”“吃拿卡要”等现象。同时，要做好法律专业人才的吸纳和培养，努力打造一支政治强、业务精、作风硬，政策法律水平较高的政府法制干部队伍。要进一步加大行政执法监督问责力度，规范行政执法，为法治东安建设提供强有力的后盾基础。

县委常委、县政法委书记苏建华应邀参加会议。县政协副主席丁国志、蒋燕平、唐月程出席会议。

13 日下午 县委书记谢景林深入大江口乡大江源现代农业综合产业园调研农村产权制度改革。

谢景林一行实地察看了大江源现代农业综合产业园项目建设情况，详细了解园区农村土地承包经营权确权登记颁证、土地流转、功能区配套基础设施等情况。

谢景林要求，各相关职能部门要提高认识，密切配合，加大农村土地流转宣传力度，做好流转土地增收致富的典型事例和成功经验的宣传，提高农民群众认识，消除农民的思想顾虑，提高群众参与土地流转的主动性和积极性。大江源现代农业综合产业园要合理开发利用土地，科学定位土地的功能分区，合理调整土地利用结构和农业生产布局，抓好今冬明春园区种植。要创新理念，借助电子商务平台，积极发展农村电商，努力实现农产品“进城”。要加大投入，高标准、高起点抓好园区功能区和基础配套设施建设，着力打造集休闲观光、生态旅游为一体的生态农业示范园，带动乡村旅游。

县委副书记张波陪同调研。

15 日上午 东安芦江水库围堰截流成功，大坝基坑开挖。县政协主席陈军，副主席唐月程出席围堰截流仪式。

15 日上午 全省“三严三实”专题教育“一进二访”[1] 活动动员视频会议在长沙召开。县委书记谢景林，县委副书记张波，郑景学、欧阳冬子、李顺利、李晓宁、王名扬、苏建华等在家的县级领导在东安分会场收看视频会议。

[1] 一进二访：进村入户、访困问需、访贫问计。

视频会议结束后，谢景林就如何扎实开展“三严三实”专题教育“一进二访”活动进行了安排部署。谢景林要求，全县各级各部门要传达贯彻落实好会议精神。要统一思想，提高认识，准确理解和把握“三严三实”专题教育“一进二访”活动总体要求，明确参加对象和主要任务，按照活动时间节点，扎实推进“一进二访”活动开展。要根据活动要求，制定具体的实施方案，做好贫困村、贫困户调查摸底工作，精准确定扶贫对象。要严肃工作纪律，强化责任落实，抓好组织实施，确保活动扎实有效推进，全面完成各项目标任务。

15 日下午　全县城市文明程度指数测评迎检工作会议在县行政中心五楼会议室召开。县委常委、县委宣传部部长欧阳冬子出席会议并讲话，县政府副县长涂世国主持会议。县政协副主席蒋燕平通报国家统计局湖南调查总队 2014 年东安县城市文明程度指数测评情况。县公安局、县城管局、县教育局、县交警大队、县食品药品监督管理局、白牙市镇等单位负责人分别作表态发言。

欧阳冬子指出，自去年 8 月 20 日召开全县创建全国文明县城工作推进会以来，全县掀起了新一轮文明创建热潮，解决了创建工作中的不少突出问题。城市功能在建设中不断完善，城市秩序在整治中不断规范，文明素养在教育中不断增强，城市形象在创建中不断提升。当前，县委、县政府已擂响创建全国文明县城的冲刺战鼓，全县各级各部门要以背水一战的决心迎检，统一认识，把信心和干劲提起来。要以问题导向的意识迎检，对照标准，把差距和问题找出来，以百米冲刺的速度，抓重点，攻难点，扬优点，扫盲点，补缺点，真刀真枪将所有的迎接测评的准备工作做到位，大打一场迎接城市文明程度指数测评、创建全国文明县城的攻坚战。

欧阳冬子要求，全县各级各部门要以攻坚克难的作风迎检，全面整改，把难点和重点攻下来，要在全面发动干部群众，大力整治公共环卫秩序,依法规范公共交通秩序上下功夫。要抓好“五小”行业和集贸市场专项整治，提升窗口行业服务水平，提升市民整体文明素质。

欧阳冬子强调，全县各级各部门要严格落实责任，强化督促检查，加强工作调度，加大曝光力度，以严肃严明的纪律迎检，精心组织，把责任和要求硬起来，全力以赴做好城市文明程度指数测评迎检工作，确保实现创建全国文明县城工作目标。会议还对现场测评点相关事宜进行了安排部署。

16 日上午 市政府副市长张常明到东安督查批而未供和闲置土地清理处置工作。

张常明一行通过听汇报、查资料、看现场等形式，详细了解了东安批而未供和闲置土地清理处置工作情况。

张常明对东安批而未供和闲置土地清理工作取得的成绩给予充分肯定。张常明指出，批而未供和闲置土地清理处置是新形势下高标准加强国土资源管理工作的重要抓手。张常明要求，东安各级各部门要继续保持打击违法违规用地的高压态势，进一步加大闲置土地清理工作力度，全力做好闲置土地清理工作。要加大巡查监管力度，巩固清理处置成果。要结合东安实际，建立健全长效管理机制，进一步规范土地管理、使用、审批，做到源头防范，促进土地资源高效利用，确保圆满完成批而未供和闲置土地清理处置工作任务。

县委常委、常务副县长陈丽陪同督查。

16日下午 市政协主席唐定带领市检查组深入大江口乡荞麦冲锰矿区检查指导非法采矿整治工作。

唐定一行深入大江口乡荞麦冲锰矿区进行了实地察看，听取了相关工作情况汇报。

唐定强调，东安相关职能部门要高度重视，进一步增强安全生产责任重于泰山的意识，严格贯彻落实市委、市政府的各项要求，迅速成立专项整治工作小组，制定整治工作方案，全力抓好大江口乡荞麦冲锰矿区非法采矿整治工作。要明确责任，强化措施，加强部门联动，形成合力，加大矿区巡查监管力度，依法严厉打击各类涉矿违法犯罪行为，严防非法开采死灰复燃。要加强矿区环境的综合治理，做好荞麦冲矿区回填、复垦、绿化工作，防止环境污染和水土流失，彻底消除安全隐患，确保人民群众生命财产安全。

市政协秘书长宋可福，市政府副秘书长、市安监局局长段灵利，县委副书记张波，县委常委、常务副县长陈丽，县政府副县长唐振宇，县政协副主席蒋燕平陪同。

17日 中国伦理学会在北京举行东安县“中国德文化之乡”命名授牌仪式，中国伦理学会会长万俊人向东安县委书记谢景林授予“中国德文化之乡”牌匾。东安成为全国首个命名的“中国德文化之乡”。

谢景林指出，中国伦理学会授予东安“中国德文化之乡”称号，是对东安德文化历史的充分肯定，也是新常态新背景下东安发展的一次新机遇。谢景林表示，“中国德文化之乡”建设没有最好，只有更好，德文化建设永远在路上。今后，东安要以高标准建设好“中国德文化之乡”为己任，进一步明确目标任务，突出重点特色，挖掘历史底蕴，努力建设最接地气、最具特色、最有生命力的“中国德文化之乡”，为全国道德建设探索一些成功的经验和做法。

中国伦理学会常务副秘书长王海滨主持授牌仪式。县人大常委会主任文高平，县政协主席陈军，县委常委、县委宣传部部长欧阳冬子，县人大常委会副主任胡慧川和东安在北京工作的各界人士代表现场见证这一历史时刻。《人民日报》《经济日报》《农民日报》，新华网、光明网、新浪网、环球网、中国经济网等二十多家媒体参与报道。

18日上午 全县妇女儿童发展规划终期评估迎检工作推进会在县行政中心三楼会议室召开。县委常委、常务副县长陈丽主持会议并讲话。

会议指出，东安是全省妇女儿童发展规划实施示范县，是督导评估必查的重点县。各级各部门要高度重视，提高认识，明确职责，根据迎检工作具体要求，抓好工作落实。要加强沟通，密切配合，对照各项指标要求，查漏补缺，修改完善各项数据，确保数据真实准确。要加强督查督办，做好现场考察点和相关资料的准备工作，确保东安妇女儿童发展规划终期评估迎检工作顺利进行。

21日上午 东安舜德学校落成暨关爱留守儿童活动仪式隆重举行。在中联国兴书画院执行院长徐磊的陪同下，二炮原政委隋永举上将，海军航空兵原司令员、中联国兴书画院院长马炳芝中将，建设部原副部长叶如棠等老领导和书画艺术家出席活动仪式。

赖明勇宣读了第十三届中央政治局委员、原四川省委书记，第八、九届全国政协副主席杨汝岱的贺信，徐磊宣读了中国关工委的贺信，马炳芝中将致辞。县委副书记张波致欢迎辞。

活动仪式由中联国兴书画院副院长刘江海主持。省政协副主席赖明勇，市政协副主席吕斌，县领导文高平、陈军、郑景学、陈丽、涂世国、蒋燕平等参加活动。

22日上午 市委副书记张严到东安调研经济社会发展情况。

张严一行先后视察了神华国华永州电厂、端桥铺瑞丰肉牛养殖合作社、云生竹业、白牙市镇土地流转平台建设等工作，随后在县行政中心常委会议室召开座谈会，听取东安经济社会发展情况汇报。

张严对东安近年来经济社会发展取得的成绩给予充分肯定。张严指出，2015年上半年，东安各项主要经济指标增幅较去年同期相比，有了较大幅度的提升，经济社会发展取得了可喜成绩。张严强调，今后，东安要抓大项目，牢固树立抓项目就是抓发展，抓发展就要抓项目的思想，尤其要抓好神华国华永州电厂建设，使之成为东安乃至永州新的经济增长极，为全力打造品质活力永州做出新的更大的贡献。要抓品牌，做大做强东安鸡、“中国德文化之乡”、竹木加工产业，形成东安的特色品牌。要抓农村土地流转，切实做好农村土地确权工作，将其与精准扶贫、美丽乡村建设结合起来，推进农业农村工作。要抓好农村基层党建工作。圆满完成年初市委、市政府确定的各项目标任务。

县委书记谢景林，县委副书记、县长陈宇荣，县委副书记张波，县人大常委会主任文高平，县政协主席陈军以及郑景学、欧阳冬子、陈丽、李顺利、李晓宁、王名扬等陪同调研或参加座谈。

22 日下午 全市农村秋冬生产暨森林防火工作电视电话会议在冷水滩召开。会议贯彻落实全省农村秋冬生产工作电视电话会议和全省森林防火现场会会议精神，安排部署 2015 年农村秋冬生产和森林防火工作。县委副书记张波，县委常委、副县长李晓宁和县直各相关单位、各乡镇场相关负责人在东安分会场收看视频会议。

视频会议结束后，张波要求，全县各级各部门要传达贯彻落实好会议精神。要高度重视，制定森林防火预案，建立健全工作机制，认真履职，切实抓好森林防火工作，严防重大森林事故发生，确保人民群众生命财产安全。要明确目标，抢抓时节，因地制宜，着力抓好秋冬农业生产工作；要高标准、高质量，集中连片种植，做好办点示范工作。要深入田间地头，加强田间管理，强化技术服务，指导和帮助群众搞好秋冬农业生产，确保东安 2015 年秋冬种工作取得新成效。

23 日上午 县委副书记、县长陈宇荣带领县交通、水利、财政等相关部门负责人深入新圩江镇调研芦江水库项目建设。

陈宇荣一行实地察看了芦江水库项目建设进展情况，听取了芦江水库项目建设相关工作情况汇报，并就水库库区征地、供电管理和通村公路、桥梁建设等问题进行了认真研究和安排部署。

陈宇荣对芦江水库项目建设各项工作取得的成绩给予充分肯定。陈宇荣指出，芦江水库建设是一件功在当代利在千秋的民生实事、好事。陈宇荣要求，项目建设指挥部和相关职能部门要高度重视，积极作为，狠抓落实，加快推进芦江水库项目建设。要按照上级移民安置工作相关政策要求，做好移民安置补偿工作。要抢抓晴好天气，增加人力和设备，加快项目建设进度。县交通部门要加大工作力度，尽快制定库区通村公路和桥梁建设方案，努力解决茶源、双江等库区村民出行问题。财政部门要科学调度资金，确保项目建设顺利推进。

23日上午 东安县2015年“全国科普日”暨创建“全国科普示范县”大型科普进乡村活动在紫溪市镇荷叶塘村举行。县委副书记张波出席并讲话，宣布活动启动。

张波要求,全县各级科协组织和广大科技工作者要认真履职，加强群众生产、生活安全科普教育工作，进一步增强广大群众生产、生活安全意识。要坚持深入实际、深入基层、深入群众，创新开展科普活动，让科技成果切实转化为生产力，为东安美丽乡村建设提供更好的服务，为全县经济社会持续健康发展做出积极贡献。

23日下午 东安县建设“中国德文化之乡”工作推进会在县行政中心4楼会议室召开。

会议指出，2015年以来，县打造“中国德文化之乡”工作领导小组按照县委、县政府的安排部署，进一步明确职责分工，强化组织领导，德文化建设工作进展有序，取得了可喜的成绩。9月17日,中国伦理学会正式认定东安县为“中国德文化之乡”,并在北京中国伦理学会学术报告厅举行授牌仪式。至此，东安县建设“中国德文化之乡”工作取得阶段性成果,成为全国首个“中国德文化之乡”。

会议要求，各级各部门要坚持巩固、发展、提高方针，进一步放大品牌效应，努力打造“中国德文化之乡”升级版。各级各部门领导重视要升级，完善规划要升级，挖掘德文化底蕴要升级，德文化载体建设要升级，美德工程实施要升级，培育德文化典型人物工作要升级，健全工作机制要升级。要增强打造“中国德文化之乡”工作的紧迫感和责任感，切实加大宣传力度，着力培育和推介一批德文化示范单位和模范人物，制定鼓励德文化之乡建设的优惠政策。努力营造崇德、修德、守德、行德、弘德的良好氛围，让道德建设成为全民的自觉行动，增强群众的参与意识，提高全民的整体道德水平。

县人大常委会主任、县打造中国德文化之乡领导小组组长文高平，县委常委、县委宣传部部长、县打造中国德文化之乡领导小组副组长欧阳冬子出席会议。

24日上午 全县纪检监察工作会议在县行政中心五楼会议室召开。会议对全县案件检查、信访举报、整治发生在群众身边的“四风”和腐败问题以及“两个责任”落实工作进行了安排部署。县委常委、县纪委书记李顺利出席会议并讲话。

李顺利要求，各级各部门要贯彻落实中央和省、市委坚持从严治党、加强党风廉政建设和反腐败工作的部署和要求，切实增强责任感和紧迫感，认真落实党风廉政建设“两个责任”。要突出重点，严肃工作纪律，始终保持查办案件的高压态势，依法严肃查处各类违法违纪案件。要加强对县委县政府重大决策部署落实情况的监督检查，确保政令畅通。要加大督查力度，严肃查处发生在群众身边的“四风”和腐败问题。要强化责任意识，畅通信访渠道，加强接访处访息访力度，用心、用情、用法做好信访举报工作，切实维护群众合法权益。要按照党风廉政建设考核要求，对考核内容进行梳理，明确任务，认真做好年终考核各项准备工作。

24日 县委常委、县委组织部部长、统战部长王名扬深入井头圩镇，调研指导乡镇基层党建工作站建设和软弱涣散村党组织整顿工作。

王名扬实地察看了井头圩镇的基层党建工作站，并走访了大树脚村、熊家村和伍塘村等村党组织软弱涣散村，详细了解相关情况。

王名扬充分肯定了井头圩镇基层党建工作站建设取得的成绩。王名扬要求，井头圩镇要进一步加强基层党建工作站点的规范化建设，做到专职专岗，创特色、出亮点，争创全县基层党建工作的示范站点。王名扬强调，井头圩镇要加强村党组织软弱涣散村的管理，真抓实干，综合施策，对查摆出来的问题逐一整改落实。对村党组织班子配备不齐、党组织书记空缺或不胜任现职的，要抓紧配备到位。

25日上午 县委书记谢景林主持召开县委常委扩大会议，会议听取了创建中国德文化之乡、教育工作、国有企业改革、政府机构改革等工作情况汇报，传达贯彻全省组织工作推进会、全市农村基层党建工作座谈会、全省“一进二访”活动电视电话会等会议精神。

关于创建中国德文化之乡工作，会议指出，9月17日，中国伦理学会在北京举行授牌仪式，东安成为全国首个“中国德文化之乡”。德文化建设只有起点，没有终点，德文化建设永远在路上。会议要求，各级各部门思想要升温，工作再升级，要在完善顶层设计、坚持深度融合、突出活动引领、完善宣教平台、健全激励机制上下功夫，着力将德文化建设各项要求措施落到实处，做到内化于心、外化于行。进一步放大品牌效应，努力打造“中国德文化之乡”升级版。

关于教育工作，会议要求，各级各部门要认真贯彻落实市委书记陈文浩在全市第 31 个教师节暨表彰大会上的重要讲话精神，结合东安实际，着力解决全县各中小学校，特别是幼儿教育、学前教育、义务教育阶段的学位问题；根据相关政策，提早谋划好农村教学点布局；同时要大力改善办学条件，扎实推进教育改革，切实提升学生素质，狠抓教师队伍建设，加强教育督导工作，真正实现“教育强县”目标。

关于组织工作，会议传达了全省组织工作推进会、全市农村基层党建工作座谈会、全省“一进二访”活动电视电话会等会议精神。会议要求，各级各部门要认真贯彻落实会议精神，扎实深入推进“三严三实”专题教育、从严从实抓好《党政领导干部选拔任用工作条例》贯彻落实。要以更大的决心和力度加强农村基层党建工作，切实加强基层党组织领导班子建设、干部队伍管理和干部作风建设，做到抓基层党建工作与搞好乡镇的各项工作相结合。要明确“一进二访”活动的总体要求，抓好组织实施。要扎实开展结对帮扶，各县级领导既要带头与所联系贫困村的贫困户“结穷亲”，又要组织动员所在单位机关干部与贫困户“结对子”。要切实增强纪律意识和规矩意识，正风肃纪，确保活动取得实效。

关于国有企业改革，会议要求，各级各部门要高度重视，精心组织，扎实有序地推进国有企业改革工作。要按照全县的国有企业改革的总体方案，结合各改革企业的实际情况，成熟一个改革一个。要加大国有企业资产处置力度，创造新的经济增长点。要加大国有企业改革宣传力度，做好企业职工社会保障和社会稳定工作，确保改革取得成效。

会议还研究了政府机构改革有关工作，并就当前的重点项目、精准扶贫、电子商务和中秋国庆“两节”期间安全稳定等工作进行了安排。

县委副书记张波，县人大常委会主任文高平以及郑景学、欧阳冬子、陈丽、李顺利、李晓宁、王名扬等县委常委会组成人员参加会议，相关单位主要负责人列席会议。

28 日上午 县委常委、常务副县长陈丽主持召开县政府工作会议，会议听取全县重点项目建设、舜皇城项目区“城中村”改造、容积率清理、在建 BT 项目及部分财政性投资项目、县政府机构改革实施方案等情况汇报。

关于全县重点项目建设工作，会议要求，全县各级各部门要高度重视，明确职责，强化措施，加快项目建设进度，全力抓好全县重点项目建设。要优化项目建设环境，及时解决项目建设中存在的困难和问题，按照时间节点，全面推进重点项目建设。

关于舜皇城“城中村”改造工作，会议要求，相关职能部门要明确职责，密切配合，加大群众矛盾纠纷调处力度，对群众的合理诉求要尽力解决到位，对群众不合理诉求，做好政策宣传解释工作，确保项目建设顺利进行。要加大工作力度，积极向上跑项争资，全力推进舜皇城“城中村”改造工作。

关于县政府机构改革工作，会议要求，全县各级各部门认真贯彻落实中央、省、市相关文件精神，按照精简统一效能的原则，结合东安实际，认真履职，密切配合，严格落实责任，确保顺利完成县政府职能转变和机构改革工作任务，加快形成精干高效的县政府组织体系，努力建设人民满意的法治政府和服务型政府。

会议还研究部署了容积率清理、在建 BT 项目及部分财政性投资项目等工作。

县委常委、副县长李晓宁，副县长郑航、唐振宇、涂世国、李瑞霞和文德、徐荣军、雷双姣、唐伯平、蒋明君等县领导参加会议，县政协副主席周刚生、相关单位负责人列席会议。

28日下午 东安大市场扩改建工作推进会在县行政中心三楼会议室召开。县委常委、常务副县长陈丽主持会议并讲话。

会议要求，相关职能部门要提高认识，统一思想，把大市场扩改建工作作为改善民生的当务之急，明确责任，认真研究，抓好工作落实。要抽调精干力量，成立大市场扩改建项目建设指挥部，明确职责分工。要学习借鉴其他地区市场改建先进工作经验和方法，结合东安实际，科学制定工作实施方案。要进一步摸清底子，准确掌握市场铺面面积、业主、商户等基本情况，加大政策宣传解释力度，做好群众思想工作，确保东安大市场扩改建工作顺利进行。

县人大常委会副主任胡贤吉，县政府副县长李瑞霞，县政协副主席周壬秀参加。

29日上午 在全国第二个烈士纪念日即将到来之际，市政协副主席、民革永州市委主委封金祥深入井头圩镇芭蕉村祭奠抗日英烈王甲本将军。

县政协主席陈军，县政协副主席周刚生、丁国志参加祭奠。

29日下午 全县农村秋冬生产暨森林防火工作会议在县行政中心五楼会议室召开。会议传达和贯彻落实省、市农村秋冬生产工作电视电话会议、全省森林防火现场会议精神，分析形势，全面动员，部署安排2015年农村秋冬生产和森林防火工作。县委副书记张波主持会议，县委常委、副县长李晓宁出席并讲话。

会议要求，全县各级各部门要统一思想，深刻认识农村秋冬生产工作的重要性。要及早谋划，迅速行动，突出工作重点，统筹推进农村秋冬种、秋冬修、秋冬造、秋冬防等各项工作。要坚持分类指导，调整优化产业布局，落实关键技术，强化办点示范，发展适度规模经营，着力抓好秋冬种工作。要明确水利建设任务，积极向上争取项目资金，严格落实水利工程质量终身负责制，保障工程质量，着力抓好秋冬修工作。要以“三边”和裸露山地绿化造林、秀美村庄建设、林业产业资源基地建设为载体，强化工作措施，着力抓好秋冬造工作。要强化责任落实，加强火源管控，强化值班备勤，提升应急处置能力，着力抓好秋冬防工作。

会议强调，全县各级各部门要高度重视，进一步增强责任感和紧迫感，加强领导，密切配合，各司其职，各尽其责，形成合力，确保“四冬”生产取得实效。“两办”督查室和相关职能部门要强化督查考核，定期通报秋冬生产情况，确保全县农村秋冬生产扎实有效推进。

县人大常委会副主任唐新柱出席会议。

29日至30日 县委书记谢景林主持召开县委常委扩大会议，会议听取县委全会筹备、“三冬”生产、全面建成小康社会、乡镇区划调整、绩效评估、房地产开发项目容积率清理、重点项目建设、融资等工作情况汇报。

会议传达贯彻了市委四届七次全会精神，听取了县委全会筹备工作情况汇报，审议了县委全会筹备方案、全会报告、《中共东安县委关于加快推进精准扶贫开发工作的决议》（草案）和《决议》（说明）。会议认为，全会报告（讨论稿）主题鲜明、重点突出，实事求是地总结了2015年以来全县各项工作，周密部署了新一轮扶贫开发各项工作。会议要求，报告起草组要认真吸纳与会人员提出的意见和建议，科学实施精准扶贫各项工作，圆满实现全力打造“五个东安”、全面建成小康社会的奋斗目标。

关于农村电商和乡村旅游工作，会议指出，相关职能部门要进一步加快推进东安农村电子商务发展，促进农业发展方式的转变，释放农村消费潜力，扩大就业创业渠道，提升农村电子商务发展水平。要加强组织领导，强化宣传引导，加强培训和人才培养，积极行动，推动东安电商快速发展。会议强调，乡村旅游具有生态环境宜人、区位优势明显、旅游资源丰富、乡土文化淳朴等独特优势，发展乡村旅游重点在科学规划、突出特色、宣传推介，要树立“互联网+”思维，完善配套设施，在保护中开发，在开发中保护，聚合人才、资金，推动乡村旅游快速发展。

关于“三冬”生产和全面建成小康社会工作，会议传达贯彻了全市农村秋冬生产工作电视电话会议和全市全面建成小康社会推进工作会议精神。会议要求，农村秋冬生产工作要坚持分类指导，强化办点示范，联系精准扶贫。要以“三边”和裸露山地绿化造林、秀美村庄建设为载体，强化工作措施，着力抓好秋冬造工作。要明确病险水库和小（2）型水库建设任务，积极向上争取项目资金，着力抓好秋冬修工作。要继续开展小康示范乡镇、示范村和示范户创建活动，认真组织“回头看”，抓好财政收入，大力培育高新技术产业，确保年初目标全面实现。“两办”督查室和相关职能部门要强化督查考核，定期通报，确保“三冬”生产和全面建成小康社会工作扎实有效推进。

关于乡镇区划调整工作，会议要求，要加强组织领导，成立高规格的领导小组。相关职能部门要尽快开展全面调研，出台工作方案，加大宣传力度，做好干部群众思想工作，确保东安乡镇区划调整工作扎实有效推进。

关于房地产开发项目容积率清理工作，会议要求，相关职能部门要统一思想，高度重视，严格按照上级相关文件要求，依法依规处理到位。要加大政策宣传解释力度，积极引导项目业主理解、支持、配合容积率清理工作。要严明工作纪律，严肃责任追究，确保房地产开发项目容积率清理工作顺利进行。

关于重点项目建设工作，会议要求，各级各部门要高度重视，加快项目建设进度，加强监管，切实为项目建设解决实际困难和问题，按照时间节点，全力推进芦江水库、东芦公路、永东城际快速通道等重点项目建设。要严格按照项目合同内容，强化合同履约管理，在保障工程质量的前提下，全力推进重点项目建设。

会议还听取了绩效评估工作和融资工作情况汇报，并就当前社会治安、城市亮化美化和国庆长假期间值班等工作进行了安排部署。

县委副书记张波，县人大常委会主任文高平，县政协主席陈军以及郑景学、欧阳冬子、李顺利、李晓宁、王名扬等县委常委会组成人员参加会议，相关单位主要负责人列席会议。

30日上午　永东城际快速通道东安段正式开工建设，为国庆六十六华诞献礼。

市人民政府副市长唐能武宣布永东城际快速通道东安段正式开工。县委书记谢景林、县委副书记张波、县人大常委会主任文高平、县政协主席陈军和郑景学、李晓宁、郑航、唐振宇、蒋燕平等领导出席开工仪式。

10 月

9 日上午 县委副书记张波带领县计生委、信访局等相关单位负责人深入白牙市镇宥江桥村、牌楼村调研基层党建和小康示范村建设工作。

在宥江桥村，张波一行通过听汇报、座谈等形式，详细了解了该村党支部组织活动场所建设、村级集体经济和党员干部队伍建设等情况。张波要求，宥江桥村要充分发挥地理优势，做好规划定位。要解放思想，充分发挥基层党组织的战斗堡垒作用，转变观念，开阔视野，大力发展特色产业。要突出工作重点，加强自身队伍建设，建设一支凝聚力强、战斗力旺的工作队伍。要进一步夯实基层党建基础，抓好遗留问题的解决，努力使党的组织资源转化为发展资源，不断增强基层党组织影响力。

在牌楼村，张波要求，牌楼村要以建设小康示范村为契机，结合实际，理清思路，进一步做好全面小康示范村建设工作。要广辟渠道，突出特色，充分发挥产业优势，做大做强村集体经济。要进一步抓好班子和队伍建设，为小康示范村建设服好务，护好航，努力把牌楼村打造成全市乃至全省小康示范村。

9 日上午 东安第四期领导干部执行力提升研修班在全国干部教育培训基地——浙江大学管理学院举行开学典礼，随即开课。浙江大学管理学院院长助理、EDP 中心主任孙建平教授致欢迎辞，县委常委、县委宣传部部长欧阳冬子出席开学典礼并讲话。

欧阳冬子要求，研修班的同志们要转变观念，尽快融入新的生活，静下心来，集中精力，认真学习。要善于学习，不断提高自身素质，争取在有限的时间内重新梳理自己的知识结构，汲取浙大先进的知识，努力使自己成为一名学习型、知识型领导干部。要学以致用，将在浙大期间学到的新知识、新理论，紧密结合本部门、本单位工作实际，以更广的视野、更高的定位来谋划“五个东安”建设的新思路。要服从安排，严守培训工作纪律。严格遵守学习培训和廉洁自律的各项规定，做到不迟到、不早退，不无故缺课。

9日　东安县2015年科干班在县委党校正式开班，县委常委、县委组织部部长、统战部长王名扬出席开班仪式并讲话。

王名扬要求，参训学员要严以修身，锤炼品行，自觉远离低级趣味，自觉抵制歪风邪气；要严以用权，树立正确的权力观，把权力当责任，依法依规用权，自觉接受监督；要严以律己，严守法纪界限、欲望防线和人情底线，做到为政清廉；谋事要实，用“实心”、摸“实情”、出“实招”，从实际出发谋划事业和工作；创业要实，务实重干。做人要实，忠诚可靠、诚实守信、胸怀坦荡。王名扬希望全体学员珍惜学习机会，努力锻炼政治品格，提升综合能力素质，以“三严三实”为基准，躬行实践，知行合一，做“忠诚干净担当”领导干部，在“五个东安”建设中奋发有为、再立新功。

10日上午　市人大常委会副主任袁满娥深入水岭乡吊牛坪村调研指导建整扶贫工作。

袁满娥一行实地查看了吊牛坪村村容村貌、基础设施等情况后，在村活动中心召开座谈会，详细了解该村经济社会发展存在的困难和问题。

袁满娥对吊牛坪村前期建整扶贫工作取得的成绩给予了充分肯定。袁满娥要求，驻村工作组和建整扶贫各后盾单位要统一思想，提高认识，按照建整扶贫相关工作要求，抓好各项工作落实。要结合实际，对吊牛坪村开展细致地调查摸底工作，准确掌握该村实际情况，制定完善工作方案，努力做到精准扶贫。要在政策和资金上给予大力支持，重点扶持吊牛坪村基础水利设施和道路交通设施建设，改善群众生产生活条件。水岭乡要加强与驻村工作组和市、县直各后盾单位联系，充分发挥后盾单位帮扶作用，确保吊牛坪村建整扶贫工作取得实效。

县委书记谢景林、县委副书记张波、县人大常委会副主任宁苏君等领导陪同调研。

10 日上午 县政协主席陈军带领部分市、县政协委员视察农贸市场建设工作。

陈军一行实地察看了城东市场、东安大市场、东安中心市场等地，随后在县行政中心四楼会议室召开座谈会，听取了相关工作情况汇报。

陈军指出，农贸市场建设是推进市政配套设施完善和城镇功能提升的一项重大民生工程，与城市发展和居民日常生活息息相关。

陈军要求，各级各部门要高度重视，结合东安实际，科学规划，合理布局，加快推进县城农贸市场建设和改造升级。要加大宣传教育力度，积极引导经营户和群众支持配合东安大市场改建工作。要加强东安中心市场管理，进一步完善市场配套设施建设，为消费者营造一个良好的购物环境。县城管、市场管理中心、工商等相关职能部门要密切配合，进一步加大监管执法力度，规范市场经营秩序。项目建设指挥部要加强调度，科学制定工作方案，加快进度，确保东安大市场扩改建工作顺利进行。

县政协副主席周刚生、丁国志、唐月程、周壬秀参加视察，县政府副县长李瑞霞陪同视察。

11日至12日 省党史联络组湘南片组组长、省委政法委原副书记苏建民，省党史联络组湘南片组副组长、省国防科工局原局长罗月林，省党史联络组湘南片组副组长、省水利厅原副厅长蒋松生和省委党史研究室联络指导处处长夏业清一行在永州市党史联络组组长蒋政平、市史志办主任李俊江的陪同下到东安调研党史工作。

调研组听取了东安县党史工作情况汇报，参观了县城建设，深入唐生智故居、神华国华永州火电项目厂址等地进行了实地考察。

调研组对东安县党史及党史联络工作给予了充分肯定，认为东安县委以及各级各部门思想明确、认识到位，党史工作人员求真务实、成效明显，党史联络组的老同志积极主动、认真负责。

县委常委、县委办主任郑景学陪同调研。

12日上午 中国共产党东安县第十一届委员会第六次全体会议在县行政中心五楼会议室召开。全会听取和讨论了县委常委会工作报告，审议通过《中共东安县委关于加快精准扶贫开发工作的决议（草案）》，贯彻落实习近平总书记关于扶贫开发的战略思想、省委关于加快推进精准扶贫的战略部署和市委四届七次全会精神，安排全县精准扶贫工作，加速全面建成小康社会。

县委书记谢景林主持会议并代表县委常委会向全会报告工作。县委副书记张波向全会作关于《中共东安县委关于加快推进精准扶贫开发工作的决议（草案）》的起草说明。文高平、陈军、郑景学、陈丽、李顺利、李晓宁、王名扬、苏建华、李觉会等县领导出席会议。出席全会的应到县委委员 29 人，实到 26 人，因事请假 3 人；县委候补委员应到 3 人,实到 1 人,因事请假 2 人，符合规定人数。不是县委委员、县委候补委员的县级领导,县人大、县政府、县政协党组成员，县纪委委员，乡镇场党委书记、乡镇场长，芦洪市工业园管委会、石期市工业园管委会主任，县直部办委局党政主要负责人，中央、省、市驻县单位主要负责人列席会议。

全会认为，2015 年以来，县委团结带领全县党员干部全面贯彻落实中央及省、市委一系列决策部署，坚持稳中求进工作总基调，注重生态文明，注重产业升级，注重公平正义，注重改善民生，注重从严治党，深刻认识新常态、科学把握新常态，全力推进“五个东安”建设，全县经济运行态势稳健，上半年主要经济指标综合排位居全市第 3 位。

全会指出，党的十八大以来，习近平总书记对扶贫开发作出了一系列重要讲话，把扶贫开发提高到关系中国特色社会主义事业、关系经济社会发展全局、关系党的执政根基的战略高度。全县各级各部门要充分认识抓好扶贫开发工作的极端重要性，自觉把精准扶贫作为重大政治任务、重大攻坚难题、重大发展机遇、重大作风考验放在心里，扛在肩上，落实到具体工作中去。

全会要求，要优化顶层设计，把握工作遵循。坚持全维度策划，坚持全社会参与，坚持全方位保障，坚持全力度攻坚，坚持全过程监管。要做好结合文章，打赢扶贫硬仗。要把精准扶贫作为“十三五”规划的首要任务，作为改革创新的第一动力，作为加强基层党建的第一抓手，作为检验执行力的第一标尺，进一步增强严的意识，恪守严的规矩，树起严的风气，让广大干部严于律己、甘于奉献、忠于职守、干净干事，以良好的党风政风引领社会风气，打赢精准扶贫这场“硬仗”。

就如何贯彻全会精神，谢景林要求，要树立信心抓落实。各级各部门的主要负责人要坚决贯彻落实中央、省、市和县委的决策部署，保持好的发展态势，保持风清气正、干事创业的良好氛围，带头坚定信心，积极发挥主观能动性，引领全县上下以必胜的信念全力投入扶贫开发，改革创新，主动作为，攻坚拔寨，坚决打赢精准扶贫这场硬仗，确保 2019 年全面建成小康社会。要聚焦问题抓落实。全县各级领导干部要坚持问题导向，增强问题意识，把难题一个一个摸排梳理，一个一个研究解决，特别要破解扶贫对象识别难、扶贫办法措施不多、扶贫资金投入不足、扶贫力量配备等各方面的难题，真正做到从问题入手，拿问题开刀，向解决问题要动力、要发展。要强化责任抓落实。全会报告和决议，既是任务书，也是责任状。各级各部门要层层传导压力、层层转化责任，结合各自实际，提出贯彻落实会议精神的具体措施，把工作责任细化落实到岗位、到个人、到时间节点，及时抓好督促检查问责，确保全会确定的各项目标任务都有人抓、有人促、有人管、有人推，确保全会确定的各项目标任务落实到位。

12 日下午　全县精准扶贫工作动员大会在东安会堂召开。会议贯彻落实中央、省委关于精准扶贫的战略部署和市委四届七次全会、县委十一届六次全会精神，动员全县上下进一步统一思想、凝聚力量，打好新一轮扶贫开发攻坚战，为全力打造“五个东安”奠定坚实基础。县委书记谢景林作动员报告，县委副书记张波主持会议，县委常委、副县长李晓宁宣读《中共东安县委关于加快推进精准扶贫开发工作的决议》。

谢景林指出，精准扶贫是一项政治任务，务必再认识、再升温、再加力，把握要求，精准到位。扶贫开发已进入一个难得的历史机遇期，全县各级各部门要真正从全局和战略的高度，充分认识精准扶贫、精准脱贫的极端重要性和现实紧迫性，把精准扶贫作为加快推进“五个东安”建设的重要战略机遇，集中力量向贫困宣战、向贫穷亮剑，坚决打赢扶贫开发攻坚战。要科学研判东安扶贫开发面临的形势任务，按照中央和省、市委的要求，迅速行动起来，瞄准最贫困的乡村、最困难的群体、最迫切需要解决的问题，采取力度更大、针对性更强、作用更直接、效果更可持续的措施，既要重点抓好 40 个省级贫困村 0.8 万贫困人口扶贫开发工作，又要抓好面上村 4 万贫困人口脱贫工作。要“精准”贯穿扶贫开发工作始终，做到识别到人，帮扶到户，落实到位，防止“富人戴帽，穷人落榜”，找准“穷根子”，开对“药方子”，在坚决打赢精准扶贫攻坚战方面从严从实见真效。

谢景林强调，扶贫开发是一场攻坚战役，务必坚持顶层设计、抓住重点，勇往直前、决战决胜。要突出抓好顶层设计，搞好总体规划，坚持一张蓝图绘到底，不达目标誓不罢休。要做好结合文章，坚持与“四个五”总体要求相结合，与主导产业建设相结合，与农村基层党建相结合，与正确用人导向相结合。要着力发挥政策作用，整合财政资金和金融力量，发挥政策、项目、资金等各方面的聚合效益和杠杆作用，推进扶贫开发。要强化群众参与意识，注重凝聚帮扶合力，形成上下联动、横向联合、齐抓共管的“大扶贫格局”。

谢景林要求，如期脱贫是一项庄严承诺，务必高位推动、狠抓落实，善始善终、善做善成。全县各级各部门要严抓组织领导，形成切合实际、保证需要的领导机制、管理机制、工作机制。严抓责任落实，全面落实党政一把手第一责任、部门特殊责任、县乡一级主体主抓责任，确保脱贫任务按规划、计划有条不紊推进。要严抓队伍建设、严抓台账管理、严抓督促检查、严抓考核奖惩，以更精准的措施、强有力的组织、坚忍不拔的毅力啃掉扶贫脱贫这块“硬骨头”，打赢扶贫开发攻坚战，为全力打造“五个东安”、全面建成小康社会做出新的更大的贡献。

文高平、陈军、郑景学、陈丽、李顺利、王名扬、苏建华等在家的县领导出席会议。

13 日　全县农村基层党建工作现场会召开。会议传达贯彻落实中央、省、市农村基层党建工作会议精神，安全部署下阶段全县党建工作。县委副书记张波，县委常委、县委组织部部长、统战部长王名扬出席会议并讲话。石期市、白牙市、井头圩、紫溪市等乡镇场党委书记分别作典型发言。会议期间，与会工作人员现场参观了井头圩镇党建工作站，白牙市镇神仙桥、桐子山村，紫溪市镇长夫、塘复、荷叶塘村基础党建工作示范点。

会议要求，全县各级党组织要始终坚持把抓党建作为最大的政绩，切实转变思想观念，提高对抓好基层党建工作重要性的认识。要坚持抓基层夯基础，发挥党组织领导核心作用，抓好班子和队伍建设。要着眼制度刚性约束，抓好党内制度落实。要紧盯存在的突出问题，抓好基层基础、党建载体、典型培育等工作。要始终坚持落实好主体责任，处理好党的建设与经济建设、党建活动载体与全县工作大局、示范带动与整体推进之间的关系，加强督促检查，营造浓厚氛围，强化工作措施，保障基层党建重点工作任务落实。要高度重视，认真对待，突出问题导向，明确责任，高标准、高质量，全力做好省市基层党建交叉检查各项准备工作。

会议强调，全县各级党组织要认清基层党建总体态势，把握从严治党这条主线，做到思想教育、干部管理、组织建设、制度执行从严。要突出问题导向，把握创新发展这个要求，注重实效，总结经验，做好亮点工作推广。要把握队伍建设这个关键，选准书记，配强班子，建好队伍。要牢记主责主业，齐抓共管，强化督查考核，强化基层党建工作领导，全力推动全县党建工作开创性局面。

13 日 县委印发《关于加快推进精准扶贫开发工作的决议》（东发〔2015〕7 号），要求统一思想认识，坚守使命担当，全面落实中央和省、市委的决策部署，抓好扶贫规划，突出工作重点，全面推进精准扶贫，强化组织领导，狠抓执行落实，全面打赢扶贫开发攻坚战。

14 日上午 市委常委、市纪委书记朱映红带领市安监、教育、交通、旅游等相关部门负责人到东安检查指导安全生产工作。

朱映红一行深入东安苍子岭公园崩塌地质灾害治理现场、东安大市场、安顺校车公司、盈凯包装等安全生产重点单位进行检查。每到一处，朱映红与检查组的同志看现场、查资料、听汇报、提要求。

朱映红充分肯定了东安安全生产工作取得的成绩。朱映红要求，东安各级各部门要牢固树立安全生产责任重于泰山的认识，严格贯彻落实市委、市政府的各项要求，全力抓好安全生产工作。

要切实开展安全生产隐患大排查大整改工作，加强重点行业、重点领域、重点环节安全生产大排查、大整改工作，对重点安全隐患要逐个研究整改方案、按时整改到位。朱映红强调，苍子岭崩塌地质灾害治理项目，施工方要在保证工程质量和进度的同时，严格现场监管、严把施工程序、严防出现二次崩塌，确保施工人员和周边居民安全；东安大市场升级改建项目，务必全天候保证消防通道畅通，组织开展好消防安全演练。要尽快制定市场改造或重建方案，抓紧施工，彻底消除安全隐患；安顺校车公司必须严格校车从业人员管理，加强车辆日常检测，杜绝一切事故的发生；盈凯包装等工业企业，要树立抓安全就是抓效益的思想，强化安全知识培训，加大消防器材投入，尤其要加强油漆、胶水等危险工业原料的管理使用，确保安全生产万无一失。

县委书记谢景林，县委常委、常务副县长陈丽，县委常委、县纪委书记李顺利，县政府副县长唐振宇，县政协副主席周壬秀等领导陪同检查。

14 日下午 县政协组织部分市、县政协委员专题调研县城城区中小学学位建设。县政协主席陈军，县政协副主席周刚生参加调研或座谈。

调研组一行先后深入机关幼儿园、东安二小、东安一小、舜德学校、东安三小等地进行调研，实地查看学校学位建设情况，了解工作中存在的问题。

在听取城区中小学学位建设情况汇报后，陈军指出，随着城市化进程的加快，城区中小学学位建设任务重，落实难度大。相关职能部门要进一步做好学校规划布局，加大学位建设力度，突出解决好大班额和校园内外环境问题。要合理确定入学年龄，严格实施“就近入学，划片招生”制度，严禁选拔性招生，确保教育公平。要加强领导，主动作为，进一步加大学位建设力度，促进教育均衡、和谐、健康发展。

15日上午 县委常委、常务副县长陈丽主持召开县政府第三十二次常务会议。会议听取了财政预算调整、食品药品监管、气象、农村危房改造、新设社区和地名普查、社区网格化管理、县专职消防队伍建设和国有林场改革有关问题落实等工作情况汇报，讨论修改了《黄金洞省级森林公园保护管理办法》。

关于食品药品安全监管工作，会议要求，相关职能部门要加强组织领导，落实监管责任，深入查找食品药品安全隐患和薄弱环节，切实有效加强食品药品安全监管，努力消除监管盲点死角。要突出重点领域，加大执法力度，一旦发现问题依法严肃查处。要认真谋划，落实专人，主动争取上级部门的支持，切实解决经费保障等方面存在的问题，推动全县食品药品监督管理工作再上台阶。

关于气象工作，会议要求，气象部门要进一步抓基本、抓基础、抓基层，科学合理布点，抓好气象监测站网建设，有效提升监测功能。要科学规划，抓好人工影响天气试验基地选址工作。县电视台等单位要建立气象预警信息发布绿色通道，切实提升气象防灾减灾工作水平。

关于农村危房改造工作，会议强调，各相关职能部门要各司其职，各负其责，密切配合，把农村危房改造工作与新农村建设、精准扶贫等工作结合起来，抓好工作落实。要因地制宜，突出特色，严格掌握危房改造工程的标准和程序，有序开展农村危房改造工作。要坚持公开、公平、公正原则，规范操作程序，严明工作纪律，严格审核补助对象，确保农村危房改造工作目标任务保质保量完成。

关于社区网格化建设工作，会议要求，各级各部门要高度重视，结合实际，按照“街巷定界、规模适度、无缝对接、方便群众”的要求，科学划分管理区域。县公安、民政等相关部门要整合信息资源，强化信息采集。县人社、财政等部门要认真研究、解决网格化建设中的人、财、物等问题。

关于组建芦洪市专职消防队工作，会议要求，要加强领导，成立工作领导小组，积极做好组建过程中营房建设、人员招聘、后勤保障、日常管理等有关事宜。

会议还研究部署了财政预算调整、新设社区和地名普查、国有林场改革等工作。

李晓宁、郑航、唐振宇、李瑞霞、于剑辉、文德、邓亚林等县领导参加会议，县政协副主席周刚生应邀出席会议。

15日下午 县委常委、常务副县长陈丽深入创新创业园“135”工程现场办公工，协调解决标准化厂房建设遇到的困难和问题。

陈丽一行听取了创新创业园“135”工程建设情况汇报，详细了解创新创业园区“135”工程设计、规划及功能等情况。

陈丽要求，相关职能部门要进一步统一思想，落实责任，全力抓好标准化厂房建设。要坚持补偿原则，及时结算，做好征地拆迁扫尾工作。要尽快做好规划和财政投资评审等工作，开辟工程建设“绿色通道”，加快工程进度。要统筹协调，尽快落实好公租房建设项目。要依托现有园区，高水准策划、高起点规划、高质量建设。

县人民政府副县长唐振宇参加。

16日 北京构易建筑设计有限公司上海市分公司专家组到东安就芦洪市镇2007—2020年总体规划修编工作进行调研。市领导荣燕明，县委书记谢景林，县委常委、常务副县长陈丽陪同。

专家组一行通过实地察看、座谈等方式，对芦洪市镇的历史文化、人文景观、工业、农业、中心城区、老城区等进行了全方位的了解。

谢景林指出，随着经济社会快速发展，尤其是神华国华永州电厂等一批重大项目落户芦洪市后，芦洪市镇经济发展品质和活力不断提升，现行城市规划难以适应芦洪市镇的发展需求。

谢景林要求，专家组在芦洪市总体规划修编过程中，要找准定位，突出生态旅游这个主题，把以神华国华永州电厂、红狮水泥等项目为主的生态工业旅游，以芦洪市老街、唐生智故居等景观为主的历史名镇旅游，以东安鸡为主的美食文化旅游有机结合起来；要注重规划的超前性和操作性，在原有规划基础上，认真调研、实地勘测，按照产城融合、布局合理、特色鲜明、和谐宜居的要求，制定规划修改方案。同时，相关职能部门和乡镇，要加强芦洪市镇城市管理，增加土地储备、加大打违治违力度，全力配合专家组完成规划修编工作。

专家组表示，芦洪市镇区位优势明显，文化底蕴深厚，发展思路清晰。他们将按照规划修编相关工作要求和建议，进一步完善总体规划，为芦洪市镇经济社会发展提供强有力的支撑，加快推进东安经济社会持续健康发展。

17日 杭州甲骨文科技有限公司“满天星点亮中国”暨淘宝网“特色中国·永州馆”项目对接会议在县行政中心常委会议室召开。县委常委、副县长李晓宁出席会议并致欢迎辞。副县长李瑞霞主持会议。杭州甲骨文科技有限公司、永州杰夫电子商务有限公司相关负责人，县内部分企业代表参加会议。

杭州甲骨文和永州杰夫有限公司分别就满天星点亮中国·湖南永州市农产品及农产品深加工产品防伪溯源质量安全体系建设、淘宝网“特色中国·永州馆”推介等项目进行了详细的介绍。

李晓宁对杭州甲骨文科技有限公司、永州杰夫电子商务有限公司到东安对接合作项目表示诚挚欢迎。李晓宁指出，满天星农特产品溯源计划的成功实施将有效地解决东安农产品防伪溯源问题，给食品安全带来更高层次的保障和市场价值。李晓宁要求，各级各部门要大力支持，积极对接农产品防伪溯源质量安全体系建设项目，争取项目早日落地，推动东安农产品经济健康快速发展。

19日上午 迎接全市工业园区暨重点项目建设流动现场会筹备工作会议在县行政中心三楼会议室召开。县委常委、常务副县长陈丽主持会议并讲话。

会议指出，全市工业园区暨重点项目建设流动现场会将于10月25日至27日召开，根据市里安排，神华国华永州电厂、红狮水泥和湘江焊材确定为东安流动现场会的现场参观点。会议要求，各项目建设指挥部和相关职能部门要高度重视，密切配合，全力做好流动现场会各项筹备工作，充分展示东安2015年以来项目建设和经济社会发展取得的成绩。神华国华永州电厂、红狮水泥和湘江焊材三个建设项目要抢抓工程进度，营造热火朝天的施工场面。要做好场地布置，准备好项目建设的鸟瞰图、效果图和相关资料，充分展现项目工作亮点和特色。要搞好现场参观点的环境卫生，加强道路交通疏导，高标准、高质量做好会议接待服务工作。

县委常委、县委办主任郑景学，县委常委、县委政法委书记苏建华，县政府副县长郑航、唐振宇出席会议。

19日至20日 市科协党组书记、主席翟方奇率市科协检查组一行到东安考评验收全国科普示范县创建工作。县委副书记张波，县人民政府副县长李瑞霞陪同。

检查组一行先后深入东安新科科普苗木基地、白牙市镇前进社区、东安一中、新科生态养殖基地、荷叶塘村、新作为科技有限公司、舜皇山国家森林公园等地实地查看，并通过查阅档案资料、听取汇报等形式对东安创建全国科普示范县工作进行了详细了解。

检查组一行充分肯定了东安全国科普示范县创建工作取得的成绩，认为东安创建意识强，营造氛围浓，科普硬件建设投入力度大，基层科普能力不断加强，重点人群的科普工作成效显著，科普特色工作成效明显，示范带动取得良好成效。检查组要求，东安各级各部门要进一步提高认识，营造有利于科普发展的良好氛围，动员全社会的力量、资源，建立健全社会化科普工作机制，巩固科普工作成效。

张波表示，县委、县政府将以这次考核验收为契机，发扬成绩，改进不足，在更高的起点上谋划创建工作，在更高的层次上推进创建工作，努力开创全县科普工作新局面。

21日上午 县委书记谢景林主持召开县委常委扩大会议，会议听取了东安大市场改造、政府机构改革和乡镇区划调整、全市工业园区暨重点项目建设流动现场会筹备等工作情况汇报，传达了公务员职务与职级并行制度、机关事业单位工资调整和养老保险制度改革等文件精神。

关于东安大市场改造工作，会议指出，东安大市场建设年代久、市场容量不足、乱搭乱建多、结构不合理、安全隐患大，抓紧改造是当务之急。会议强调，相关职能部门要进一步摸清底子，尽快拿出市场标准化改造的规划和设计方案，确定施工队伍，早日施工。各工作小组要按照产权不动、依法整顿、规范经营、消除隐患的总要求，加大宣传力度，做好群众思想工作，积极引导广大商户和住户支持市场标准化改造工作，确保市场标准化改造工作顺利进行。要加强领导，分工协作，加快工作进度，保证工程质量，确保12月底前交付使用。

关于政府机构改革和乡镇区划调整工作，会议要求，各级各部门要高度重视，充分认识两项改革工作的重要性和必要性，切实把思想和行动统一到上级全面深化改革的要求和决策部署上来，不断增强工作的责任感和紧迫感。要严明纪律，广泛动员，深入细致做好干部群众的思想工作，确保高质量、高效率地完成两项改革任务。

关于全市工业园区暨重点项目建设流动现场会筹备工作，会议指出，10月27日，全市工业园区暨重点项目建设流动现场会将进入神华国华永州电厂、红狮水泥和湘江焊材有限公司观摩。各项目建设指挥部和相关职能部门要高度重视，密切配合，全力做好流动现场会各项筹备工作，充分展示东安项目建设和经济社会发展取得的成绩。

会议还传达了公务员职务与职级并行制度、机关事业单位工资调整和养老保险制度改革等文件精神。

县委副书记张波，县政协主席陈军以及郑景学、欧阳冬子、陈丽、李晓宁、王名扬、王学军、李觉会等县委常委会组成人员参加会议，相关单位主要负责人列席会议。

21 日下午 全县职能转变和机构改革、乡镇区划调整暨“农村淘宝”创建工作动员会在县行政中心五楼会议室召开。县委书记谢景林出席会议并作重要讲话。县委副书记张波主持会议并宣读《东安县人民政府机构设置的通知》，县委常委、常务副县长陈丽作动员报告，县委常委、县委组织部部长、统战部长王名扬传达了全省乡镇区划调整工作动员会精神，副县长李瑞霞作农村淘宝创建工作报告。

谢景林指出，政府机构改革是政治体制改革的重要内容，是建设人民满意的法治政府和服务型政府的客观要求，是党中央、国务院作出的一项重大决策。全县各级各部门要统一思想，高度重视，充分认识政府职能转变和机构改革暨乡镇区划调整工作的重大意义，把思想统一到中央、省、市委决策部署上来，坚定不移地完成政府机构改革任务。

谢景林要求，各级各部门要明确目标任务，突出职能转变，优化组织结构，理顺职责关系，严控机构编制，抓好各项工作落实。要稳妥处理各种矛盾，突破关键环节，敢于较真碰硬，把握时间节点，全力推进政府职能转变和机构改革暨乡镇区划调整各项工作。要认真做好机构改革领导班子调整配备，进一步加强领导班子和干部队伍建设，为改革顺利推进提高有力的组织保证。要加强组织领导，严肃工作纪律，确保政府机构改革不违规、不走样，圆满完成各项目标任务。

谢景林强调，各级各部门要统一思想，提高对阿里巴巴农村淘宝工作的认识。要明确责任，强化措施，加大督查力度，切实做好“农村淘宝合伙人”的宣传招募和村级服务站选址工作，确保阿里巴巴农村淘宝项目顺利推进。

县政协主席陈军，郑景学、欧阳冬子、李晓宁、王学军等县领导出席会议。

22日上午 县委常委、县委宣传部部长欧阳冬子带领县城管局、交警大队、城卫绿化局等相关部门负责人先后深入县城人民公园、女英东路、入城广场、东安大道、官田路、舜皇大道、建设大道、东安中心市场、狮岩路、同心路、红岭花园路、八角街等地实地查看道路交通秩序、市容环境管理、“讲文明树新风”公益宣传等情况，调研指导县城文明创建工作。

欧阳冬子要求，相关职能部门要高度重视，加强调度，巩固前阶段创建全国文明县城工作成果。要进一步增强责任意识，对创建工作中存在的薄弱环节和主要问题，要查漏补缺，迅速整改到位。要强化措施，加大城市管理和交通执法力度，对车辆乱行乱停、垃圾乱堆乱放、行人乱穿乱闯、店面广告牌乱挂乱贴、占道经营等现象进行集中整治，确保道路整洁、规范、有序。要科学规划，对狮岩路、红岭花园路等路段，施划好停车位，解决群众“停车难”问题。要加强市政基础设施建设和维护力度，做好破损路面、地下管道的修补工作，确保路面平整畅通。要合理安排执勤警力，努力维护好城区交通秩序。要充分利用建筑工地围挡设置，加大社会主义核心价值观、“讲文明树新风”等公益广告宣传，营造浓厚的创建氛围。各路段责任单位要积极作为，严格按照文明劝导的任务要求，把文明劝导工作落到实处。

22日至23日 市、县（区）政协第二十三次老主席文体活动邀请赛在东安举行。市政协主席唐定，副主席唐运军、吕斌、田洁，市政协秘书长宋可福出席活动。县委书记谢景林致欢迎辞，县政协主席陈军主持开幕式和闭幕式。县委常委、常务副县长陈丽出席。

活动期间，唐定率市、县政协老主席们视察了盈凯包装、南方纺织、云生竹业和沿江西路综合配套工程等重点项目，参观了东安县政协委员创作的书画摄影展，一些市、县政协老主席还参加了象棋、跳棋等比赛。

在闭幕大会上，唐定指出，这次文体活动邀请赛开得很成功。市、县政协老主席们亲眼目睹了东安在扎实推进重点产业、重点项目和重点工作上取得的成绩，领略到了东安独有的自然风光和人文情怀。唐定希望，市、县政协的老主席们要一如既往地关注永州经济社会发展大局，为全面建成小康永州献计献策；一如既往地关心政协事业，为政协履职献余热；一如既往地关怀身心健康，做到老有所学、老有所为、老有所乐，为快乐晚年增能量。

23 日上午 全县机关事业单位养老保险制度改革、工资调整和公务员职务与职级并行改革工作会议在县行政中心五楼会议室召开。县委常委、县委组织部部长、统战部长王名扬出席会议并讲话，副县长李瑞霞主持会议。

会议指出，机关事业单位养老保险制度改革、工资调整、公务员职务与职级并行改革工作，关系到全县机关事业单位干部职工的切身利益。各级各部门要提高认识，高度重视，深刻领会和准确把握相关文件的基本精神和主要内容，按照县委、县政府统一安排部署，抓好组织实施。要结合单位实际，深入开展调查摸底，全面掌握各单位机构、编制、职数和人员情况，认真分析研究工作实施中需要解决的问题。

会议强调，要严格执行国家相关政策，严肃工作纪律，加强监督检查，抓好政策落实。要加强宣传引导，认真做好政策解释和思想政治工作，确保机关事业单位养老保险制度改革、工资调整、公务员职务与职级并行改革工作顺利进行。

27日上午　参加全市工业园区暨重点项目建设流动现场会的全体与会人员在市委书记陈文浩，市委副书记、市长易佳良的带领下来到东安，实地观摩、点评、督导东安重点项目建设工作。

陈文浩、易佳良一行先后来到神华国华永州电厂、红狮水泥、湘江焊材等重点项目现场观摩指导。每到一处，陈文浩都与企业负责人亲切交谈，仔细询问项目投资、建设、设备引进、生产销售规划和投资环境等情况，详细了解东安在园区建设、“1511”重点项目建设和“135”工程建设等方面的具体情况。

陈文浩要求，东安县委、县政府要进一步加大企业扶持力度，细化目标任务，优化项目建设环境，有效破解企业征地、拆迁、融资、环境等难题。要进一步抓好项目谋划，结合“十三五”规划编制，加大项目申报力度，争取更多的项目挤进国家、省项目笼子。陈文浩强调，要进一步加快推进神华国华永州电厂、“135”工程项目建设，争取项目早日投产达效。要完善好水、电、路、网等基础设施建设，积极打造功能完备的发展平台，推动县域经济发展再上新台阶。

张严、高建华、唐定、唐湘林、蒋善生、颜海林、舒平等市领导，谢景林、郑景学、陈丽等县领导参加。

28日上午　市政协主席唐定带领市政协有关人员深入川岩

乡榴星村调研指导精准扶贫工作。

唐定一行实地查看了榴星村基础设施建设、农业生产及特种养殖等情况，详细了解该村精准扶贫工作中存在的困难和问题。

唐定指出，精准扶贫工作要因地制宜，从实际出发，突出基础设施扶贫、项目扶贫；要精准发力，精准施策，既要让贫困群众能脱贫，还要让脱贫群众能发家致富，如期实现贫困人口、贫困村脱贫致富和全面建成小康社会目标任务。

县委书记谢景林，县政协主席陈军陪同调研。

28 日上午　市政府 33 名离退休老干部到东安参观考察重点项目建设。

老干部们一行实地察看了神华国华永州电厂、湘江焊材、红狮水泥等重点项目现场。每到一处，老干部们都认真听取相关情况介绍，详细了解了项目建设进展情况。

老干部们对东安重点项目建设取得的成绩给予高度评价。老干部们希望，东安县委、县政府继续保持强劲的发展态势，加大招商引资力度，坚定不移地抓好产业项目建设，积极为项目建设营造良好的环境，吸引更多的客商到东安投资办厂，不断推动东安经济社会持续健康发展。

县委常委、常务副县长陈丽，副县长李瑞霞，县正处级干部文德，县政府助理调研员邓亚林陪同。

28 日上午　全县精准扶贫工作推进会议在县行政中心三楼会议室召开。县委常委、副县长李晓宁出席会议并讲话。

会议要求，全县各级各部门要严格按照省委“一进二访”活动要求，扎实搞好精准识贫工作。要以村为单位，对建档立卡的贫困户上门核查核实，把不符合条件的贫困对象坚决清理出去，做到一个不留，对确实贫困、符合条件的贫困户，要按规定程序搞好补录，确保一个不漏。要把握机遇，积极作为，扎实抓好产业扶贫，按照“资金跟着穷人走，穷人跟着能人走，能人跟着项目走，项目跟着市场走”即“四跟四走”的要求，帮助贫困户找好项目，制定好产业发展规划，落实好小额贷款。要科学规划，统筹安排，扎实抓好“十三五”农村精准扶贫规划编制和雨露计划、危房改造项目的实施。

会议强调，要高度重视，精心组织，以“踏石留印，抓铁有痕”的精神，下定决心，坚定信心，攻坚克难，坚决完成各项工作任务，努力推动全县精准扶贫工作再上新台阶。

29日上午 县委书记谢景林带领县国土、住建、财政等单位和白牙市、井头圩、端桥铺、芦洪市等乡镇主要负责人，深入白牙市工业园“135”工程、东冷公路绕城线、东芦公路、冷东城际快速通道等重点项目建设现场，就工程建设进展情况进行实地调研，并召开现场推进会听取情况汇报。

谢景林指出，东冷公路绕城线、东芦公路、冷东城际快速通道是加快东安经济社会发展、改善道路交通状况的大动脉，是东安连通永州市区的主干道。各级各部门要高度重视，统一思想，进一步明确目标任务，加大工作力度，全力推进重点项目建设。

谢景林要求，各相关职能部门、乡镇要加强领导，严明纪律，协同作战，确保圆满完成任务。县公安、国土、住建部门要加强沟通协调，加强项目调度，创优施工环境，协调解决项目建设中遇到的困难和问题。工程监理部门要加强项目监管，确保工程质量和安全。

谢景林强调，各项目指挥部要做好群众思想工作，妥善处理好项目建设过程中涉及群众利益的各种矛盾，处理好青苗补偿、违章搭建等问题。各项目业主要采取有力措施，抢抓工期，加大人力、机械投入，抓好工程管理，把握时间节点，做好工期倒排，在确保质量和安全的前提下加快推进工程建设，争取按时或提前完成施工建设任务。

县委常委、常务副县长陈丽，县委常委、县纪委书记李顺利，县政府副县长、县公安局长郑航，副县长唐振宇，县政协副主席蒋燕平等领导陪同调研。

30日上午 县委书记谢景林主持召开县委常委会议，会议传达了全市流动现场会议精神，听取了前三季度各项经济指标、机构改革和乡镇区划调整、农村电子商务发展、财政预算调整、纪检监察等工作情况汇报。

关于前三季度各项经济指标完成工作，会议要求，各级各部门要统一思想，强化责任，按照年初县委、县政府确定的目标任务，坚定信心，抓好工作落实。要抓好“一园两区”建设，突出抓好“135”标准化厂房建设。要加大招商引资力度，着力引进一批有影响力的好项目落户东安。要进一步加强统计工作，确保统计数据及时、准确。要加大绩效考核力度，确保圆满完成全年各项目标任务。

关于机构改革和乡镇区划调整工作，会议强调，各级各部门要高度重视，根据省委、省政府乡镇区划调整改革工作要求和相关文件精神，因地制宜，优化完善乡镇合并方案。要做好相关政策宣传解释工作，引导干部群众积极配合和参与到机构改革和乡镇区划调整工作中来。要加强组织领导，做好机构改革有关涉改单位挂牌工作，确保东安机构改革和乡镇区划调整工作顺利推进。

关于农村电子商务发展工作，会议要求，相关职能部门要统一思想，提高认识，加快进度，做好农村淘宝县级运营中心装修工作，确保县级运营中心尽快投入运营。要加大工作力度，尽快完成村级服务站点选址工作。要进一步加大宣传力度，积极配合阿里巴巴做好合伙人招募宣讲工作。要尽快解决宽带网络进村问题，确保阿里巴巴农村淘宝项目有序推进。

关于财政预算调整工作，会议要求，相关职能部门要明确目标，强化措施，积极作为，努力完成全年收入预期目标。要强化税收源头控管，狠抓财税入库，努力改善财政收入结构。要加快财政支出进度，努力提高资金使用效益。

会议还研究部署了纪检监察工作。

县人大常委会主任文高平，县政协主席陈军以及郑景学、欧阳冬子、陈丽、李顺利、李晓宁、王名扬、李觉会等县委常委会组成人员出席会议，相关单位负责人列席会议。

30日 中共东安县委、东安县人民政府下发《关于开展乡镇区划调整改革工作的实施意见》(东发〔2015〕10号)，明确了乡镇区划调整改革的指导思想、基本原则、目标任务、工作步骤、组织领导、保障措施等事项，要求提高对开展乡镇区划调整改革重大意义的认识，加快推进乡镇区划调整改革。

11月

2日下午 东安大市场提质改造工作动员大会在县行政中心五楼会议室召开。县委书记谢景林出席会议并作重要讲话。县委常委、常务副县长陈丽作动员报告。各界各业代表作表态发言。

谢景林指出，东安大市场提质改造关乎民生，东安大市场提质改造将有利于改变现有市场脏乱差、人员拥挤、人货混居、安全隐患大的现状，方便居民生产生活。各级各部门要高度重视，精心组织，科学论证，扎实有效地推进东安大市场提质改造工作。

谢景林要求，相关职能部门要明确目标，按照产权不动，依法整顿，规范经营，消除隐患的总要求，加大宣传力度，做好群众思想工作，积极引导广大商户和住户支持市场标准化改造工作，确保市场标准化改造工作顺利进行。要学习借鉴其他地区市场改造的先进经验和方法，结合东安实际，科学制定实施方案。要进一步摸清底子，完善方案，早日启动和完成大市场改造升级工作，提升县城品位。要加强领导，分工协作，加快工作进度，保证工程质量，确保12月底前交付使用。

县人大常委会副主任胡贤吉，县人民政府副县长郑航、县政协副主席周壬秀参加会议。县政府副县长李瑞霞主持会议。

3日至4日 全市政府办系统第十二届老年门球赛在东安举行。来自全市各县、区和管理区、开发区的14支代表队、140名运动员参加比赛。市政府原副市长刘新普、市政府副秘书长陈景茂出席比赛开幕式。县委常委、常务副县长陈丽致欢迎辞，副县长李瑞霞出席。

经过两天的激烈角逐，道县、双牌、东安分别获得本次比赛第一、二、三名。

4日上午 县委常委、常务副县长陈丽主持召开“十三五”规划重大项目征求意见座谈会。会议听取和征求与会人员对列入县“十三五”规划重大项目的意见和建议。

相关部门负责人就东安县“十三五”规划重大项目展开了积极讨论和发言，气氛十分热烈。大家一致认为，东安县“十三五”规划的重大项目覆盖面广、涉及领域多，涵盖了工业、农业、交通、水利等多个方面，为东安全面建成小康社会绘制了宏伟的蓝图。

陈丽强调，“十三五”是加快发展的关键时间段，是重大战略的关键期，做好“十三五”重大工程、重大项目谋划工作，意义重大。各级各部门要提高认识，统一思想，按照“改革创新、转型升级”总体战略的要求，谋划一批引领带动作用强、具有示范突破意义的重大项目。要明确要求，落实任务，认真讨论“初步方案”，提出修改意见。要加快发展、实现目标，向国家争取一批重大政策的扶持、一批重大工程和重大项目的投入，使资源和资金源源不断地涌入，助推县域经济加快发展。

县委常委、副县长李晓宁，县委常委、副县长王学军，县政府副县长郑航、涂世国、李瑞霞参加。

5日 县委常委、县委宣传部部长欧阳冬子对城区各中小学校文明创建工作进行专项督查。

欧阳冬子一行先后查看了天成实验学校、东安三小、和谐学校、东安一小、应阳中学、东安二小、东安一中、舜德学校、澄江中学，重点查看社会主义核心价值观主题宣传教育、心理咨询室建设、环境卫生等情况，并详细了解文明创建资料准备工作情况。欧阳冬子对各学校文明创建工作给予了充分肯定。

欧阳冬子要求，各学校要突出创文重点工作任务，加强“讲文明树新风”和社会主义核心价值观宣传教育，扎实推进未成年人思想道德建设各项工作，把文明创建工作落到实处，确保创建工作有效有序开展。

欧阳冬子强调，文明意识要从娃娃抓起，各学校要切实做好“培育和践行社会主义核心价值观”“中国梦”“讲文明树新风”等宣传教育工作。要加强学生校内、校外的文明教育，并通过“小手拉大手文明齐步走”“美德少年评选”等方式，使文明之花开遍每所学校，辐射每个家庭；要做好学生心理辅导工作，做到学校内部环境整洁、温馨，为学生“减压”，解决成长中的烦恼。各学校要配合县公安、工商等相关单位要扎实做好校园周边环境整治工作，杜绝校园附近出现流动摊贩，严防周边商户出售“三无”产品等影响青少年健康成长的现象，为广大青少年提供一个良好的成长环境。

5日　县委办公室发出《关于印发〈东安县2015年度落实党风廉政建设责任制检查考核实施方案〉的通知》(东办发〔2015〕15号)，明确了东安县2015年度落实党风廉政建设责任制检查考核的总体要求、组织领导、对象、主要内容、方式方法、等次评定和结果运用以及相关工作要求。

5日至6日　县委中心组在县行政中心七楼常委会议室开展

“三严三实”专题教育第三次集中学习研讨。县委书记谢景林主持会议。

研讨会之前，县委中心组成员集中学习了党的十八届五中全会精神、新修订的《中国共产党纪律处分条例》和中央“三严三实”专题教育有关文件精神，观看了《十八届五中全会会议公报》《十八届五中全会精神解读》《中国共产党纪律处分条例》等视频资料。

研讨会上，县委常委们围绕“严以用权，真抓实干，实实在在谋事创业做人，树立忠诚、干净、担当的新形象”这个主题，结合实际，作了主题发言和交流讨论。大家一致认为，作为党员领导干部，要树立正确的权力观、政绩观，坚持用权为民，按规则、按制度行使权力，把权力关进制度的“笼子”里，任何时候都不搞特权、不以权谋私。

谢景林充分肯定了学习研讨会取得的成效。谢景林指出，通过学习研讨会，与会人员对“三严三实”专题教育的精神实质和丰富内涵有了进一步的理解和领会。大家深刻认识到，作为党员领导干部，要坚持用权为民，自觉遵守宪法法律和党的纪律，按规则、按制度、按法律行使权力；要坚持民主集中制，自觉接受监督，不搞大权独揽、独断专行；要坚持从实际出发谋划事业、推进工作，敢于担责、“为官有为”，努力创造经得起实践、人民、历史检验的实绩。

谢景林强调，全县各级各部门要筑牢严以用权的思想基础，继续把学习教育放在首位，坚持深入学、系统学，重点学习习近平总书记系列重要讲话精神，特别是严以用权的新观点、新论断、新要求，把牢思想和行动的“总开关”，时刻绷紧严以用权这根弦。要践行严以用权的基本要求，解决用权不严的突出问题，以解决问题的成果取信于民。要以党纪国法为准绳，以先进典型为标杆，以反面教材为镜鉴，做到依法用权不任性，秉公用权不谋私，廉洁用权不妄为，为民用权不忘本，努力争当严以用权的标杆。要在做好“规定动作”的同时，要把县委常委督导和“一进二访”精准扶贫贯穿始终。要坚持开展“三严三实”专题教育与推进改革发展各项工作相结合，突出抓好神华电厂、芦江水库、红狮水泥、新东芦公路、冷东快速通道、“135”工程等一批重大项目和“3+2”改革、品牌争创、农村电商、乡村旅游、“十三五”规划等重点工作，做到两手抓、两不误、两促进，以更加主动的精神、负责的态度、务实的作风、扎实的工作，全力以赴完成全年各项目标任务。

县委副书记张波，县人大常委会主任文高平，郑景学、欧阳冬子、陈丽、李顺利、李晓宁、王名扬等县领导参加学习研讨。

5日下午 县委副书记张波深入白牙市镇炉头江村调研指导精准扶贫工作。

张波一行实地查看村容村貌、基础设施建设后，召开座谈会，听取炉头江村近年来工作生活基本情况汇报，并就如何精准和有效扶贫制定了详细的工作计划。

张波强调，扶贫工作组要认真落实县委、县政府关于精准扶贫工作的精神和要求，遵循程序、规范操作，准确掌握贫困人口的数量、分布、状况，建档立卡，分类指导。要按照规划到村、帮扶到户、责任到人的工作思路，围绕加强党建、产业培育、土地流转、基础设施建设等工作内容，制定切实可行的帮扶计划。村集体要结合实际，强班子、建基础，发挥产业优势，确保村民增加收入，尽快脱贫。

随后，张波一行走访了该村贫困户代表，为他们送去慰问金，鼓励他们提振信心，抓住机遇，摆脱贫困走上致富路。

7日上午 市委常委、市纪委书记朱映红深入井头圩镇伍塘村调研指导精准扶贫工作。

朱映红一行实地查看伍塘村村容村貌、基础设施建设后，召开座谈会，听取伍塘村精准扶贫工作情况汇报，研究制定下一步工作计划。

朱映红对伍塘村精准扶贫工作取得的成绩给予充分肯定。朱映红要求，精准扶贫工作要从实际出发，突出基础设施建设、荒山绿化等工作，做到“精准识贫、精准扶贫、精准脱贫”。驻村工作队要“访困问需、访贫问苦、访富问计”，学习成功经验，坚定扶贫信心，加快群众脱贫致富步伐。当天，朱映红一行还走访慰问了2户贫困户。

县委书记谢景林，县委常委、县纪委书记李顺利陪同调研。

9日 东安县十六届人大常委会第二十三次会议召开。

会议听取了县法院、教育局、林业局、经信委、安监局等5个部门关于县人大常委会工作审议意见整改落实情况汇报，并对以上部门进行了审议和测评；听取并审议了县人大常委会预算审查监督办法（修订草案）、县人民政府关于永东城际快线一期工程建设款列入财政预算的议案、黄泥洞省级森林公园保护管理办法（草案）、东安县乡镇合并有关情况汇报、《预算法》贯彻实施情况和2015年1—9月财政预算执行情况的报告、县十六届人大三次会议以来代表议案建议办理情况汇报；表决通过了有关人事事项。

会议要求，被审议部门要继续巩固审议工作成果，坚持以工作审议促进依法行政、高效施政、依法从政。要端正思想认识，自觉接受人大审议监督，进一步强化措施，抓紧制定整改方案，落实整改责任，加强对整改工作的跟踪督查。要切实履行职责，转变政府职能，改进工作作风，全面提升工作水平。要牢牢树立“权力民赋，用权为民”的观念，为人民群众办实实在在的好事、实事，以实际行动促进自身履职能力不断提升，为打造“五个东安”做出更大的贡献。

县人大常委会主任文高平，副主任宁苏君、胡慧川、胡贤吉、唐新柱、蒋永辉等出席会议。县委副书记张波，县委常委、常务副县长陈丽，县人民政府副县长涂世国、李瑞霞等领导应邀出席或列席会议。

10 日上午　县纪委召开省委第七巡视组交办问题整改落实和 56 项“四风”问题专项整治“回头看”工作推进会。县委常委、县纪委书记李顺利出席会议并讲话。

李顺利要求，各级各部门要站在讲政治、顾大局的高度，提高认识，高度重视，把省委巡视组交办问题整改落实和 56 项“四风”问题专项整治工作作为当前工作中的重要工作来抓。要加强领导，强化措施，贯彻落实相关文件精神，对各项工作进行一次“回头看”，查漏补缺，建立完善整改工作台账。要严明工作纪律，加强督查力度，严格责任追究，按照“六个一”工作机制，抓好工作落实。

10 日　县政协围绕“严以用权、真抓实干，实实在在谋事创业做人，树立忠诚、干净、担当的新形象”主题，开展“三严三实”专题教育第三次集中学习研讨。县政协主席陈军主持会议并讲话。

会议集中学习了党的十八届五中全会精神《解读十八届五中全会的八大变化改革“2.0版”出炉》等有关篇目,观看了《十八届五中全会会议公报》和《十八届五中全会精神解读》等视频。

政协党组成员联系分管工作和思想实际谈了看法和认识。大家表示，通过学习讨论，系统全面地领会了“三严三实”的深刻时代内涵和内在要求，准确把握了新形势、新常态下干部作风建设的目标导向和价值取向。

陈军要求，政协机关全体干部职工要深刻领会中央政治局第二十六次学习时习总书记提出的四点新要求，即要立根固本，挺起精神脊梁；要落细落小，注重细节小事；要修枝剪叶，自觉改造提高；要从谏如流,自觉接受监督。紧密结合单位和个人实际，对班子和自身存在的“不严不实”的问题，进行认真剖析，真正从思想根源上彻底整改。要建立整改台账，逐一列出整改措施，在规定的时间内整改到位。要以“严”和“实”的作风，统筹做好政协各项工作，开创性地完成好2015年的各项目标任务。

县政协副主席周刚生、丁国志、蒋燕平、唐月呈、周壬秀参加学习研讨。

10日　东安县2015年度市县乡党委书记抓基层党建工作述职评议部署会在县行政中心四楼会议室召开。县委常委、县委组织部部长、统战部长王名扬出席会议并讲话。

王名扬要求，各级党组（党委、工委）书记要高度重视，切实履行主体责任，要把市县乡党委书记抓基层党建工作述职评议考核工作抓紧抓实抓好。要明确责任分工，各司其职，齐心协力，县委组织部要及时汇总有关台账资料并编制成册，各项工作必须严格按照要求落实好。要及时更新民意调查的对象，确保民意调查质量，力争 2015 年党建述职再上新台阶。

王名扬强调，这次调查核实，涉及 7 个方面重点内容都在《自查清单》中进行了细化，对具体的考核事项要逐项对照，该出台的制度、意见必须出台，该开展的活动和工作必须开展，该建立的组织和站点要抓紧建立，该有的资料必须收集齐全。制度牌、工作台账、工作指挥台、村务和党务公开栏内容要及时更新。该有的保障一定要到位。

11 日上午　县委中心组在县行政中心五楼会议室举行第八次集中学习会。

学习会邀请市纪委纪检监察一室主任曾瑶平作《认真落实全面治党要求，切实履行党风廉政建设“两个责任”》专题辅导报告。县委书记谢景林主持学习会并讲话。

曾瑶平结合实际案例，以认真落实从严治党要求，切实履行党风廉政建设“两个责任”为主题，深刻阐述了党风廉政建设和反腐败斗争的时代背景，从正确认识主体责任、切实落实主体责任、严肃追究主体责任三个方面详细讲解了两个主体责任的内涵，提出了推进党风廉政责任制建设的方法路径。

谢景林强调，抓好党风廉政建设“两个责任”，要加强学习《中国共产党廉洁自律准则》《中国共产党纪律处分条例》和十八届五中全会精神，自觉践行“三严三实”要求，切实增强党规党纪意识，严格遵守国家法律法规，坚决守住纪律“底线”。要落实党委的主体责任，履行好党委集体责任和领导班子成员的个人责任，从严教育管理监督干部，加强和改进党的作风建设，认真落实党风廉政建设的各项部署。要从严从实排查和整治党员干部不作为、乱作为、贪腐谋私、执法不正等损害群众利益问题，推动东安党风廉政建设和反腐败工作再上新台阶。

县委副书记张波，县人大常委会主任文高平，县政协主席陈军以及郑景学、欧阳冬子、陈丽、李顺利、李晓宁、王名扬、苏建华等县委中心组成员参加会议。

11日 东安着力解决基层干部不作为乱作为等损害群众利益问题工作会议在县行政中心五楼会议室召开。县委书记谢景林出席会议并讲话，县委常委、县委组织部部长、统战部长王名扬宣读了《中共东安县委关于深化“三严三实”专题教育着力解决基层干部不作为乱作为等损害群众利益问题的通知》。

谢景林指出，开展着力解决基层干部不作为乱作为等损害群众利益问题的专项整治是坚决贯彻习近平总书记重要指示、批示精神，落实全面从严治党的有力行动；是加强基层组织和干部队伍建设,巩固党在基层执政基础的迫切要求；是深化“三严三实”专题教育，着力破解重点难点问题的重要抓手。各级各部门要充分认识开展专项整治的极端重要性，切实增强巩固党在基层执政根基的强烈忧患意识和责任意识，对基层干部不作为、乱作为、贪腐谋私、执法不公等损害群众利益问题“零容忍”，打赢这场专项整治攻坚战，以钉钉子的精神，抓铁有痕的韧劲，持之以恒抓整治，以实实在在的成效取信于民。

谢景林强调，要精准把握开展专项整治的基本要求，依法依规解决基层干部损害群众利益问题。一要全面排查存在的突出问题，二要深入分析问题产生的根源，三要集中开展一次专项整治。要进一步完善制度机制，加强组织领导，从实开展专项整治，确保整治工作重点任务落地见效。要压紧压实责任，务求专项整治不虚不空不偏不走过场；要贯彻从严从实要求，全程开展专项整治监督检查；要出重拳正风肃纪，及时查处损害群众利益的人和事；要统筹工作安排，推进专项整治任务落到实处，真正为“五个东安”建设保好驾，护好航。

县委副书记张波，县人大常委会主任文高平，县政协主席陈军以及郑景学、欧阳冬子、陈丽、李顺利、李晓宁、王名扬、苏建华等县领导及舜管局、县直单位主要负责人，乡镇场党委书记，乡镇场长参加了会议。

11 日下午 县委常委、县委宣传部部长欧阳冬子在县创文办相关负责同志陪同下，采取不打招呼、不听汇报的方式，对窗口单位服务质量进行暗访。

欧阳冬子强调，窗口单位和服务行业，直接和群众打交道，直接关系党委、政府的形象，任务繁重、责任重大，要进一步优化服务环境，提升服务质量，塑造窗口单位良好形象，提高人民群众满意度，在全国文明县城创建中发挥示范带头作用。

11 日下午 县委常委、常务副县长陈丽主持召开县政府第三十三次常务会议。会议听取了实施大宗冶炼企业电价补贴、东安经济开发区管理体制及扩规、绩效考核、城卫绿化、乡镇区划调整等工作情况汇报。

关于实施大宗冶炼企业电价补贴工作，会议指出，为支持县内冶炼企业复产达效，本着优惠电价与税收挂钩的原则，以企业实际电力消耗作为纳税和电价补贴测算依据，于 2015 年 10 月 1 日至 2016 年 9 月 30 日对县内大宗工业用电冶炼企业实施电价补贴扶持。各相关职能部门部门要统一思想，加大电价补贴相关政策宣传力度，抓好工作落实，帮助企业复产达效。

关于城卫绿化工作，会议要求，相关职能部门要加强管理，加大城区街道清扫保洁力度，规范渣土运输，确保城区环境卫生干净整洁。要科学规划，抓好垃圾中转站、公厕等基础设施建设。

关于绩效考核工作，会议要求，各级各部门要高度重视，对照县委、县政府年初确定的工作目标任务和绩效考核指标体系，对各项工作开展“回头看”，认真查找差距和不足，积极整改落实。要加快推进重点项目建设，加大国字号品牌创建力度，以优异的成绩完成绩效考核各项目标任务。

会议还就当前重点工作进行了安排部署。会议要求各级各部门要高度重视，密切配合，全力以赴抓好重点项目建设、经济开发区扩规、农村商业银行挂牌营业、“十三五”规划纲要编制、债券融资、阿里巴巴农村淘宝、招商引资等工作，确保全年各项工作目标任务圆满完成。

唐振宇、涂世国、李瑞霞、于剑辉、文德、邓亚林、徐荣军、雷双姣、唐伯平、蒋明君等县政府常务会组成人员参加会议，县政协副主席周刚生应邀列席会议。

12日上午 县委书记谢景林深入白牙市镇苍头村和前进社区调研指导基层党组织建设工作。

在苍头村，谢景林一行实地察看了该村村容村貌及基础设施建设，走访慰问了老党员和贫困户代表，与村支两委班子成员亲切交谈，详细了解该村软弱涣散基层党组织整顿情况。谢景林指出，整顿软弱涣散基层党组织，是加强基层服务型党组织建设、提高基层党建整体水平的重要基础，也是巩固执政基础、化解社会矛盾、增进民生福祉的重要举措。谢景林要求，村“两委”班子对苍头村被列为整顿对象要认识到位、正确对待，要敢于正视问题、狠抓整改。要深入剖析问题，充分调动广大党员干部的积极性和主动性，因地制宜、千方百计拓宽农民增收渠道，提高村民收入和生活水平，做到班子协调有力、管理民主规范、经济健康发展、农村和谐稳定、群众满意度高。镇党委要充分发挥第一书记的指导作用，把整顿工作摆在首位，调动基层干部积极性，发挥包村干部的帮扶作用，推动整顿工作取得实实在在的成效。

在前进社区，谢景林认真查看了社区“党代表工作室”的人员结构和工作分工，详细了解社区网格化管理工作情况。谢景林强调，党代表进党代表工作室联系党员群众，是党代表经常性发挥作用的一项重要举措。“党代表工作室”要充分发挥桥梁纽带作用，密切联系党员群众。建设党代表工作室，要充分整合村和社区党建办公室、服务大厅等，采取集中与分散、定期与常态的方式，建立健全党代表工作室值班代表、首问责任、服务承诺、情况报告等制度，热情接待来访的党员群众，如实处理问题和收集建议意见。

县委常委、县委组织部部长、统战部长王名扬陪同调研。

12 日 县人大常委会围绕“严以用权、真抓实干，实实在在谋事创业做人,树立忠诚、干净、担当的新形象”主题,开展“三严三实”专题教育第三次集中学习研讨。县人大常委会主任文高平主持会议并讲话。

会议集中学习了党的十八届五中全会精神《解读十八届五中全会的八大变化改革“2.0 版”出炉》等有关篇目,观看了《十八届五中全会会议公报》和《十八届五中全会精神解读》等视频。

研讨会主题鲜明,现场讨论热烈。大家一致认为,“严以用权”

在“三严三实”思想体系中具有承上启下的重要作用,既是修身、律己的目标方向和实践基础，又是修身、律己的内在要求和根本落脚点。作为人大干部，要对权力心存“敬畏之心”，坚决做到“有权不能任性”，自觉做到为人民用好权、履好职，掌好权、负好责。

文高平要求,人大机关全体干部职工要深刻领会“三严三实”核心要义，切实增强学习践行“三严三实”的自觉性、坚定性，善始善终抓好专题教育。要对照“三严三实”活动方案和要求查找问题，将查找出来的问题列出问题清单，明确整改责任人、整改措施和整改时限，建立台账逐一销号解决。人大及其常委会、人大干部要牢记一切权力属于人民,始终做到“人民选我当代表，我当代表为人民”,始终做到“权为民所赋,权为民所用”,督促“一府两院”为人民办实事、办好事，切实维护好、实现好、发展好人民群众的根本利益。要监督用权，既要做好监督工作，又要严格要求自己，主动接受人民监督，强化自我监督，确保权力运行始终服务于人民群众，让权力在阳光下运行。

副主任宁苏君、胡贤吉、唐新柱、胡慧川、蒋永辉参加学习研讨。

12日 县政协主席陈军带领县国税、人保、市管中心等后盾单位相关工作人员深入新圩江镇省级贫困村大浪村调研指导精准扶贫工作，并走访了3户贫困户。

陈军要求,各后盾单位主要负责人要高度重视精准扶贫工作,全面落实县委布置的工作任务，要做到入户走访，核实扶贫对象要精准；因户施策，制定脱贫计划要精准；扶其所长，解决突出问题要精准；沉下身去，结对帮扶要扎实。

12 日下午 市安监局党组成员、副局长罗水文带领市考核组到东安考核 2015 年度安全生产工作。县委常委、常务副县长陈丽，副县长郑航、唐振宇陪同。

市考核组通过实地察看、调查问卷、查阅资料等方式，对东安 2015 年度安全生产工作进行了全面考核。

市考核组对东安安全生产工作给予充分肯定。考核组认为，东安安全生产工作领导高度重视，措施得力，重点领域专项整治成效显著。

考核组要求，东安各级各部门要按照“安全第一、预防为主、综合治理”原则，认真履职，对部分工业企业存在的安全隐患问题要加大整改力度，抓实抓细当前各项安全生产工作。

陈丽代表县委、县政府作表态发言。陈丽表示，东安相关职能部门要高度重视，强化工作措施，对考核组提出的整改意见和要求，要不折不扣抓好整改落实。要认真落实安全生产“一岗双责”责任制，加大安全隐患排查力度，加强对道路交通、校车安全非煤矿山、尾矿库等重点行业领域的专项检查和整治，严防各类事故发生，确保全县安全生产形势稳定。

13 日上午 县政协八届常务委员会第十六次会议在县行政中心四楼会议室召开，民主评议全县民政工作。县政协主席陈军出席会议并讲话。

与会委员围绕民生保障、解难扶困、拥军优抚、防灾减灾等方面工作，积极建言献策。

陈军要求，相关职能部门要围绕为民解困这个中心，着力构建和完善社会救助体系，确保困难群众得到有效救助。要把好入口关，规范城乡低保申报评定，切实解决城乡低保突出问题，努力把城乡低保这件实事办实，好事办好。要通过抓好社会福利中心和农村敬老院建设，搞好基本养老服务补贴发放工作，进一步发展全县养老服务事业。要以福彩、慈善、孤儿保障工作为重点，着力抓好社会福利事业。要借助合乡合村工作机遇，统筹推进基层政权建设。要加强民政队伍建设，努力建设有力民政、服务民政、阳光民政，全面推进全县民政事业转型发展。

会议还安排部署了政协宣传工作。

县政协副主席周刚生、丁国志、蒋燕平、唐月程、周壬秀出席会议。副县长李瑞霞应邀参加会议。

13日上午 县纪委召开纪检监察工作会议。县委常委、县纪委书记李顺利出席会议并讲话。

李顺利要求，各级各部门要站在讲政治、讲责任、讲大局的高度，充分认识纪检监察工作的重要性，落实好党风廉政建设党委主体责任和纪委监督责任，推进党风廉政建设和反腐败工作。要强化领导，强化责任、强化督查，抓好年终纪检监察各项工作。做到查漏补缺，以充分的准备迎接年终各项考核、迎接省委巡视组检查。要对照要求，制定方案，在规定时间内准备好作风建设、56项“四风”问题专项整治等六个方面工作的迎检资料。要以严明的纪律、严格的奖罚、严厉的追责确保各项工作落实到位。

13日 县委副书记张波深入白牙市镇宥江桥村调研指导软弱涣散村党组织整顿工作。

张波一行实地查看了宥江桥村村容村貌和基础设施建设，并与该村村支两委负责人亲切交谈，详细了解该村党支部组织活动场所建设、村集体经济、党员干部队伍建设等情况。

张波对宥江桥村整顿软弱涣散党组织取得的成绩给予充分肯定。张波要求，宥江桥村要进一步充分发挥地理位置优势，做好规划定位。充分发挥基层党组织的战斗堡垒作用，转变观念，开阔视野，大力发展特色产业。村干部要有敢于担当、敢于作为的精神，不断提高引领群众脱贫致富的本领。要不断加强党组织班子建设，结合实际，查找问题，不断提升基层党组织的战斗力和服务群众水平，争取早日甩掉软弱涣散党组织的帽子。

13 日下午 县委常委、县委宣传部部长欧阳冬子再次主持召开迎接省城市文明程度指数测评工作调度会。

欧阳冬子指出，前阶段，东安文明县城创建工作取得了明显成效。主要体现在文明劝导保持了常态，市容市貌明显改观，公共服务不断提升，交通秩序形成了长效机制，基层文明创建积极性持续高涨，群众文化活动保持良好发展势头。

对于下阶段工作，欧阳冬子要求，各级各部门在思想上要进一步重视，工作上要进一步加力，措施上要进一步严实。要突出重点，落实责任。对于目前存在的摩托车非法营运、农贸市场脏乱差、建筑垃圾乱堆乱放、占道经营、车窗抛物、翻越栏杆、城市牛皮癣等方面的问题要加强整改，逐一逐项落实到人、落实到事、落实到地段，要落到时间、落到细节、落到责任追究，巩固创建成果。

欧阳冬子强调，各级各部门要对照测评标准，进一步严实措施。标准要严，要以问题为导向，缺什么补什么，弱什么强什么，整改要彻底到位。督查要严，问责要实。要增加督查测评密度和频率，对于反复出现而没有整改的问题要严格问责。领导干部要模范带头，广泛发动群众，搞好宣传教化，营造全民参与的创建氛围，确保文明指数测评再创佳绩。

14日 2015年永州市消化学术年会在县人民医院召开。县委常委、县委宣传部部长欧阳冬子出席开幕式并致欢迎辞。

欧阳冬子指出，学术年会是交流的平台，也是相互学习借鉴的平台，全县广大医疗卫生工作者要珍惜和把握好学习机会，认真学习和借鉴上级医院、兄弟县区的先进经验，努力吸收和消化好本次学术年会的成果。同时希望各位专家教授为东安的医疗卫生事业发展多提宝贵意见和建议，推动东安医疗卫生工作再上新台阶。

开幕式结束后，省、市专家教授为与会的广大医疗工作者进行了专业培训。

湘雅二医院消化科主任、博士生导师刘德良，市卫计委党组成员、市医学会常务副会长唐海德，永州市职业技术学院副院长、附属医院院长杨铭，县政府副县长涂世国出席。

16日上午 东安防汛会商会在县水利局召开。县委书记谢景林出席会议并讲话，县委副书记张波主持会议。

会议指出，2015年东安出现历年入冬以来少有连续强降雨天气过程，遭遇数十年罕见冬汛。据气象部门统计，11月1日至16日8时，东安平均降雨量为150毫米，与历年11月平均降雨量66.8毫米相比偏多2倍多。目前，全县中型水库平均蓄水70%以上，小型水库、山塘大部分在80%左右，部分水库出现溢洪。湘江沿岸的紫溪市镇、石期市镇等地出现灾情，其中，石期市镇53户居民家中进水，农作物不同程度受损，转移居民127人。

谢景林强调，全县各级各部门要高度重视，认真贯彻落实中央、省、市相关文件精神，克服麻痹思想，时刻绷紧防汛工作这根弦、严密组织，严阵以待，加强值班巡守，全力抓好防汛工作。县水利、交通、气象、安监、国土等相关职能部门要充分发挥职能作用，密切监视天气变化，及时掌握雨情、水情和汛情，重点抓好病险水库、湘江沿岸地势低洼的居民区、山洪地质灾害易发区等地的安全防范工作。要深入一线，加强灾情监控，加强防汛抗灾指导，启动应急预案，做好防大汛、抗大灾的准备。县民政部门要做好灾情核实上报工作，调配好救灾物资，做好防汛救灾工作，确保群众生命财产安全，生产生活秩序正常。

县政府助理调研员雷双姣参加会议。

16日上午　东安农村商业银行股份有限公司创立大会暨第一届股东大会第一次会议召开。市银监分局副局长胡润生，县委常委、常务副县长陈丽，县人大常委会副主任胡贤吉等领导出席会议。

会议宣读了《中国银监会湖南监管局关于筹建湖南东安农村商业银行股份有限公司的批复》《湖南东安农村商业银行股份有限公司筹建报告》和省联社《关于同意湖南东安农村商业银行股份有限公司董事监事候选人的批复》，审议通过了《湖南东安农村商业银行股份有限公司章程（草案）》等13个议案。选举产生了第一届董事会和监事会，选举产生了东安农村商业银行董事长、副董事长、监事长，聘任了行长。

新当选的董事长唐军作表态性发言。唐军表示，东安农商银行将坚持“信以致远，合作共赢”的经营理念，以服务“三农”和县域经济为宗旨，继续深化改革，完善公司治理结构，加快业务发展，严格控制风险，争取经济效益和社会效益双丰收，为东安经济转型和“三农”发展做出积极的贡献。

陈丽代表县委、县政府对东安农村商业银行创立大会暨第一届股东大会第一次会议的胜利召开，对各位当选的首届董事会、监事会成员表示热烈祝贺。陈丽指出，东安农村商业银行是东安本土第一家也是现在唯一的一家地方性股份制金融机构。它的创立不仅是东安金融改革的一件大事，也是东安推进经济社会发展的一件喜事，对进一步推动东安农村金融改革，构建“合理布局、功能完善、服务三农”的农村金融组织体系，加快推进县域经济统筹发展具有重要的意义。陈丽希望，新成立的东安农商银行要进一步依法经营，规范管理，优质服务，提升竞争力，健康快速发展，打造成一家优质、高效的现代金融企业。

16日　县委副书记张波深入白牙市镇炉头江村开展“一进二访”活动。

张波一行进村入户、访困问需、访贫问计，详细了解贫困户家庭经济来源、生活状况，深挖贫困原因，勉励他们坚定信心，尽快脱贫。

张波要求，各级领导干部要率先垂范、深入一线，与困难群众“结穷亲”，扶真贫、解真困，为贫困地区“出点子”，真扶贫、真解困。驻村工作组要掌握贫困户家庭的实际情况，制定完善帮扶计划，及时解决贫困户的困难。村两委班子要结合实际，落实精准扶贫的有关措施，解决好村民安全饮水等民生问题。白牙市镇要落实主体责任，立足本地实际，注重引导和发动群众，实现由“输血式”帮扶向“造血式”帮扶转变，不断增强贫困地区发展后劲，确保扶贫工作有为有效。

16 日下午 省住建厅副厅长袁湘江到东安调研指导县城总规修改工作。县委常委、常务副县长陈丽陪同调研。

袁湘江一行先后深入东安东站、紫水国家湿地公园、白牙市工业园、氮肥厂棚户区改造、博爱广场等地，详细了解东安县城功能定位、规划重点、城镇建设用地规模等情况。

在随后召开的座谈会上，陈丽就东安县城总规修改情况进行了简要汇报。袁湘江对东安县城总规修编工作给予充分肯定。

袁湘江要求，东安要坚持长远发展的理念，超前谋划，科学规划，全面提高规划的系统性、前瞻性、科学性和导向性。要以城乡发展一体化为导向，以提高城镇化质量为关键，充分论证建设用地划分与发展空间预留，加紧修编工作。在推进新型城镇化和城乡发展过程中，要聚焦内涵发展，坚持以人为本，注重文化传承，提高发展质量，因地制宜、科学统筹城市功能布局，明确产业发展定位，保护历史人文资源，实现产城融合、布局合理、特色鲜明、和谐宜居。

18 日上午 市委常委、市纪委书记朱映红深入石期市、大江口等乡镇检查指导防汛救灾工作。

朱映红先后到石期市镇杨益塘水库、石期河沿岸，大江口石溪河村，实地察看山塘水库防汛、受损河道、村民受灾和农作物受损等情况，每到一处，朱映红认真听取灾情汇报，详细了解当地受灾群众生产生活情况，指导抢险救灾工作。

在实地查看灾情后，朱映红要求，各级各部门要高度重视抢险救灾工作，全面落实各项抢险救灾措施，各司其职、各负其责，协同作战，形成防汛救灾的工作合力，确保人民群众生命财产安全。县气象局、县防汛办要提前做好雨水情况的预警预报工作，各防汛责任单位和乡镇（场）要坚持 24 小时领导带班值守制度，加强调度，突出重点部位防范；交通部门要加强沿河码头、渡口的防范；教育部门要加强校舍及学生上放学途中的管理；水利部门要做好水库的调度管理工作；相关部门要进一步加强病险水库、涉河水利工程、山洪灾害易发区域进行隐患排查，及时转移受洪水威胁群众，确保人员安全和工程安全；国土部门要做好地质灾害点的巡查，加强重点部位 24 小时值班巡查防守；民政部门要进一步加大统灾、核灾、报灾、救灾的力度；县委督查室要加强防汛督查，严肃工作纪律。

县委书记谢景林，县委常委、县纪委书记李顺利陪同。

18 日　县人民政府发出《关于印发〈2015 年东安县大宗工业用电冶炼企业扶持办法〉的通知》(东政发〔2015〕6 号)，明确了对县内大宗工业用电冶炼企业进行扶持的对象、原则、条件和标准等事项。

19 日上午　东安与省保障性安居工程投资有限公司战略合作协议签署仪式在县行政中心七楼会议室举行。县委常委、常务副县长陈丽代表县政府与省保障性安居工程投资有限公司党委书记、总经理陈耀年签署协议。县委书记谢景林出席并讲话。

陈耀年指出，省保障性安居工程投资有限公司是直属于省委、省政府的一家省级融资平台，由省住建厅、省财政厅、省国土资源厅和省发改委共同管理。主要职能是统筹市州、县区融资，通过银行贷款、引进社会资本等方式为保障性安居工程筹集建设资金。陈耀年表示，公司将利用自身优势，通过多渠道引入资金支持东安棚户区改造及相关的基础设施建设融资需求，为东安城市建设与经济社会发展贡献力量。

谢景林指出，省保障性安居工程投资有限公司建设资金的融入，将为东安经济社会发展迎来新的春天。县委、县政府将以优质高效的服务，主动作为，全力配合，积极支持省保障性安居工程投资有限公司各项工作开展。希望双方以战略合作为契机，建立长期合作伙伴关系，优势互补、互惠互利、合作共赢。

县委副书记张波、县人大常委会主任文高平、县政协主席陈军及郑景学、李晓宁、郑航、唐振宇等领导出席签约仪式。

19日 县人民政府发出《关于公布县政府工作部门权力清单的通知》（东政发〔2015〕7号），公布了县政府工作部门的权力清单，并要求严格执行权力清单，强化权力运行监督，加强权力清单动态管理。

19日 县人民政府发出《关于公布承接永州市政府2014年2号令下放的行政许可事项的决定》（东政发〔2015〕8号），对永州市人民政府下放的79项行政许可事项进行了公布。

20日上午 县委书记谢景林深入花桥、大盛、南桥等镇调研基层党建工作。

谢景林实地察看了各镇的党建工作站，并召开座谈会，详细了解了花桥、大盛和南桥镇基层党建阵地建设、班子队伍建设、村级活动场所建设和软弱涣散村整顿情况。

谢景林对花桥、大盛、南桥镇基层党建工作取得的成绩给予了充分肯定。谢景林强调，各级党组织要坚持“围绕发展抓党建，抓好党建促发展”，落实基层党建工作责任制，把工作重心落实到服务发展、服务民生、服务群众上来。要着力解决村级党组织软弱涣散，凝聚力、号召力、战斗力不强，服务意识不强，服务能力不足等问题。谢景林要求，要充分发挥基层党组织的战斗堡垒作用，为经济社会发展提供坚强的组织保证。要突出工作重点，强化工作措施，抓好各项工作落实，确保圆满完成年初制定的各项目标任务。

20日上午　全县2016年度党报党刊发行工作会议在县行政中心五楼会议室召开。县委常委、县委宣传部部长欧阳冬子出席会议并讲话，副县长涂世国主持会议。

欧阳冬子指出，党报党刊是社会主义意识形态的重要阵地，是党的重要舆论工具，是党和人民的喉舌。做好党报党刊的征订发行，既是一项政治任务，又是一项实际工作。全县各级各部门要统一思想认识，切实增强做好党报党刊发行工作的责任感，高度重视党报党刊在舆论引导中的主体作用，坚定完成任务的决心和信心，努力把党报党刊覆盖到有党员和党组织的地方，把党报党刊及时地送到广大党员干部、群众手中，推动党的理论和路线方针政策在基层的贯彻落实。

欧阳冬子强调，各级各部门要按照中央和省、市、县委的要求，精心部署，加强组织协调，强化工作措施，不折不扣抓好各项工作落实，确保东安党报党刊发行量持续稳定。要正确界定发行范围，积极推动传统媒体与新兴媒体融合发展，提高传播效率，把党的声音传递到千家万户。要科学分解任务，全力保障落实经费投入，实现发行工作全覆盖。要严格落实责任，广泛动员宣传，改进发行服务，强化督促检查，严守发行纪律，确保12月20日前全面完成2016年度东安的党报党刊发行任务。

20日上午 县委常委、县委宣传部部长欧阳冬子深入舜皇山国家森林公园管理局舜皇工区开展“一进二访”活动。

欧阳冬子先后走访慰问了舜皇工区谢家湾组的5户贫困户。每到一处，欧阳冬子都与困难群众拉家常，问冷暖，详细询问了解他们的家庭状况、收入来源、致贫原因，并送上了慰问金和慰问品，鼓励他们乐观向上，早日走出生活困境。

欧阳冬子要求，要坚持“政府统筹、扶贫牵头、部门联动、合力攻坚”的原则，探寻扶贫攻坚的出路途径。扶贫工作队和驻村干部要强化责任担当，做到贫困村不“摘帽”、贫困户不脱贫、工作队不撤出。要强化和落实扶贫攻坚的主体责任，层层建立考核体系，严格督查考核。县直单位既要出人、出钱、出物，又要给政策、给项目、给服务，做到真联系、真帮扶，群众不脱贫，联系不脱钩。

欧阳冬子强调，各后盾单位和扶贫工作队要切实增强扶贫攻坚的紧迫感和责任感，坚定扶贫攻坚的政治立场，瞄准扶贫攻坚的靶心目标，通过进村入户、访困问需、访贫问计等活动，把扶贫对象摸清，把困难家底搞实，把贫困原因核准，做到对象识别要精准到户到人，脱贫对策要精准到户到人，目标步骤要精准到户到人，结对帮扶要精准到户到人，信息台账要精准到户到人，监测管理要精准到户到人。

20日上午 全县阿里巴巴农村淘宝项目建设工作推进会在

县行政中心五楼会议室召开。副县长李瑞霞作东安县农村淘宝项目建设工作报告，县委常委、副县长李晓宁作浙江省农村淘宝项目建设考察报告。

会议指出，农村电子商务建设是大势所趋、国情所需、利益所在、民心所向。各乡镇场、县直相关部门要认清形势、抢抓机遇、合力攻坚、狠抓落实，按时、按质完成各项工作任务，确保农村淘宝项目及早投入运营。

会议要求，各乡镇场、县直相关部门要敢于担当、敢于负责、敢于争先，务必全力配合农村淘宝项目建设工作，负责到底，争取先进，做出特色和亮点，为繁荣农村经济，服务农民生活，增加村民收入，拓宽农特产品销售渠道，推进东安小康社会建设和精准扶贫工作做出新的贡献。

县委常委、常务副县长陈丽，副县长郑航、唐振宇、涂世国、李瑞霞出席会议，各乡镇场、县直相关部门主要负责人参加会议。

20日 县委副书记张波带领相关部门负责人深入杨江河坝、高岩水库、金江水库、松江水库、龙溪水库检查指导防汛工作。

张波一行实地察看了水库防汛设施及运行情况，详细了解了水库库容、当前水位、汛期水位、人员值守和防汛责任落实等情况。

张波指出，2015年东安出现历年入冬以来少有连续强降雨天气过程，遭遇数十年罕见冬汛，相关职能部门和各乡镇场要高度重视，抓好当前防汛抗灾工作，确保工程安全，确保群众生命财产安全，坚决杜绝一切安全隐患事故的发生。

张波强调，各级各部门要高度重视，牢固树立迎大汛、防大汛、抗大汛意识，时刻绷紧防汛减灾这根弦。要加强与气象部门的联系，密切关注天气和汛情变化，及时掌握雨情、汛情。要严肃工作纪律，加大对水利工程险病隐患的大排查和值班监测，坚持 24 小时轮班值守，及时做好防汛调度工作。要注意对重点水库所在区域的定点预报，根据雨情、汛情及时启动应急预案，保障汛期水库及周边地区安全，确保安全度汛。

23 日上午 县委书记谢景林主持召开县委常委扩大会议，学习贯彻《中国共产党廉洁自律准则》和《中国共产党纪律处分条例》，听取迎接省委巡视相关工作情况汇报。

谢景林指出，《中国共产党廉洁自律准则》和《中国共产党纪律处分条例》是各级党组织和全体党员的行为规范和指引，是管党治党的重要基础性党内法规，其效力仅次于党章。全体党员特别是党员领导干部一定要高度重视学习宣传贯彻工作，一定要逐字逐句学习理解、牢记遵守。

谢景林强调，县委常委会这次是初步的学习，下一步县委理论学习中心组还要组织一次专题学习。县纪委与县委宣传部要制定全县学习贯彻《准则》和《条例》的具体实施方案，组织开展内容丰富、形式多样的学习宣传贯彻活动，迅速营造氛围，掀起学习热潮。要进一步明确各级党组织关于党风廉政建设的主体责任和监督责任，将责任全覆盖，确保学习宣传贯彻《准则》和《条例》取得实效。

谢景林要求，各级各部门要深刻领会巡视工作的重要意义和作用，认清形势，坚定立场，不断增强贯彻落实中央和省委关于巡视工作决策部署的自觉性和坚定性。各级领导干部特别是县级领导干部，要以身作则，带头接受监督检查。要进一步提高认识，以高度的政治责任感将思想和行动统一到巡视工作的要求和部署上来，确保巡视工作达到预期效果，奋力推动东安各项工作再上新台阶，再创新业绩。

县委副书记张波，县人大常委会主任文高平，县政协主席陈军以及欧阳冬子、李顺利、李晓宁、王名扬、苏建华、李觉会等县领导出席会议，相关单位主要负责人列席会议。

23日上午 县委书记、县人武部党委第一书记谢景林主持召开县委常委议军会议。

会议传达了习近平主席关于国防和后备力量建设有关论述和永州市委议军会精神，充分肯定了一年来县人武工作取得的成绩。

会议指出，过去一年，县人武部在市军分区党委和县委、县政府的正确领导下，深入贯彻落实习近平总书记系列讲话精神，聚焦强军目标，着力铸军魂、抓实备、谋作为、务实效，各项工作有序推进，全县人武工作呈现出良好发展态势。

会议要求，各级党委、政府要坚持抓经济不忘管武装、谋发展不忘强国防、惠民生不忘子弟兵，自觉把武装工作纳入经济社会发展规划，纳入领导干部任期责任目标，纳入科学发展综合考评体系，形成武装工作与地方经济社会建设同步推进、和谐发展的良好局面。要根据相关政策规定，将人武部必要工作经费纳入年度财政预算进行统一安排。要不断加强国防后备力量建设，抓好部队的基础设施建设和后勤保障等工作。要高度重视征兵工作，加大宣传力度，严把征兵质量关，确保圆满完成征兵任务。要严格按照相关程序规定，认真落实拥军优属各项政策，妥善解决随军家属就业问题，为驻地部队官兵提供一个良好的工作和生活环境。

县委副书记张波，县人大常委会主任文高平，县政协主席陈军以及欧阳冬子、李顺利、李晓宁、王名扬、苏建华、李觉会等等县领导参加会议。

24 日上午 东安与湖南湘晖新能源投资有限公司 50MW 光伏发电项目签约仪式在县行政中心七楼常委会议室举行。湖南湘晖新能源投资有限公司总经理张家林与县委常委、常务副县长陈丽签约。

县委书记谢景林出席。县政府副县长唐振宇、李瑞霞，县政府副县长候选人张静等县领导参加签约仪式。

24 日上午 县委书记谢景林和阿里巴巴集团高级运营专员代磊为大江口乡石溪河村农村淘宝服务站揭牌，标志着全市首家农村淘宝村级服务站正式开业。

县委常委、常务副县长陈丽，县政府副县长李瑞霞，县政府副县长候选人张静，县政协副主席蒋燕平等领导出席揭牌仪式。

24 日上午 东安政府职能转变和机构改革新设立组建的县市场和质量监督管理局、县科技和经济信息化委员会等 17 个单位正式揭牌。县委书记谢景林，县委副书记张波，欧阳冬子、陈丽、李晓宁等县领导为涉改单位揭牌。

24 日 县委常委、常务副县长陈丽深入大江口乡天元山庄和大江源现代农业综合产业园调研指导乡村旅游工作。

陈丽强调，大江口乡拥有优越的地理位置和独特别致的风景，在发展乡村旅游方面具有很大的潜力。相关部门可以通过政府引导，市场运作，村民参与的方式，走“生态 + 景区 + 农业”的模式，根据市民的需求爱好，打造集休闲、度假、游乐、农业体验于一体的目的地。

陈丽要求，相关部门和乡镇要高度重视和关注乡村旅游工作，加大乡村旅游发展的扶持力度，帮助村民致富。要加强规划指导，注重保持乡村风貌，凸显乡村原真特色，完善旅游基础设施，夯实乡村旅游发展基础，提升乡村旅游服务水平。要结合当前开展的“一进二访”活动，大力宣传推介乡村旅游，开辟一条精准扶贫、富民增收的新路。

县政府副县长李瑞霞参加调研。

25日上午 市人大常委会副主任袁满娥、市政府副市长唐能武带领市交通局、公路局等精准扶贫后盾单位负责人深入水岭乡吊牛坪村调研指导精准扶贫工作。

袁满娥、唐能武一行实地查看了吊牛坪村村容村貌、基础设施等情况后，在水岭乡政府召开座谈会，进一步了解该村经济社会发展中的困难和问题。

唐能武对吊牛坪村前期精准扶贫工作取得的成绩给予充分肯定。唐能武指出，精准扶贫工作事关广大群众切身利益，事关全面小康社会建设，事关党中央的重大决策贯彻落实。东安县委高度重视，积极响应党中央和省、市委的号召，精准扶贫工作取得初步成效。今后，市交通局、公路局要在资金上给予大力支持，重点扶持吊牛坪村道路交通设施建设，改善群众生产生活条件。

袁满娥要求，驻村工作组和精准扶贫各后盾单位要统一思想，提高认识，按照精准扶贫相关工作要求，抓好各项工作落实。要从实际出发，突出基础设施建设，发展特色产业，做到“精准识贫、精准扶贫、精准脱贫”。水岭乡党委、政府要加强与驻村工作组和市、县直各后盾单位联系，充分发挥后盾单位帮扶作用。要紧扣精准扶贫工作重点，抢抓机遇，把准方向，精准施策，强化落实，用足用活用好扶贫政策，创新扶贫开发体制机制，攻坚克难，打赢扶贫攻坚这场硬仗。

县委书记谢景林、县委副书记张波等领导陪同调研。

25日上午 县委常委、常务副县长陈丽主持召开县政府第三十四次常务会议。会议听取了市对县重点考核、东安明珠小区建设、保障性安居工程融资、县农行不良资产打捆置换等工作情况汇报。

关于市对县重点考核工作，会议要求，各级各部门要明确目标，增强创先争优意识，力争多项工作进入市绩效考核先进行列。要明确责任，按照项目责任分配表，抓好各项工作落实。要对照市对县考核细则，对前段工作开展一次回头看，查漏补缺。要加强调度协调，明确奖罚措施，确保圆满完成各项工作目标任务。

关于东安明珠小区工作，会议要求，相关职能部门要高度重视，抽调专门工作人员成立项目扫尾工作领导小组。要加大工作力度，加强沟通协调，强化督促检查，抓好东安明珠小区扫尾工程建设，确保在年底前如期交房，全力保障购房业主利益，确保社会大局和谐稳定。

关于保障性安居工程融资工作，会议指出，按照上级相关政策要求，同意成立东安县保障性安居工程投资有限公司和城投公司子公司水务投资公司。各级各部门要解放思想，抢抓机遇，强化责任意识，加大融资工作力度，加强平台建设，积极向上申报项目，全力保障全县重点项目建设和民生支出。

关于县农行不良资产打捆置换工作，会议要求，县财政、农行等相关职能部门要加大与上级部门对接沟通力度，最大限度地争取省、市农行的关心和支持，努力解决历史遗留问题。要加大不良贷款清收力度，积极化解矛盾纠纷，做大国有资产，支持和服务县域经济发展。

李晓宁、王学军、唐振宇、李瑞霞、张静、于剑辉、文德、邓亚林、徐荣军、唐伯平、蒋明君、陈利平等县政府常务会组成人员参加会议，相关单位负责人列席会议。

26日 省卫生计生委检查组到东安检查指导优化卫生计生户外宣传环境工作。

检查组一行通过察看现场、查阅资料、听取汇报等方式，详细了解了紫溪市镇百花村、渌埠头村和塘复学校计生村级阵地建设、户外宣传和卫生计生知识进校园活动开展情况。

检查组对东安卫生计生户外宣传工作取得的成绩给予了高度评价。检查组认为，东安县委、政府高度重视卫计户外宣传工作，措施有力，效果显著，希望东安相关职能部门进一步加强领导，强化措施，再接再厉，把卫生计生宣传工作抓紧抓实，为全县卫生计生工作创造良好的舆论氛围。

县委副书记张波陪同。

26日 县人民政府发出《关于公布承接和取消部分行政许可事项的通知》（东政发〔2015〕9号），公布了承接湖南省人民政府下放的2项行政许可事项和取消的4项行政许可事项。

27日上午 县政协八届委员会第二十八次主席会议在县行政中心四楼会议室召开，会议协商讨论了全县创业就业工作。县政协主席陈军出席会议并讲话。县政府副县长李瑞霞应邀参加会议。

会议指出，县委、县政府把扩大就业促进创业工作摆在经济社会发展的突出位置，着力构建劳动者自主就业、市场调节就业、政府促进就业和鼓励全民创业相结合的工作格局，逐步建立起机制健全、功能完善、保障可靠、常态有效的就业创业工作体系，取得了明显成效。

陈军要求，相关职能部门要加大协同配合力度，进一步凝聚就业创业工作合力。要加强宣传引导，营造更加良好的就业创业氛围。要带着感情和责任扎实做好促进就业创业工作，强化经济增长和扩大就业联动。要结合东安实际，主动适应经济发展新常态，创造更多的就业岗位。要充分利用、整合现有资源，进一步加大“定向式”的职业培训力度，推动就业创业工作实现新突破。

李瑞霞代表县政府感谢各位政协委员对县政府工作的大力支持。李瑞霞希望各位政协委员充分利用自身优势，对全县创业就业工作继续进行深度调查研究，积极向县政府建言献策。

县政协副主席丁国志、蒋燕平、周壬秀等出席会议。

30日上午 县委书记谢景林主持召开县委常委扩大会议，专题研究部署绩效考核工作。

会议要求，各级各部门要高度重视，深化思想认识，明确目标任务，认真对照市对县考核工作细则，强化工作措施，做好各项基础性工作，集中精力，全力以赴抓好市对县绩效考核工作。

会议强调，各牵头单位和相关责任单位要加强协调配合，对各项工作开展一次“回头看”，查漏补缺，完善各项台账资料，认真做好迎检各项准备工作。要总结工作亮点，突出工作重点，加快推进神华国华永州电厂、芦江水库、东芦公路等重点项目建设。要严格奖罚兑现，将绩效考核结果作为干部评先评优、提拔任用的重要依据。要密切配合，加强与上级有关部门的沟通对接，精准上报数据，真实反映东安经济社会发展成果。县委大督查办、“两办”督查室和县绩效办要加大督查力度，确保绩效考核工作取得优异成绩，实现既定目标任务。

县委副书记张波，县人大常委会主任文高平，县政协主席陈军以及郑景学、欧阳冬子、陈丽、李顺利、李晓宁、苏建华等县领导出席会议，相关部门负责人列席会议。

30日 县委常委、县委宣传部部长欧阳冬子到东安经济开发区检查考核党风廉政建设责任制落实情况。

欧阳冬子听取了东安经济开发区党工委和纪工委履行党风廉政建设主体责任和监督责任的情况汇报，充分肯定该单位在落实“两个责任”方面取得的成效。

欧阳冬子强调，落实“两个责任”要求，是党章赋予各级党委和纪委的重要职责，是各级党委和纪委必须履行的政治担当、必须完成的政治任务、必须遵守的政治纪律。要强化担当、持续发力，切实推进落实“两个责任”的深化、细化、具体化，层层传导压力，使其延伸到最基层，落实到每一个党组织，确保落地生根。各级党委要深刻认识主体责任“牛鼻子”地位，切实把主体责任时时放在心上，紧紧抓在手上，牢牢扛在肩上，真正做到守土有责、守土负责、守土尽责。要以“钉钉子”精神持续加大反“四风”力度，一环紧着一环拧，一锤接着一锤敲，锲而不舍，久久为功，切实防止“四风”问题换上新马甲、穿上隐身衣、进入青纱帐。要把纪律和规矩立起来、严起来，着力抓好《中国共产党廉洁自律准则》《中国共产党纪律处分条例》的宣传和贯彻落实，持续加大纪律审查力度，对顶风违纪、不收手不收敛行为，坚决做到零容忍，让纪律真正成为“带电高压线”。要针对信访突出问题，着力惩治发生在群众身边的不正之风和腐败问题，以实实在在的成效取信于民，推动党风廉政建设不断取得新进展新成效。

12 月

1 日上午 县委书记谢景林调研指导阿里巴巴农村淘宝项目县级运营中心建设。

谢景林一行实地查看了农村淘宝项目县级服务中心的“村淘”物流货物存放区、展品展示厅、工作人员办公区、文化墙等区域的建设，听取了服务中心装修情况汇报。

谢景林指出，电商的发展是一种商业理念的转变，是大势所趋。东安在全市率先与阿里巴巴签订“农村淘宝”合作项目，全市首个村级服务站在大江口乡石溪河村开业，取得了可喜的成绩。

对于下一步工作，谢景林要求，相关部门要进一步加快运营中心和村级服务站建设进度，不断完善服务功能，培育农村需求；拓展电子商务及相关配套在农村的服务领域和服务深度。继续扩大“村淘”合伙人队伍，进一步整合各乡镇场产品资源，严把村淘平台产品质量关。努力打造覆盖“县、镇、村”三位一体的农村电商、物流配送网络，真正实现“网货下乡”和“农产品进城”的双向流通。

县委常委、常务副县长陈丽，县政府副县长李瑞霞陪同。

1 日上午 县政协主席陈军率部分市、县政协委员视察冷东城际快速通道项目建设。

陈军一行实地察看了永东城际快速通道项目建设情况后，在县行政中心四楼会议室召开座谈会，详细了解工程进展情况。

陈军要求，全县各有关部门、乡镇要高度重视，通力协作，共同营造良好的施工环境。要严格把握政策标准，坚决打击违法犯罪行为，保护群众合法利益。施工和监理单位要坚持“百年大计、质量第一”的方针，精心组织，科学施工，抢时间，抓进度，确保按时保质保量完成工程建设。

县政协副主席蒋燕平、周壬秀参加，县政府副县长唐振宇陪同。

1日 东安农村商业银行股份有限公司隆重开业。

省联社党委副书记邓德林，市政府副市长张常明，市银监分局局长邓建华，县委书记谢景林共同为东安农村商业银行揭牌，标志着东安县农村信用合作联社产权制度改革全面完成。

开业仪式由县委常委、常务副县长陈丽主持，市银监分局副局长胡润生宣读了《关于湖南东安农村商业银行股份有限公司开业的批复》，东安农村商业银行董事长唐军致辞，县委书记谢景林和市政府副市长张常明发表重要讲话。

市银监分局、省联社永州办事处、县直相关部门领导、东安农商银行董、监事会成员以及工作人员共计100余人应邀参加开业仪式。

1日 县委常委、县委办主任郑景学深入南桥、花桥镇检查考核党风廉政建设落实情况。

在听取了南桥、花桥镇2015年履行党风廉政建设主体责任和监督责任情况汇报后，郑景学充分肯定了南桥和花桥镇党风廉政建设工作取得的成效。

郑景学要求，各级党委要切实强化反腐倡廉的思想和行动自党，认真落实全面从严治党、依规治党的新要求，进一步增强责任感、使命感和紧迫感，以抓铁有痕的劲头，不断把党风廉政建设和反腐败斗争引向深入。要从严落实好“两个责任”，抓住“关键少数”，突出抓实主体责任，建立健全党风廉政建设的各项制度，防止流于形式。要纠正“四风”，改进作风，紧紧盯住作风领域的新变化新问题，坚持重点突破，突出抓好重要节点，持续发力，把作风建设要求真正落地生根。要把纪律和规矩立起来，贯彻落实好《中国共产党廉洁自律准则》《中国共产党纪律处分条例》，持续加大纪律审查力度，严肃党内生活，着力惩治发生在群众身边的不正之风和腐败问题，取信于民。

1日 县委常委、县委办主任郑景学深入花桥镇刘阳村调研指导精准扶贫工作。

郑景学一行实地察看了刘阳村通村公路和山塘防渗加固工程建设情况。

郑景学要求，驻村工作组和精准扶贫各后盾单位要按照精准扶贫相关工作要求，按照规划到村、帮扶到户、责任到人的工作思路，制定切实可行的精准扶贫工作方案，创新扶贫工作方法，做实做细精准扶贫工作，做到“精准识贫、精准扶贫、精准脱贫”。要积极筹措资金，加强基础设施建设，加快通村公路和山塘清淤、防渗加固工程建设进度，进一步改善群众生产生活条件。要利用当地丰富的楠竹资源优势，充分发挥经济效益，发展壮大村级集体经济，带领群众脱贫致富。

2日上午 县委书记谢景林深入端桥铺、鹿马桥、黄泥洞等乡镇调研基层党建和乡镇区划调整工作。

在端桥铺镇，谢景林实地察看了党建工作资料，并与镇党委书记、党员代表亲切交谈，深入了解基层党建阵地建设、班子队伍建设情况。谢景林要求，要高度重视，进一步强化基层党建工作责任制落实。认真落实全面从严治党的政治责任，不断强化基层党组织的政治引领和服务群众功能，夯实基层基础，筑牢战斗堡垒，为贯彻落实党的十八届五中全会精神，推动全县改革发展稳定和民生各项事业取得新成效提供坚强的组织保证。

在鹿马桥镇，谢景林详细了解鹿马桥镇区划调整改革工作进展情况。谢景林指出，各级各部门要站在战略和全局的高度充分认识乡镇区划调整改革的必要性和重要性，进一步把思想和行动统一到省委、省政府的决策部署上来，按照时间节点，完成改革任务；要继续加大宣传引导的力度，及时发现、解决改革中的矛盾和问题，维护社会稳定；要统筹推进，顺势改革资源配置、政府服务方式，最大释放改革红利，以推动当地经济社会发展。谢景林强调，乡镇区划调整改革工作不仅仅是简单的乡镇合并，要因地制宜、科学规划，考虑当地各项综合因素，科学确定乡镇规模和布局。调整后，要改变传统的社会管理方式，发挥信息化、网络等优势，方便老百姓办事。

3日上午 县委书记谢景林在白牙市镇、县民政局主要负责人的陪同下，深入大江口乡调研乡镇区划调整工作。

谢景林在大江口乡会议室听取了大江口乡区划调整工作情况汇报，并与该乡党政领导班子进行座谈，听取了关于田土山林、水系、便民办事等方面的意见和建议。

谢景林指出，乡镇区划调整有利于整合乡镇资源，促进现代农业发展，加快全面小康建设进程。要加大宣传引导，及时发现、解决改革中的矛盾和问题，维护社会稳定。

谢景林强调，合并后的镇领导班子要摆正心态，服从组织安排，有所作为，实现乡镇区划调整实施后各项工作的平稳过渡。要统一思想，充分考虑原大江口乡群众办事的需求，统筹安排计生、信访维稳、社会治安管理等各项重点工作，确保社会和谐稳定发展。要进一步完善机制，充分发挥乡镇区划调整后带来的功效，不断完善基层服务网络建设，整合资源推进合并后的白牙市镇经济发展，不断提高人民群众生活水平。要加强乡镇区划调整实施后宣传教育和引导工作，提高群众对实施乡镇区划调整的知晓率，平稳有序推进全县乡镇区划调整工作。

3日　县委办公室、县人民政府办公室发出《关于印发〈东安县环境问题（事件）责任追究办法（暂行）〉的通知》（东办发〔2015〕18号），明确了在落实环境保护职责过程中不履职、不当履职、违法履职，导致危害和恶劣影响的责任单位和责任人依法进行责任追究的具体办法。

4日上午　县委书记谢景林主持召开县委常委会议，研究部署县政府机构改革、乡镇区划调整改革等工作。

关于县政府机构改革工作，会议要求，各级各部门要统一思想，严格按照上级相关政策规定，加强调研，明确标准，进一步完善改革方案，确保政府机构改革工作顺利推进。

关于乡镇区划调整改革工作，会议要求，相关职能部门要高度重视，强化责任落实，根据上级相关文件精神和工作要求，结合东安实际，科学制定合并乡镇的机构编制、“三定”、便民服务中心设置等工作方案，确保乡镇区划调整改革工作按期完成任务。

会议还对当前绩效考核、财税等工作进行了安排部署。

县委副书记张波，县人大常委会主任文高平，县政协主席陈军以及郑景学、欧阳冬子、陈丽、李顺利、李晓宁、王名扬、苏建华等县领导出席会议，相关单位负责人列席会议。

7日上午 市园林局局长刘玉林带领市绩效考核组到东安考核国家森林城市创建工作。

市考核组通过听取汇报、翻阅资料、座谈等方式，对东安创建国家森林城市工作进行了全面的考核。

市考核组充分肯定了东安创森工作取得的成绩，认为东安创森工作领导重视，亮点突出，措施有力，成效明显。

市考核组表示，将认真梳理整理东安创森工作中的特色亮点，并如实上报。希望东安各级各部门要加强苗木抚育管护，搞好自查验收，巩固绿化成果。要进一步加大宣传力度，提高群众认知度、参与度，努力打造创森精品亮点，全力为东安创森工作增绿添彩。

县委副书记张波，县委常委、副县长李晓宁陪同。

7日下午 东安县清查国家公职人员在重点项目指挥部和其他临时机构任兼职收酬、单位乱发津贴问题工作推进会召开。县委常委、县纪委书记李顺利出席会议并讲话。

会议指出，认真学习贯彻《中国共产党廉洁自廉准则》和《中国共产党纪律处分条例》，深刻领会精神实质，对增强党员干部的党纪意识、廉洁自律意识，加强党风廉政建设，树立国家公职人员良好形象，具有十分重要意义。全县各级各部门要统一思想认识，结合深入贯彻中央“八项规定”精神，深入开展“三严三实”专题教育，把对国家公职人员在重点项目指挥部和其他临时机构任兼职收酬、单位乱发津贴问题清查工作，作为当前正风肃纪的重要政治任务落实到位。

会议强调，全县国家公职人员在重点项目指挥部和其他临时机构兼职取酬和单位津贴补贴清进核查工作时间紧，任务重，各级各部门要站在讲政治、讲大局、讲责任的高度，深刻认识做好两项工作的重大意义，不隐瞒，不遗漏，不回避问题，不遮掩实情。坚持做到头脑清醒不含糊，清理工作不走样，行动迅速不迟缓，严格追责不手软，建章立制不反弹，确保查工作圆满完成。

8日上午 东安县十六届人大常委会第二十四次会议召开。

根据县委提名，依据《中华人民共和国地方各级人民代表大会和地方各级人民政府组织法》的有关规定，经县人民政府党组研究，提请县人大常委会对《关于提请决定魏新林等同志职务任免的议案》审议表决。会议接受了唐文辞去东安县卫生局局长职务、唐世义辞去东安县计划生育委员会主任职务的议案，表决任命魏新林同志为县监察局局长、唐文同志为县卫生和计划生育委员会主任。文高平向新任命的人员颁发了任命证书。随后新任命人员分别做了供职发言。

县人大常委会主任文高平，副主任宁苏君、胡贤吉、唐新柱、胡慧川、蒋永辉等出席会议，县委副书记张波、副县长涂世国等领导应邀出席会议。

8日下午 县委书记谢景林主持召开县委常委会议，专题研究部署全面建成小康社会工作。

会议指出，各级各部门要充分认识自身存在的差距和优势，全力以赴抓好重点项目建设，进一步加强财税征管，增总量，提质量。重点抓好全面小康示范乡镇、示范村建设，突破难点、突出亮点，全力推进全面小康社会建设。

会议要求，各级各部门要进一步深化思想认识，认真分析，找出问题根源，强化工作措施，做到各项数据真实准确。相关部门要加强全面建成小康社会工作的调度和督查，强化各项指标落实。要加强沟通协调，与省、市主管部门对接，确保各项目标圆满完成。

会议还听取了全县党风廉政建设考核情况汇报。

县委副书记张波，县人大常委会主任文高平，县政协主席陈军以及郑景学、欧阳冬子、陈丽、李顺利、李晓宁、苏建华、王学军等县领导出席会议，相关单位主要负责人列席会议。

9日上午 县委常委、县委宣传部部长欧阳冬子深入县委政法委、县财政局、县公安局、县教育局等单位调研指导文明创建工作。

每到一处，欧阳冬子都认真查看各单位文明创建工作软硬件建设情况，并对各单位在创建工作中存在的问题提出了整改意见和建议。

欧阳冬子指出，县直机关单位文明创建工作要坚持“以文化人”，在塑造机关文化和提升队伍素质上下功夫。机关单位每层楼道和步梯间的墙壁上要布置以文明素养为内容的精美展板，使机关干部在上下班的过程中耳濡目染接受机关文化建设熏陶。要以机关文化建设为引领，以学习型机关建设为抓手，着力提高干部队伍文化素质和文明素养。

欧阳冬子要求，县直机关单位文明创建工作要坚持强基固本，在不断探索文明单位创建机制上下功夫。各县直机关单位要树立文明单位创建是“一把手工程”的理念，实行“一把手负责制”。树立全员参与文明单位创建意识，注重环境美化净化，突出创建基础管理，完善规章制度，建立完备的基础台账体系。

欧阳冬子强调，县直机关单位文明创建工作要坚持活动引领，在确保文明单位创建实效上下功夫。要以“学雷锋志愿者”活动引领服务型机关建设。以“道德讲堂”和“经典诵读”培育单位正能量。以“我们的节日”主题活动和丰富多彩的文体活动增强创建吸引力。精心组织“我们的节日”主题活动，展现文明创建活力，丰富文明创建内涵，增强文明创建的吸引力。

10日 省委巡视第七组巡视东安动员会召开。省委巡视第七组组长郭树人作重要讲话，市委常委、市纪委书记朱映红就配合巡视工作提出要求，县委书记谢景林主持会议并作动员讲话。

郭树人指出，要认真落实全面从严治党主体责任，坚定不移加强党的领导。习近平总书记多次强调，办好中国的事情，关键在党。全面从严治党是实现党的历史使命的必然要求，必须围绕加强党的领导这个根本，解决管党治党失之于宽、失之于松、失之于软和主体责任缺位、监督责任缺失等问题，确保党始终成为中国特色社会主义事业坚强领导核心。巡视是党章赋予的重要职责，是党内监督的战略性制度安排，是全面从严治党的重要手段。党的十八大以来，中央和省委高度重视巡视工作，巡视工作不断深化，取得明显成效。习近平总书记强调，郡县治，天下安。在我们党的组织结构和国家政权结构中，县一级处在承上启下的关键环节，是发展经济、保障民生、维护稳定的重要基础，县（市、区）委是我们党执政兴国的“一线指挥部”。习近平总书记对县委书记提出了“心中有党、心中有民、心中有责、心中有戒”，做“政治的明白人、发展的开路人、群众的贴心人、班子的带头人”的明确要求。这次对东安进行巡视，充分体现了省委对东安县领导班子建设的重视关心，是对东安县党的建设各项工作的全面体检和有力促进。东安县委和各级党组织要按照中央和省委要求，严格履行党章和其他党内法规赋予的职责，以巡视为契机，强化全面从严治党主体责任，切实把责任扛起来、立场硬起来、纪律严起来，唤醒党章意识、纪律意识、规矩意识和组织意识，尊崇党章、敬畏党纪，确保中央和省委政令畅通、确保党的路线方针政策贯彻落实，发挥党的领导核心作用，为协调推进“四个全面”战略布局奠定坚实基础。

郭树人指出，要认真贯彻巡视工作条例，旗帜鲜明聚焦全面从严治党开展巡视。2015 年，中央颁布实施了新修订的巡视工作条例、中国共产党廉洁自律准则和纪律处分条例，这是在党的建设丰富实践的基础上，党内制度创新取得的重大成果，为巡视工作深入开展提供了有力制度武器。省委巡视组将认真贯彻落实巡视工作条例和有关党内法规，聚焦全面从严治党，坚持把纪律和规矩挺在前面，紧扣“六大纪律”和“四个着力”，按照“高标准、守底线”的要求，盯住“三个重点”，发现问题、形成震慑，剑指问题、倒逼改革，惩前毖后、治病救人，为全面从严治党和全面深化改革提供有力支撑。根据省委部署和巡视工作条例规定，这次巡视监督着重从以下三个方面进行。一是尊崇党章，突出党的领导。巡视组将重点检查被巡视党组织和党员干部是否认真学习、遵守、贯彻、维护党章，严格按党章规定办事；是否坚持理想信念宗旨，牢固树立“三个自信”，坚定共产主义理想和中国特色社会主义信念；是否用实际行动贯彻落实党的路线方针政策，贯彻落实党的十八大和十八届中央历次全会精神，同党中央保持高度一致，确保中央政令畅通、维护党的集中统一；是否落实全面从严治党主体责任和监督责任，始终把加强党的建设摆在突出位置，发挥党的领导核心作用。二是围绕“六大纪律”，深化“四个着力”。巡视组将坚持纪严于法、纪在法前、纪法分开，用党规党纪的尺子衡量被巡视党组织和党员干部行为，严格对照党章、廉洁自律准则和纪律处分条例，着力发现违反政治纪律和政治规矩，存在违背党的路线方针政策的言行，有令不行、有禁不止，阳奉阴违，拉帮结派等问题；违反廉洁纪律，以权谋私、贪污贿赂、腐化堕落等问题；违反组织纪律，违规用人、拉票贿选、买官卖官，以及独断专行、软弱涣散、严重不团结等问题；违反群众纪律、工作纪律和生活纪律，搞形式主义、官僚主义、享乐主义和奢靡之风等问题。三是联系实际，突出巡视重点。巡视组将紧密联系东安县实际，坚持实事求是，历史、辩证、客观地看待问题，准确把握共性和个性关系，不求面面俱到，在工作中紧盯重点人、重点事、重点问题和重点时段。根据安排，这次巡视采取同步安排、分批巡视，实行“一托二”的方式，省委巡视第七组承担对祁阳县、零陵区、东安县、双牌县的巡视任务，每个县市区集中巡视时间 1 个月左右。

郭树人强调，要坚决强化政治担当，不折不扣完成省委交给的巡视任务。干扰妨碍巡视，就是违反政治纪律。做好巡视工作是落实党委主体责任的具体化，对巡视工作重视与否，是对党员领导干部忠诚干净担当的考验，反映的是党的观念强不强，从严治党的措施硬不硬，责任担当够不够。东安县广大党员干部特别是领导干部要提高认识，端正态度，敢于直面问题，及时澄清一些干部群众的模糊认识，打消思想顾虑，鼓励和支持干部群众反映与巡视有关的情况和问题。在巡视期间，东安县委要加强组织协调，营造良好的监督氛围，及时通过有关新闻媒体和党内文件公布巡视工作任务、安排和巡视组的联系方式；要组织有关部门及时制定信访应急预案，密切关注网络舆情，积极稳妥应对有可能发生的群体性上访和突发性事件。要切实抓好整改工作，强化整改主体责任，牢固树立“整改不力是失职，不抓整改是渎职”的观念，党委书记是整改第一责任人；要着力做好巡视成果的巩固、深化拓展工作，促进巡视整改常态化、常效化。巡视组将紧紧依靠东安县委开展工作，加强与党委主要负责同志的沟通。在工作中密切联系群众，广泛听取各方面意见，本着对党的事业、对党的干部高度负责的态度，实事求是、客观公正地向省委和省委巡视工作领导小组汇报巡视情况。巡视组将严格工作程序和权限，依法依规开展巡视，确保巡视工作经得起历史和实践考验。同时巡视组将坚决落实中央和省委关于加强巡视队伍作风建设的有关要求，以“三严三实”为标尺，严格遵守巡视工作纪律，树立巡视组良好的作风和形象。

市委常委、市纪委书记朱映红指出，2015 年 3 月 21 日至 5 月 28 日，省委巡视第七组对永州进行了为期两个多月的集中巡视。在巡视组的关心指导下，全市全面从严治党要求得到进一步落实，党风廉政建设“两个责任”得到进一步加强，一批老大难问题的解决得到了有力推动，全市形成了良好的民主政治氛围，广大党员干部干事创业的积极性和凝聚力得到了极大提升。根据省委的安排部署，前段时间，省委巡视第七组对零陵区、祁阳县进行了为期一个月的集中巡视。从当天开始，巡视组将对东安县开展集中巡视，各级领导干部务必认真对待，严格按照要求，积极配合和全力支持省委巡视组开展巡视工作。朱映红强调，认识一定要到位。东安上下，尤其是各级党员领导干部，一定要站在政治和全局的高度，把思想和行动统一到中央对巡视工作的新认识、新要求上来，深刻认识巡视工作的重要意义。态度一定要端正。各级党员领导干部，尤其是领导班子，务必强化党性意识，真诚主动地接受巡视监督。要紧紧围绕巡视工作重点，本着对组织负责、对同志负责、对自己负责的态度，如实向巡视组汇报工作和反映情况，不回避矛盾，不隐瞒问题，客观、真实、准确地提出意见和看法，让巡视组全面了解东安的党风廉政建设、反腐败工作及领导班子和干部队伍建设客观情况。配合一定要紧密。东安县各级党组织和有关部门要按照省委巡视组的统一部署和具体要求，围绕巡视组的工作任务和工作计划，在工作安排上要做到统筹兼顾，合理分配时间，把支持配合巡视工作与做好其他工作有机结合起来，做到“两不误、两促进、两提高”。集中巡视期间，各级党组织和纪检机关要集中主要精力配合巡视组开展工作。到各部门具体了解情况时，都必须积极主动配合，如实提供资料，决不允许敷衍拖延、欺骗隐瞒、弄虚作假。整改一定要见成效。对巡视组指出的问题，要认真对待、主动认领、“照单”接受，全县上下必须以高度的政治责任感和使命感，不折不扣抓好整改工作。整改结果要及时反馈省委巡视组，确保件件有着落、事事有回音。在抓好集中整改的同时，要进一步举一反三，深刻反思、认真剖析问题产生的深层次原因，找准体制机制上的“症结”，不断扎紧制度“笼子”，进一步督促各级各方面严格执行中央和省委作风建设有关规定，坚决防止“四风”反弹，深入推进党风廉政建设和反腐败工作，努力形成风清气正的政治环境和政治生态。东安全县上下，要以这次省委巡视组的巡视监督为动力，坚持科学发展，践行服务宗旨，恪守勤政廉洁，全力稳增长、尽力调结构、竭力惠民生，全面推进改革发展稳定各项工作。

县委书记谢景林代表东安县委表态指出，巡视制度是党章作出的重要制度安排，是落实党要管党、从严治党要求的重要手段，也是强化党内监督的重要形式。这次省委第七巡视组到东安开展巡视，是对东安各项工作的“全面检查”，也是对各级党员领导干部廉洁自律的“政治体检”，更是对党风廉政建设的“综合会诊”，充分体现了省委对东安工作的重视与支持。一定要站在政治和全局的高度，充分认识巡视工作的重大意义，把接受省委巡视组的监督检查当作一次加强党性锻炼的机会，一次检验工作成效的机会，一次加快经济社会发展的机会，切实把思想和行动统一到省委的工作部署上来。各级各部门要切实增强接受巡视监督、支持巡视工作的自觉性和坚定性，坚决服从巡视组的安排，确保巡视工作在东安取得圆满成功。

谢景林表示，配合省委巡视组做好巡视检查，是政治责任和应尽义务。各级各部门务必积极协助、全力配合，服从安排、严守纪律，实事求是、客观公正反映情况和问题。对巡视组查找出来的问题和提出的批评意见与建议，要高度重视、虚心接受，深入查找原因、严格落实责任，在省委巡视组和群众的监督下一个一个整改到位，一项一项落到实处，务必要以这次巡视为契机，把配合巡视工作与推进“四个全面”战略布局结合起来，与“三严三实”专题教育结合起来，与贯彻落实省委“四化两型”“三量齐升”和市委“四个三”、打造品质活力永州的决策部署结合起来，与全力打造“五个东安”结合起来，真正把巡视过程变成查找差距、锻炼队伍、推动发展的过程。要把配合巡视工作与搞好“十二五”各项工作结账和谋划“十三五”发展结合起来，认真贯彻落实党的十八大和十八届三中、四中、五中全会精神，增强工作的前瞻性和实效性。要把配合巡视工作与加强领导班子和干部队伍建设结合起来，将思想进一步统一到省委、市委的重大决策部署上来，将行动进一步集中到干事创业上来，将力量进一步凝聚到加快发展上来，进一步完善发展思路，强化工作举措，健全工作制度，全力推进“五个东安”建设，确保巡视工作达到预期效果，促进东安各项工作再上新台阶，再创新业绩。

省委巡视第七组副组长张湘祥及巡视组全体成员，东安县委、人大、政府、政协领导班子成员，副处级以上干部、县直单位和乡镇（场）主要负责人参加会议。

11日上午 县政协召开八届委员会第二十九次主席会议，听取县政府提案工作办理情况。县政协主席陈军出席会议并讲话。县委常委、常务副县长陈丽应邀参加会议。

会议指出，2015年，县政府系统采取有效措施，创新方式方法，规范办理程序，认真办理县政协委员提案，圆满完成了县政协八届三次会议委员提案办理工作。

陈军对县政府在办理提案过程中所做的工作给予充分肯定。陈军要求，县政府要规范提案办理程序，提高可操作性，建立长效机制，不断提升东安提案办理工作的质量和水平。各承办责任单位要端正态度，把办理工作纳入重要议事日程，积极创新办理方式，建立健全分级负责制，细化分解承办任务，做到定人、定责、定标准、定进度、定时限，努力增强办理实效。政协委员要在做好前期调研的基础上，认真反思和查找提案中的问题、不足，与县政府双向交流、协同合作，全力促进办理工作的落实。

陈丽代表县政府感谢各位政协委员对县政府工作的大力支

持。陈丽希望，各位政协委员积极为县政府建言献策。陈丽表示，县政府将进一步健全完善提案办理工作机制，细化办理工作流程，加大推动落实力度，推动县政府各项工作再上新台阶。

县政协副主席周刚生、丁国志、蒋燕平、周壬秀、唐月程等出席会议。县政府副县长涂世国应邀参加会议。

11日下午 县委常委、常务副县长陈丽主持召开县政府第三十五次常务会议。听取全面小康社会建设、市对县考核、农村电商、“135”工程、财税和重点项目建设、治超站不停车检测系统建设等工作情况汇报。

关于全面建成小康社会工作，会议强调，各级各部门要加强领导，强化责任，全力以赴抓好重点财源项目建设。要集中精力抓好扶贫工作，帮助贫困户尽快脱贫。要搞好试点，突破难点，做出亮点，全力抓好小康示范乡镇、示范村、示范户等创建工作。要加强沟通，密切配合，加强与上级有关部门对接，精准监测数据，真实反映东安经济社会发展成果，确保东安全面建成小康社会工作完成既定目标任务。

关于市对县考核工作，会议要求，各相关责任单位要进一步突出重点，加强调度，强化措施，按照市考核细则，搞好查漏补缺，认真做好迎检工作。要密切配合，加强与上级有关部门的沟通对接，确保绩效考核取得优异成绩。

关于“135”工程建设，会议要求，相关职能部门要抽调工作人员，迅速成立白牙市工业园区企业闲置土地清理工作领导小组。要认真研究相关合同文本，理清园区企业债务和资产，对未履约企业，依法进行闲置土地清理。要严格执行合同内容，加快“135”工程标准化厂房建设。要密切配合，尽快完成创业路规划设计、评审等工作，加快推进创业路工程建设。

关于财税和重点项目建设工作，会议要求，各级各部门要明确目标任务，加强重点项目建设，依法严格收入征管，全面开展企业税费稽查，加强税收收入管理考核，确保圆满完成财政收入目标任务。

会议还对农村电商、治超站不停车检测系统建设等工作进行了安排部署。

李晓宁、郑航、唐振宇、涂世国、李瑞霞、张静、文德、邓亚林、蒋明君等县政府常务会组成人员参加会议，县政协副主席周刚生应邀列席会议。

14 日下午 东安政府职能转变和机构改革工作动员会在县行政中心五楼会议室召开。县委书记谢景林出席会议并作重要讲话。县委常委、县委组织部部长、统战部长王名扬宣读《东安县人民政府职能转变和机构改革方案的实施意见》。

谢景林指出，推进政府职能转变和机构改革，是全面深化改革的重要内容之一，是服务群众的迫切要求，是规范政府部门设置、加强依法行政的重要举措。各级各部门要充分认识推进政府职能转变和机构改革的重要意义，把思想统一到省市委的决策部署和具体要求上来，切实增强推进改革的责任感和紧迫感。

谢景林强调，改革要与省、市政府职能转变和机构改革相衔接，从实际出发，以职能转变为核心，大力简政放权，优化机构设置，理顺职责关系，严控人员编制，提高行政效能。相关职能部门要做好干部职工的思想稳定工作，把机构改革当成重大机遇，全方位、科学合理的配备干部，实现干部利益最大化。要严守政治纪律，机构编制纪律，干部人事纪律、财经纪律和保密纪律，按照县委、县政府统一的工作部署，把握时间节点，严格工作程序，确保东安机构改革工作圆满完成。

县委副书记张波，县人大常委会主任文高平，县政协主席陈军以及郑景学、欧阳冬子、陈丽、李顺利、李晓宁、苏建华等县领导出席会议。

14日下午 东安召开基层干部不作为乱作为等损害群众利益问题以及农机购置补贴问题清理工作会。县委副书记张波主持会议。县委常委、县委组织部部长、统战部长王名扬对清理基层干部不作为、乱作为等损害群众利益问题工作作了具体安排。县委常委、副县长李晓宁就清理农机购置补贴工作讲话。

会议要求，各乡镇场要围绕基层干部不作为、乱作为、贪腐谋私、执法不公等方面排查问题，抓好整改。要抓好“两个责任”的落实，加强对农村基层干部的教育和管理，加强对惠农项目资金的监管，注重发挥农村民主监督管理制度的作用，进一步转变基层干部工作作风。

会议强调，按照省委巡视第七组巡视东安的安排，要对全县2013年至2015年农业机械购置补贴资金在分配、管理、使用和实施过程进行全面自查自纠和重点检查。县里将组织纪检系统、财政、审计等部门工作人员，组成七个专项检查组，开展农机购置补贴资金专项检查，重点检查补贴产品标价与补贴政策是否公开，检查申领指标及购机、申请补贴、机具核实、补贴发放环节程序是否合规，手续是否齐全，是否存在骗取补贴资金的现象。

县委书记谢景林、县人大常委会主任文高平，县政协主席陈军以及郑景学、欧阳冬子、陈丽、李顺利、苏建华等县领导出席会议。

15日上午 县委书记谢景林主持县委常委扩大会议，专题听取“5+3+2+1”专项整治[1]工作情况汇报。省委巡视组第七组组长郭树人到会指导并提出要求。

郭树人要求，东安县委和各级党组织要高度重视，按照中央和省委要求，严格履行党章和其他党内法规赋予的职责，强化全面从严治党主体责任，切实把责任扛起来、立场硬起来、纪律严起来，唤醒党章意识、纪律意识、规矩意识和组织意识，尊崇党章、敬畏党纪，确保中央和省委政令畅通、确保党的路线方针政策贯彻落实。要紧密结合实际，认真排查问题，深入开展自查自纠，剖析问题产生的深层次原因，找准体制机制上的“症结”，切实抓好“5+3+2+1”专项整治工作，深入推进党风廉政建设和反腐败工作，努力形成风清气正的政治环境和政治生态。

谢景林强调，各级各部门要统一思想，进一步提高思想认识，把抓好“5+3+2+1”专项整治工作作为当前的重大政治任务和头等大事。要进一步强化责任担当，强化压力传导，强化工作监督，强化责任追究，以务实求实的态度，抓铁有痕的力度，严格按照省委巡视组的要求，抓好专项整治工作。要坚持问题导向，突出整治难点，精准发力，对整改工作实行逐个问题“挂号”，逐项内容“销号”，一个问题一个问题解决到位。要严明工作纪律，强化责任，对违纪行为“零容忍”，切实做到发现一起，查处一起，使纪律真正成为“带电的高压线”，把正风肃纪、问责追责作为推进专项整治的重要手段，以严厉的问责机制推进专项整治工作落实。

县委副书记张波，县人大常委会主任文高平，县政协主席陈

---

[1] 5+3+2+1专项整治：指省委巡视组提出的11项专项整治任务。

军以及郑景学、欧阳冬子、陈丽、李顺利、李晓宁、王名扬、王学军、苏建华等县领导出席会议，相关部门负责人列席会议。

15 日　东安阿里巴巴“农村淘宝”项目正式启动，全县农村淘宝县级服务中心和第一批 58 个村级服务站点正式营业。

市委常委、市纪委书记朱映红宣布农村淘宝项目正式启动，省商务厅电子商务处处长胡松强出席仪式并讲话，县委常委、县委宣传部部长欧阳冬子代表县委、县政府致辞，县委常委、常务副县长陈丽主持启动仪式，市人大常委会副主任袁满娥，县政府副县长李瑞霞出席。

15 日下午　全县“5+3+2+1”问题整改工作推进会在县行政中心五楼会议室召开。会议传达贯彻了相关会议精神，进一步安排部署“5+3+2+1”问题整改推进工作。省委第七巡视组组长郭树人到会指导并提出要求，省委第七巡视组副组长张湘祥出席会议。县委书记谢景林主持会议。县委常委、县纪委书记李顺利作“5+3+2+1”问题整改工作情况报告。

郭树人要求，全县各级党组织和党员干部，要严格履行党章和党规党纪赋予的职责，强化全面从严治党主体责任，切实把责任扛起来、立场硬起来、纪律严起来。各级各部门主要负责人要切实履行好第一责任人职责，把专项整治的领导责任落实到位，工作措施落实到位，组织纪律明确到位。要警惕“雁过拔毛”式小官巨腐，清理公职人员在指挥部任职、兼职领报酬问题，紧密结合实际，认真排查问题，剖析问题产生的深层次原因，切实抓好“5+3+2+1”专项整治工作。

郭树人强调，要通过这次整治工作唤醒党员干部的党章意识、纪律意识、规矩意识和组织意识，尊崇党章、敬畏党纪，树立清风正气的政治环境和政治生态。

谢景林要求，全县各级各部门要进一步统一思想，深化认识，不折不扣贯彻落实会议精神。要认真自查自纠，立行立改；严格按照省委巡视组的要求，严明纪律，强化责任，对违纪行为“零容忍”，做到发现一起，查处一起，使纪律真正成为“带电的高压线”，把正风肃纪、问责追责作为推进专项整治的重要手段，以严厉的问责机制推进专项整治工作落实。

县委副书记张波，县人大常委会主任文高平，县政协主席陈军以及郑景学、欧阳冬子、陈丽、李晓宁、苏建华等县领导出席会议。

16日上午 县政协八届常务委员会第十七次会议在县行政中心四楼会议室召开。县政协主席陈军出席会议并讲话。县委常委、副县长王学军应邀列席会议。

会议听取了县发改委关于“十三五”规划编制工作情况汇报。各政协委员就东安国民经济和社会发展第十三个五年规划纲要（征求意见稿）中的发展总体思路、目标任务、发展战略等方面内容进行了协商讨论，并提出了许多建设性意见和建议。

陈军要求，相关职能部门要吃透上级精神，准确把握好中央和省、市的发展战略部署，结合东安实情，集思广益，精心编制好“十三五”规划，做到“上接天线、下接地气”。要围绕全面建成小康社会工作目标，着眼全局，系统谋划，明确经济社会发展各方面的发展路径和办法，全力提升发展整体性。要以改善民生为主旨，突出生态建设重绿化、经济建设重项目、社会建设重民生、文化建设重活动、政治建设重干部，精准发力，找准具有东安特色的战略重点、突破口和分路径，推动东安经济社会持续健康发展。

听取发言后，王学军代表县委、县政府感谢各位政协委员对政府工作的关心和支持。王学军指出，大家的意见和建议很有见地，让人深受启发。规划编制组要将大家提出的意见和建议，吸纳到规划报告中来，充实完善规划编制内容，使规划成为引领全县人民共同奋斗、建设富饶美丽幸福新东安的行动纲领。王学军希望，各位政协委员要一如既往地关心和支持政府工作，积极履行监督职责，积极建言献策，推动政府工作再上新台阶。

会议还表决通过了政协委员辞免有关事宜。

县政协副主席周刚生、丁国志、蒋燕平、唐月程、周壬秀出席会议。

16 日下午　县委常委、常务副县长陈丽主持召开全县重点项目财税工作调度会。

会议要求，各级各部门要统一思想，凝聚共识，围绕县委、县政府年初制定的目标任务，全力抓好财税征管工作。财税部门要深入企业，加强对重点项目、重点企业等税源的监管，加大税收征收力度，确保各项税收应缴尽缴、应收尽收。各责任单位要切实履行协税护税职责，及时掌握税收动态，积极督促重点财源建设项目业主履行纳税义务。要严格奖罚兑现，充分调动相关责任单位积极性，确保全年财税工作完成既定目标任务。

县委常委、副县长李晓宁，副县长郑航、唐振宇、李瑞霞，副县长候选人张静等县领导参加会议。

17 日下午　省委巡视组第七组组长郭树人带领巡视组相关工作人员深入紫溪市镇检查指导农机补贴工作。

巡视组一行通过实地查看、听取汇报、翻阅资料等方式，对紫溪市镇农机购置补贴政策实施情况进行了详细了解。

郭树人指出，农机购置补贴是党和国家强农惠农政策的重要内容之一，涉及广大农民的切身利益。东安各级各部门要高度重视，强化措施，完善机制，认真贯彻落实国家惠农政策，确保农机购置补贴政策实施到位。

郭树人强调，要加强对农机经销商监管力度，严厉打击各类农机购置补贴产品经营违法违规和坑农行为，保障农民群众切身利益。要加大监督检查力度，开展补贴机具自查自纠，严格规范操作程序，确保农机购置补贴政策高效、廉洁实施，让广大农民群众真正得到实惠，使农机购置补贴政策真正成为党的“阳光政策”。

县委书记谢景林，县委常委、副县长李晓宁陪同检查。

18日上午 县委常委、常务副县长陈丽深入东安大市场现场办公，协调解决东安大市场扩改建中遇到的困难和问题。

陈丽一行实地察看了东安大市场扩改建施工现场后，在县行政中心三楼一会议室召开座谈会，详细了解东安大市场土建、电力、消防等改造以及东安大市场的经营现状，与会人员进一步讨论改造升级方案。

陈丽充分肯定了东安大市场扩改建工作取得的成绩。陈丽指出，东安大市场扩改建工作是一个重大的民生问题，也是一贯以来下大决心要完成的工作，搞好东安大市场扩改建工作对于改变现有市场脏乱差、人员拥挤、人货混杂、安全隐患大的现状，方便居民生产生活意义重大。各级各部门要高度重视，精心组织，科学论证，扎实有序地推进东安大市场扩改建工作顺利进行。陈丽要求，相关职能部门要进一步加大全面监管力度，规范市场秩序。要强化沟通，凝聚合力，努力克服困难，做好各项服务保障工作，营造良好施工环境，加快推进项目建设。要做好群众思想工作，积极引导商户支持市场标准化改造工作，及时拆除大市场两个主入口楼梯。要规范龙溪河沿岸的电线电网，清除岸边杂草，搞好绿化，努力建设设施完备、功能齐全、管理规范、百姓满意的综合大市场。

县人大常委会副主任胡贤吉，县政府副县长李瑞霞，县政协副主席周壬秀和县市场服务中心、县消防大队、县民政局等单位负责人参加现场办公。

18 日　市委常委、副市长蒋善生带领市考核组到东安检查考核党风廉政建设责任制落实情况。县委书记谢景林主持会议，并代表县委汇报东安落实党风廉政建设主体责任情况。县委常委、县纪委书记李顺利汇报县纪委落实党风廉政建设监督责任情况。

蒋善生对东安党风廉政建设责任制落实情况给予了充分肯定。蒋善生要求，东安各级党组织要深化认识，压实“两个责任”，细化、深化、具体化主体责任和监督责任。要抓常抓长，持续纠正“四风”。要从严从实，坚持挺纪在前，对顶风违纪、不收手不收敛行为，坚决做到无禁区、零容忍、全覆盖，让纪律真正成为“带电高压线”。要务求实效，强化巡视整改，对巡视反馈意见，立行立改，全面整改。要坚持“老虎”“苍蝇”一起打，严肃查处发生在群众身边的“雁过拔毛”式腐败问题，用基层反腐败斗争的新成效取信于民。

市纪委常委、秘书长陶爱民，县委副书记张波，县人大常委会主任文高平，县政协主席陈军以及郑景学、欧阳冬子、陈丽、李顺利、李晓宁、王明扬、王学军、苏建华、李觉会等县领导参加会议。

18日下午 市委常委、市委政法委书记唐能武到东安调研政法工作。

在听取东安县社会治理机制改革工作情况汇报后，唐能武对近年到东安政法工作取得的成绩给予充分肯定。

唐能武指出，政法系统各级领导班子和广大干警忠实履职，在打击刑事犯罪、维护公共安全、确保社会和谐稳定等方面做了大量的工作，特别是在维护社会大局稳定工作中取得了显著成效。

唐能武要求，东安政法系统要进一步强化大局意识、责任意识和服务意识，以维护社会大局稳定、促进社会公平正义、保障人民安居乐业为重点，把深入开展“三严三实”专题教育同解决突出治安问题结合起来，在巡逻防控、破案追赃、交通安全管理和吸毒人员管控、社会矫正等方面不断强化措施，切实加强应急处突队伍建设，坚持街面常见警，提高管控效能，不断提升公众安全感和满意度。

唐能武强调，政法工作事关社会稳定大局。广大政法干警要务必保持清醒的头脑，正确分析当前形势，时刻紧绷稳定和安保这根弦，强化宗旨意识，坚决守住法律这条底线，进一步提高办案质量和水平。要运用法治思维和法治方式开展好各项工作，坚持公开公正，把案件的受理、调查、起诉、审判的全过程置于阳光下，把群众是否满意作为衡量司法公正与否的标尺。要重点扎实抓好网格化管理，不断总结经验，提升网格化管理水平，实现网格化管理全覆盖、无缝对接。要加强政法队伍建设，努力建设一支业务能力过硬、作风优良的干警队伍，为维护全市社会治安稳定、促进全市经济社会发展做出更大贡献。

县委副书记张波，县委常委、县委政法委书记苏建华，县政府副县长、公安局长郑航等参加座谈。

21 日上午 县委书记谢景林在相关部门负责人的陪同下，深入县城重点城建项目施工工地，调研县城重点城市建设项目进展情况。

谢景林一行先后深入苍子岭公园崩塌地质灾害治理现场、“云数据”指挥处置中心、东安大市场、冷冻公路绕城线、标准化厂房等重点项目建设现场，查看施工环境，听取项目建设进展情况汇报。

谢景林强调，苍子岭崩塌地质灾害治理项目施工方要充分保护好苍子岭公园的生态和风景，科学施工，在确保质量和安全的前提下加快推进工程建设，务必在 1 月 25 日前完成施工建设任务。“云数据”指挥处置中心建设的重点是整合各类数据，做到各类公共服务和社会管理信息共享。相关部门要高度重视，积极配合，确保“云数据”指挥处置中心建设顺利进行。东安大市场升级改造项目，相关职能部门要进一步加大全面监管力度，规范市场秩序，做好各项服务保障工作，营造良好施工环境，加快推进项目建设，保障春节百姓购物需求。冷冻公路绕城线是加快东安经济社会发展、改善道路交通状况的大动脉，各项目指挥部和项目业主要高度重视，采取得力措施，抢抓有利天气，明确项目建设时间节点，务必在春节前全线贯通，缓解中心城区的交通压力，方便群众出行。标准化厂房建设如火如荼，项目进展顺利，相关部门要按照既定目标高质量建设，为项目落地、企业引进提供良好环境，全力以赴推动全民创新创业。

县委常委、常务副县长陈丽陪同。

21日上午 县委常委、常务副县长陈丽在县行政中心三楼会议室主持召开全县被征地农民社会保障工作联席会议。

会议指出，各级各部门要高度重视、维护被征地农民的社会保障工作。根据中央和省、市相关文件精神和省委巡视组反馈整改意见要求，结合东安实际，坚持先落实社会保障资金后批准征地的“先保后征”原则，将被征地农民纳入现行的社会保险制度，足额安排社会保险费。

会议要求，相关职能部门要加强领导，迅速成立被征地农民社会保障工作领导小组，对全县完全失地或户人均耕地低于0.3亩被征地农民进行全面摸底，核实保障人数。要认真研究，科学制定工作方案，加大政策宣传解释力度，做好被征地农民思想工作，引导农民群众支持配合工作开展，积极参保。要密切配合，加大工作力度，抓好工作落实，确保被征地农民社会保障工作有序开展，切实维护被征地农民的合法权益。

副县长李瑞霞出席会议。

23日上午 东安志愿者协会成立大会在县国税局会议室召开。县委常委、县委宣传部部长欧阳冬子出席并讲话。

欧阳冬子代表县委、县政府对东安志愿者协会的成立表示热烈的祝贺。欧阳冬子指出，志愿服务是一项传承中华民族传统美德、适应经济社会发展需要、弘扬时代文明新风的崇高事业，是展示城市文明和个人素质的重要窗口。东安志愿者协会的成立为全县志愿服务工作提供了有力的组织保证，对于进一步弘扬志愿服务精神，完善社会志愿服务体系，推动志愿服务活动蓬勃开展，促进全县精神文明建设，起到了积极作用。全县广大志愿者要以协会成立为契机，与时俱进，开拓创新，奋发有为，不断把志愿服务这项光荣事业推向前进。

欧阳冬子强调，东安志愿者协会要抓住机遇，加强沟通，明确目标方向，在坚守公益原则和底线的前提下，积极探索与企业共赢的合作模式和发展路径，为志愿事业“再添一把柴”。要加强队伍建设，夯实组织基础，提高整体素质，充分发扬志愿精神，传递正能量，树立新风尚，为东安经济社会持续健康发展凝聚精神力量。要牢固树立品牌意识，增强服务能力，努力把志愿服务打造成为东安精神文明建设的亮点和品牌。

23日 县委副书记张波深入白牙市、井头圩、端桥铺、鹿马桥、花桥、大盛、横塘、石期市等乡镇调研秋冬农业生产工作。

在白牙市、井头圩、端桥铺等乡镇的油菜种植示范点，张波指出，发展油菜产业既可改良土壤肥力，又可增加群众收入，还能发展乡村旅游，一举三得。各乡镇要在县农技部门的指导下，科学种植，科学管理，大力推广规模化、机械化、高密集种植，着力提高油菜种植水平和质量，确保明年油菜丰收。

在横塘镇金槐种植基地，张波与基地负责人亲切交谈，详细询问金槐销售市场、效益以及金槐种植基地发展过程遇到的难题。张波要求，镇政府要出台相关扶持政策，加大资金和技术支持，重点扶持规模连片种植大户，带动村民发家致富。

在石期市双车蔬菜种植基地，张波强调，农业要实现可持续发展，必须转变发展方式。相关部门要加强技术指导和服务，合理利用蔬菜大棚，抓好蔬菜种植管理，形成特色。加快农业转型，发挥种植基地示范和辐射作用，带动周边乃至全镇蔬菜种植业朝规模化、产业化方向发展。

23日 市委宣传部副部长周平平带领市文明办负责同志到东安考评2015年度市级文明单位创建工作。县委常委、县委宣传部部长欧阳冬子陪同检查并参加座谈。

市考评组一行深入到井头圩镇、县公安局、教育局、龙溪社区、县总工会、司法局、政法委、财政局等创建单位进行了实地查看，通过查阅台账资料、听取汇报、发放调查问卷等形式对东安文明单位创建工作进行了详细检查考评。

欧阳冬子汇报了东安文明单位创建工作情况。欧阳冬子指出，2015年以来，东安文明单位创建工作坚持以学习宣传贯彻党的十八大和十八届三中、四中、五中全会精神以及习近平总书记系列重要讲话精神为主题，以践行社会主义核心价值观为重点，以中央和省、市文明委有关精神文明建设要求为指导，以市级文明单位测评体系为标准，扎实开展群众性精神文明创建活动，不断拓展创建领域，丰富创建内容，特色突出，亮点纷呈，取得了显著成效。

市考评组一行充分肯定了东安文明单位创建工作取得的成绩，认为东安文明单位创建工作领导重视，主题鲜明，载体丰富，氛围浓厚，活动扎实，效果明显。

市考评组希望，东安各级各部门对创建文明单位工作要进一步提高认识，加强领导，加大宣传力度，营造浓厚氛围，在社会主义核心价值观主题教育实践活动上再下功夫、再做文章。要进一步实施好文明劝导、文明交通、文明餐桌、文明旅游、网络文明传播等五大行动，加强文明创建制度化建设，在创建实效上求提高，以创建工作推动各项工作迈上新台阶。

23日下午 省财政厅党组成员、副厅长欧阳煌带领相关处室负责人深入新科农业产业园、云生竹业、阿里巴巴农村淘宝服务中心、茶亭社区、人民医院调研。

在新科农业产业园，欧阳煌与园区种植户亲切交谈，详细询问农业园发展现状、种植规模和效益。欧阳煌指出，农业产业园发展定位要准，思路要新，关键在大力提升品质、品牌、品种。要聚合资源、资本、资金，推进土地流转，强化经营主体，提高科研水平，做到差异化、市场化和规范化经营。县政府要主动作为，引导机制创新，搭建融资平台，大力支持农业园区建设，建立新型农业经营体系。

在云生竹业，欧阳煌强调，工业园区要大力发展生态产业，千方百计扩大工业投资、技改投资，切实增强生态产业发展的活力和后劲。要高度重视，强化措施，整合资金，加快特色县域经济项目建设，促进县域经济发展。

在阿里巴巴农村淘宝服务中心，欧阳煌指出，电子商务是正在迅速兴起的新型商业业态。农村淘宝让农民在家中零成本就可以享受到与城市居民一样的便利，还可以让各乡镇场的土特农产品走出去，解决农民买卖难问题。县里要科学制定规划，增强商贸流通体系建设的前瞻性，加大财政扶持力度，推动实现大流通、网络化、全覆盖的目标。

在茶亭社区和人民医院，欧阳煌仔细查看了社区低保对象的登记，详细了解东安基层医疗体制改革工作。欧阳煌认为，东安严格按照要求确定参保对象，明确规定保障对象资格必须经过初审公示，联合复审后公示的程序，做到了应保尽保。欧阳煌强调，基层医疗体制改革既使老百姓享受到改革成果，又调动了基层医务人员的积极性。东安要进一步巩固医改成果，完善监管机制，防范基金风险，夯实改革基础；财政部门要加大财力支持，稳步推进医改，推动医疗卫生事业全面进步。

县委书记谢景林，县委常委、常务副县长陈丽，县政府副县长李瑞霞陪同调研。

23日下午 全县清理国家公职人员在重点项目指挥部和其他临时机构兼职取酬工作调度会在县行政中心三楼会议室召开。县人大常委会主任文高平出席会议，县委常委、县纪委书记李顺利主持会议并讲话。

李顺利要求，各级各部门要按照省委巡视组整改意见和全县“5+3+2+1”专项整治工作推进会议精神要求，将公职人员在重点项目指挥部任（兼）职取酬进行全面清理检查工作作为坚决纠正“四风”，正风肃纪的重要举措加以落实。在严格执行“头脑清醒不含糊、清理工作不走样、行动迅速不迟缓、责任追究不手软、建章立制不反弹”的“五个不”措施的基础上，做到思想认识再升温，目标任务再明确，责任传导再加压，清退工作再提速，查究问责再发力，确保整改清理工作在12月25日前全部清退完毕。

杨绪耀、宁苏君、胡贤吉、唐新柱、蒋永辉、唐振宇、涂世国、蒋燕平、唐月程等县领导和相关单位负责人参加会议。

24日上午 省委巡视第七组专题听取东安“5+3”专项整治工作情况汇报。县委书记谢景林主持汇报会并讲话，县委常委、常务副县长陈丽，县委常委、县纪委书记李顺利，县委常委、县委组织部长王名扬分别就东安落实省委巡视第七组要求开展“5+3”专项整治工作情况汇报。

郭树人要求，东安各级各部门要站在从严治党的高度，真查、实查、严查相关问题，以问题的整改正党风、清民风，优环境、促发展。

郭树人指出，自省委巡视第七组进驻东安、部署“5+3”专项整治工作以来，东安县委高度重视，进行了全面安排，在全县范围内铺开了专项整治工作。从目前的情况来看，有些方面的整治搞得比较好，但有些方面的整治还停留在表面，不够深入。

郭树人强调，“5+3”专项整治，是根据实际工作中存在和暴露出来的问题而开展的，上级有要求，群众有反映。这些问题，不仅影响了群众利益和发展大局，而且影响了党的形象和党在基层的执政基础。东安各级各部门尤其是领导干部，要站在从严治党的高度，增强对“5+3”专项整治工作的认识，把思想和行动统一到专项整治工作中来。要加大对专项整治工作的领导，加强力量，进一步深入开展和推进专项整治工作；各整治工作组、职能部门、单位主要负责人，要在整治工作中较真碰硬，对存在的问题要实查、真查、严查，切不可敷衍了事、切不可走过场，真正把规矩立起来，严起来；要在整治过程中吃透政策，掌握实情，把握要求，多部门联动，多方式推进，尽可能彻底地把问题查出来、整改好；要突出自查自纠，对自查出来的问题，要区别对待，从轻、从宽处理。对拒不自查自纠，检查发现的问题，要严厉查处，并对单位有关责任人进行追责；要强化整改，做到边查边改，立行立改，抓好问题的整改落实。同时，要建章立制，规范操作、规范行为，使整改了的问题不反弹、不反复。

谢景林表示，“5+3”专项整治工作的开展，是为了查出问题，解决问题。一定要借省委巡视第七组巡视东安的东风，解决好存在的问题，更好地谋建设、抓工作、促发展。专项整治工作的牵头领导和牵头单位，要放下顾虑，放开胆子，敢于担当，狠抓专项整治工作的落实；各单位要层层传导压力，形成方方面面、上上下下齐动的局面；广大党员干部和国家工作人员要克服侥幸心理，对自身存在的问题要自查自纠，不遮掩、不隐瞒、不虚报。要通过“5+3”专项整治，进一步营造风清气正的良好局面，推进各项工作开展，推动全面小康社会建设。

副县长候选人张静和县直相关部门负责人参加汇报会。

24日下午 全县“5+3+2+1”专项整治工作推进会在东安会堂召开。省委巡视第七组组长郭树人对东安进一步推进专项整治工作提出要求，省委巡视第七组副组长张湘祥出席会议，县委书记谢景林主持会议并讲话，县委常委、常务副县长陈丽，县委常委、县纪委书记李顺利，县委常委、县委组织部部长、统战部长王名扬分别就东安“5+3+2+1”专项整治工作进行情况通报。

郭树人充分肯定了东安“5+3+2+1专项整治”工作取得的成绩。东安县委高度重视，旗帜鲜明，措施有力，专项整治工作取得了阶段性成效。但部分工作还存在不足和薄弱环节。东安各级各部门要认真履职,强化责任,对整改工作进行全面“回头看”，对整改情况进行再梳理，不避重就轻，抓好整改落实。

郭树人强调，东安各级各部门尤其是党员领导干部要按照从严治党的要求，进一步提高认识，对专项整治工作再安排再部署。要通过开展专项整治，唤醒党员干部党章党规党纪意识，引导广大党员自觉遵守党的纪律。按照省委巡视组整改工作要求，结合部门职能，开展“地毯式”排查。要在整治工作中较真碰硬，“以抓铁有痕，踏石留印”的劲头，对存在的问题要深查、严查、查实，切不可敷衍了事、切不可走过场，真正把规矩立起来，严起来。一些同志要克服侥幸心理，对存在的问题认真开展自查自纠，不遮掩、不隐瞒，对自查出来的问题，要区别对待，视情从轻、从宽处理。对拒不自查自纠，检查发现的问题，要严厉查处，并对单位有关责任人进行追责。要强化整改，做到边查边改，立行立改，抓好问题的整改落实。

谢景林要求，各责任单位和分管领导，要进一步提高思想认识，按照省委巡视组整改意见要求，认真履职，敢于碰硬，敢于“亮剑”，进一步查摆突出问题，扎实做好整改工作。要认真学习好相关法律法规，做到内化于心，外化于形。要加强领导，坚持问题导向，层层传导压力，形成方方面面、上上下下齐动的局面。各工作小组和联络办要严肃工作纪律，加强协调配合，吃透政策，把握整改工作要求，狠抓整改落实，确保整改工作取得实效。

县人大常委会主任文高平，县政协主席陈军，郑景学、欧阳冬子、苏建华等在家的副处级以上领导干部参加会议。

24 日 15 时 30 分 伴随着开市金锣的敲响，东安县霞栖农业（股权代码：666524），在深圳前海股权交易中心成功挂牌，标志着东安县在做大龙头企业，建设现代化特色农业上取得了新突破。

县委常委、副县长李晓宁出席挂牌仪式。

25 日上午 永州市委常委、常务副市长唐湘林到东安就《政府工作报告》征求意见和建议。

座谈会上，与会人员认真学习了《政府工作报告》（征求意见稿），并结合东安实际畅所欲言、各抒己见。大家一致认为《政府工作报告》（征求意见稿）思路清晰，框架合理，对 2015 年我市经济社会发展所取得成绩的总结全面客观、实事求是，对

2016年各项工作的安排目标明确，重点突出、措施有力、切实可行，具有很强的针对性和指导性。同时，与会人员还围绕项目建设、电商发展、全面小康、新型城镇化、食品药品安全等方面提出了许多具体的、中肯的意见和建议。

唐湘林听取发言后,充分肯定了与会人员提出的意见和建议。唐湘林指出，大家提出的意见切合实际，具有很强的针对性和指导性，市政府将在报告修改中认真梳理、充分吸纳，使报告更加民主、务实，更能全面、准确、客观地反映全市上下的共同意愿，更能起到促进全市经济社会又好又快发展的作用。

县政协主席陈军，县委常委、常务副县长陈丽以及郑航、涂世国、李瑞霞、蒋燕平等县领导出席座谈会，县直有关单位负责人，部分驻东市人大代表、政协委员参加座谈会。

25日 县委副书记张波在县委办相关负责人的陪同下，深入花桥、大盛、横塘镇等乡镇调研指导基层党组织建设工作。

张波一行深入花桥镇远井村、大盛镇易江村、横塘镇大栗山村，仔细查看各党总支、直属支部的党建工作资料，并与村支两委负责人亲切交谈，详细了解村党支部组织活动场所建设、村集体经济、党员干部队伍建设等情况。

张波指出，村级党组织处在贯彻执行党的路线、方针、政策的最基层，是党的执政大厦的地基，是“三严三实”专题教育的最基层组织，只有把村级党组织这个地基打牢了，才能更好地发挥基层党组织的战斗堡垒作用，增强基层党组织的凝聚力、号召力和战斗力。

张波要求，党建工作要结合“三严三实”专题教育活动，着力解决村级党组织软弱涣散，凝聚力、号召力、战斗力不强，发展思路不清，先锋模范作用发挥不好，服务意识不强，服务能力不足等问题。要深入剖析问题，充分调动广大党员干部的积极性和主动性，因地制宜、千方百计拓宽农民增收渠道，提高村民收入和生活水平，做到班子协调有力、管理民主规范、经济健康发展、农村和谐稳定、群众满意度高。

张波强调，基层党组织要积极开展“三严三实”专题教育，广泛征求意见，重点梳理在服务民生、服务群众、服务党员等方面的突出问题，边学边改、边查边改、边整边改，建立完善制度。镇党委要充分发挥第一书记的指导作用，把整顿工作摆在首位，调动基层干部积极性，发挥包村干部的帮扶作用，推动整顿工作取得实实在在的成效。

25日下午 永州市委常委、市纪委书记朱映红带领相关部门负责人到东安检查指导安全生产工作。

朱映红一行实地察看了苍子岭公园崩塌地质灾害治理现场、东安大市场、汽车东站等安全生产情况。

朱映红要求，东安各级各部门要牢固树立安全生产责任重于泰山的意识，严格贯彻落实市委、市政府的各项工作要求，全力抓好安全生产工作。要切实开展安全生产隐患大排查大整改工作，加强重点行业、重点领域、重点环节安全生产大排查、大治理工作，对重点安全隐患要逐个研究整改方案，按时整改到位。

朱映红强调，苍子岭崩塌地质灾害治理项目，施工方要严格现场监管，严把施工程序，确保过往车辆和群众安全。要在保证工程质量的前提下，加快进度，确保工程建设如期完工。东安大市场改建项目，施工单位务必加强工地安全生产宣传，按照有关规定严格施工，安全管理，严防安全事故发生。县交通、交警大队和汽车东站要密切配合，加强客运车辆监管力度，对问题车辆要限制停运，并立即整改，杜绝安全生产事故发生。

县委常委、常务副县长陈丽，县委常委、县纪委书记李顺利陪同。

28 日下午 全县清理国家公职人员在重点项目指挥部和其他临时机构兼职取酬工作会议在县财政局会议室召开。县委常委、县纪委书记李顺利出席会议并讲话。

李顺利强调，各级各部门要高度重视，进一步提高思想认识，准确理解和把握县里关于清理国家公职人员在重点项目指挥部和其他临时机构兼职取酬工作的文件精神，按照“一个人不漏、一分钱不少、一个问题不出”的原则，从严、从细、从快抓好工作落实。要克服侥幸心理，牢固树立纪律和规矩意识，做思想上的“明白人”、政治上的“清醒人”。要严格追责不手软，建章立制不反弹，确保 12 月 29 日前清理工作圆满完成。

29 日 12 时 08 分 芦江水库主体工程首仓混凝土顺利开盘浇筑，标志着芦江水库主体工程由基础开挖向主体混凝土浇筑顺利转型。

县政协主席、芦江水库项目建设指挥部指挥长陈军参加活动。

30 日下午 县委常委、常务副县长陈丽主持召开县政府第三十六次常务会议。听取精准扶贫、容积率清理、污水处理价格、司法维权和东安大市场提质改造等工作情况汇报。

关于精准扶贫工作，会议要求，相关部门要深入学习扶贫攻坚政策，结合东安实际，制定具体工作方案，抓好工作落实。要对贫困人口再调查、再摸底、再精准识别，划分贫困村、贫困户类别，制定针对性帮扶措施，实施好“五个一批”扶贫攻坚行动计划。要认真研究制定《东安县金融产业扶贫工作实施方案》，落实好金融产业扶贫风险补偿资金，确保扶贫工作取得实效。

关于容积率清理工作，会议强调，专项清理工作旨在落实巡视整改要求，加强出让地块管理，规范房地产开发行为。相关部门要高度重视，全力配合，做好协调服务工作，明确目标任务，扎实推进专项整治工作。要摸清底子、核实数目，对清理过程中发现的问题要认真梳理，提出有效的解决方法和整改意见，确保整改到位。

关于污水处理厂价格调整工作，会议指出，合理制定和调整污水处理费和水资源费标准，有利于促进水污染防治，改善水环境质量，提高全社会节约用水意识，吸引社会资本参与污水处理设施的投资和运营服务，提高处理能力和运营效率。相关部门要把握政策导向，理顺价格关系，发挥政府宏观调控作用，发挥价格杠杆作用。

关于司法工作，会议充分肯定了东安司法行政工作在化解矛盾纠纷、维护社会稳定、切实服务民生等方面取得的成绩。会议要求，全县司法行政系统要进一步加强法治宣传、普法工作，增强民众的法制素养，在全社会营造浓厚的法治氛围。要围绕县政府的中心工作推进司法行政工作，切实维护社会稳定。

关于东安大市场提质改造工作，会议要求，相关职能部门要进一步加大全面监管力度，规范市场秩序。要强化沟通，凝聚合力，努力克服困难，做好各项服务保障工作，营造良好施工环境，加快推进项目建设。要搞好相关基础设施建设，将东安大市场建设成设施完备、功能齐全、管理规范、百姓满意的综合市场。

李晓宁、郑航、唐振宇、涂世国、张静、文德、邓亚林等县政府常务会组成人员参加会议，县政协副主席周刚生应邀列席会议。

30日下午 省委巡视第七组信访交办件工作推进会在县行政中心六楼会议室召开。县委常委、县纪委书记李顺利出席会议并讲话。

会议指出，自省委巡视第七组进驻东安开展巡视工作以来，分8批次交办信访案件110件。各承办责任单位对移交信访案件高度重视，强化工作措施，有序推进信访交办工作。

李顺利要求，各级各部门要高度重视，站在讲政治、讲大局的高度，不折不扣抓好省委巡视组信访交办工作。要明确责任，按照“一个案件、一个领导、一套班子、一个解决方案、一抓到底”的“五个一”工作机制，抓好工作落实。要严格落实党风廉政建设责任制，加大信访案件督查督办力度，进一步提高办案质量和效率，确保省委巡视组信访交办件在规定时间内办结。要严格落实信访工作责任追究制，着力解决好群众反映强烈的信访突出问题，最大限度地维护广大群众的合法权益，努力提高群众的满意率。

后 记

为贯彻落实中央领导同志关于党史工作“一突出、两跟进”指示要求，服务县委、县政府工作大局，经县委领导同志同意，我们将编写的县委工作大事记结集出版。

本书编写工作由县史志办组织进行。县史志办副主任艾向科带领胡维亭同志、胡乃安同志收集整理了相关资料后，艾向科同志审阅修改，县史志办主任陈珍校审定，经永州市史志办审读同意出版。

本书编写得到县委办公室、县政府办公室、县委宣传部等单位的大力支持和帮助，在此一并表示感谢。

由于材料掌握程度和编者水平有限，书中难免存在不足之处，敬请读者批评指正。

编者

2016 年 11 月